Lüyou Chanye De Quyu Xiaoying Yanjiu

旅游产业的区域效应研究

以大连市为例

谢春山◇著

北京·旅游教育出版社

旅游空间研究要有光

马　波

在中国版图上，青岛、大连两座城市真可谓“双子星”，既隔海相邻、交通方便，又在城市环境、风貌、性质、地位等方面颇多相像。因此，1993年我到青岛大学工作后主持的第一个课题，就是这两座城市旅游业发展的比较研究，自然去大连的次数较多，便与执教辽宁师范大学的谢春山教授较早相识，并渐成可以放言的好哥们。

春山教授热情、质朴、率真，骨子里藏着中华传统，有一颗求学问道的心。他的研究兴趣起于旅游文化，延及旅游教育，再至区域旅游，同我有些相似。十多年前，获悉春山君以副教授身份投东北师大李诚固先生门下研治区域经济地理，就深为他孜孜以求的精神所感动。此后拜读他发表的新作，能明显感觉到浓了“空间”的色彩，多了“落地”的安排。欣喜之余，纳闷他的博士论文何不付梓发行。直到今年9月，这个小困惑方得解开——春山君来电，云多年来一直在完善原有成果，力求雅驯，今功成示我，并邀作序，我欣然从之。

品读春山教授的这本专著，有三个深切的感受。

一是规范。因为有博士学位论文的底子，又经多年的耐心打磨，这部专著有良好的规范性。之所以首先点出这个印象，是因为平时看到太多“失范”的成果。我理解的规范，绝不止于文字表述合乎形式要求，而是重在研究工作自身的内洽性。名副其实的学术著作，一定是作者长期研究的积淀、精耕细作的产物、深思熟虑的结晶。临时拜佛、应景急就之物，必然粗糙、苍白、乏味，甚至荒诞走板。春山教授的这部书是多年熬出来的，无论概念的辨析、理论的取舍，还是数据的收集、逻辑的推理和结构的安排，都带着认真二字，透出功夫来。比如，对旅游产业的理解，常人局限于所谓“六大要素”“五个支柱”等感性层面，春山教授则在综览他人观点的基础上，从产业性质的双重性、产品生产的组合性、产业范围的宽泛性、产业结构的层次性、产业关系的关联性5个方面予以把握和解读，体现出实事求是的精神和深思熟虑的智慧。不得不说，当下的学界的确有些喧嚣，经得起推敲的旅游研究成果并非很多。因此，春山教授这部打磨多年的著作就显得十分珍贵。

二是系统。区域是较大尺度的空间概念，既是各种人类活动的载体，也是多种要素关系的集合。因此，研究区域问题，系统观的建立至关重要，否则就会沦入肤浅。空间性是旅游的指示性特征，区域旅游是旅游研究的主要领域之一，但是无论从游客需求的角度看，还是从旅游供给的角度论，旅游活动都具有综合性特性，这就使得区域旅游研究者不仅要梳理此地与彼地的关系，而且要同时处理此业与彼业、此域与彼域的关系，或许需要建立比一般区域研究者更加强大的系统意识。就拿春山教授研究的主题“旅游产业的区域效应”为例来说，旅游业的效应包括了经济效应、环境效应和社会文化效应三大方面，对应着经济学、生态学、社会学等主干学科，研究者既要熟悉诸如经济增长、产业结构、产业政策、人地关系、循环经济、承载力管理、社会结构、社会冲突、文化涵化等一系列理论，又要把三种效应有机地、系统地集合在区域平台上，其难度可想而知，研究者的博闻厚积也从中可见。其实，春山教授的这部大作并未停留于三种效应的综合分析，而是进一步探讨了旅游产业区域效应的时空演化、评价体系和调控策略，就显得更加难能可贵了。

三是实用。中国的知识分子大都知悉王阳明先生的“知行合一”思想，若要通俗地把“知”“行”两分，从过程来看，则知为先；从结果来看，则行为重。用现代的语汇说，就是好的理论一定能回到现实中，深化人们对具体事物的认识，指导人们更好地认识自然和改造自然。在我看来，春山教授这部著作的第四章的内容就颇具实用价值，但为了彰显“行”的意义，他又以大连市为案例，对旅游产业的区域效应研究做了由一般到特殊的推演。大连是他长期工作与生活的地方，研究起来必然胸有成竹，放出来的箭飞向清晰的靶子。因此，这部专著的后两章不仅使前面的理论贡献得到验证，而且为大连市提供了区域旅游发展问题的解决方案，这当然是了不起的。

时间、空间和结构是所有科学研究的三个重点。在旅游研究领域，尽管空间问题早就引起了学者的关注，但是因为空间的复杂性、不稳定性和不易测度性，相对来说，旅游空间研究在理论与方法发育上一直较为缓慢。毫无疑问，春山教授的这部专著，对于旅游学界深化空间规律认识是有独特贡献的，对区域科学发展也是有所裨益的。当然，诚如春山教授所言，空间多样，尺度多种，旅游多元，理论臻美，尚待来日。衷心期盼春山君咬住青山不放松，更上层楼望九天。

2017 年 11 月 11 日
于青岛听涛庐

目　录

第一章

绪　论

第一节　研究背景与研究价值

一、研究背景

旅游业是世界范围内一个发展速度较快、影响日益深远的重要产业。二战以后，随着人们旅游需求的日益高涨，特别是在各国政府的大力扶持下，现代旅游业迅速崛起并成为各国经济和社会发展中的一支重要力量。现代旅游业于20世纪60年代以来进入高速增长阶段，到20世纪90年代已超过钢铁、石油、汽车等传统产业，成为世界上第一大产业。目前，旅游产业已经成为当今世界发展前景广阔、产业规模庞大的新兴产业之一①。在半个多世纪的发展历程中，旅游业曾被誉为"永不衰败的朝阳产业"。旅游业的发展水平如何，已经成为衡量一个国家和地区经济和社会文明进步的重要标准之一。

（一）旅游产业在世界经济中的地位

作为全球第一大产业，旅游业的增长率不仅高于世界经济的增长速度，也高于汽车、石油、钢铁、能源等增长较快的产业。研究表明，自20世纪50年代以来，世界范围内旅游业的增长速度一直超过世界经济和世界工业的增长速度②（表1-1）。

---

① 魏小安.中国旅游业新世纪发展大趋势[M].广州：广东出版社，1999.

② 陈鸣.旅游业是国民经济发展新的增长点[J].广东技术师范学院学报，2004(2).

表 1-1　20 世纪 50 年代以来世界旅游增长水平的比较

指标	1950—1960 年	1960—1970 年	1970—1980 年	1980—1990 年	1990—2000 年	2000—2010 年
世界旅游增长率（%）	12.4	10.1	19.3	9.8	5.9	3.7
世界经济增长率（%）	5.4	4.9	3.5	2.8	3.0	3.0
世界工业增长率（%）	6.8	6.5	5.3	2.6	3.2	3.3

※在原表的基础上有数据的更新

据世界旅游组织（UNWTO）统计，1950 年全世界国际旅游人数仅 2 500 万人次，旅游收入 21 亿美元；到 1995 年，国际旅游人数发展到 5.67 亿人次，国际旅游收入（不包括国际交通费在内）为 3 720 亿美元，两项指标分别增长了 21 倍和 176 倍。1995 年，世界旅游收入占世界各国国内生产总值的 11%，占世界服务贸易收入的 1/3，创造了 2.12 亿个就业机会①；而根据世界旅游理事会（WTTC）的卫星账户测算，2015 年旅游经济大约占全球 GDP 的 10%，约占所有出口的 12.0%，旅游就业占全世界就业总额的 9.5%左右，旅游创造就业岗位超过 1.07 亿；2015 年，全球旅游收入 14 000 亿美元，出国旅游人数 12 亿人次。由于旅游业的产业关联度高、综合带动性强、辐射牵引力大，因此旅游业的发展对提高人民生活水平、增加外汇收入、促进就业、优化产业结构起着重要作用。随着旅游业在全世界的兴起和迅速发展，其对相关产业带来巨大的影响，对地区经济的发展也起到强大的推动作用。

从发展趋势上看，旅游产业是最近 50 年来发展最快和最为稳定的产业之一。世界旅游组织在题为《旅游业：2020 年前瞻》的报告中预测，到 2020 年全世界每年将有 16 亿人次到外国旅游，每年的国际花费是 2 万亿美元，全世界每天有 50 亿美元花费用在国际旅游上②。旅游业对世界经济发展将产生极其重要的影响，其显著的经济地位与在解决社会就业方面的巨大作用已为各国政府所重视。旅游产业持续良好的发展态势，使其成为许多国家和地区重点培养和发展的产业之一。按照世界旅游理事会的预测前景，21 世纪将是旅游业真正走向辉煌的世纪，旅游业的增长趋势不会减弱，世界国际旅游接待人数和国际旅游收入继续大幅度增长，旅游业在世界经济发展中的作用将进一步增强。

---

① 陈宪.国际服务贸易——原理、政策、产业[M].上海：立信会计出版社，2003：386-387.

② 魏小安.中国旅游业新世纪发展大趋势[M].广州：广东出版社，1999.12.

(二)中国旅游产业的发展趋势

改革开放以来,伴随着旅游业的迅猛发展,中国已经成为世界上旅游业发展最快的国家之一。自 20 世纪 90 年代以来,我国旅游业始终保持着较高的增长速度。1990 年旅游外汇收入 22.18 亿美元,到 1998 年迅速增长到 126.02 亿美元。2015 年全国旅游总收入 41 300 亿元,相当于 GDP 的 12%。同年,入境旅游人数达 1.34 亿人次,其中,外国人 4 627.1 万人次。国际旅游外汇收入 1 136.5 亿美元。国内居民出境人数达 1.17 亿人次。国内出游人数达 40 亿人次,国内旅游收入 34 195.1 亿元。上述情况表明,旅游业已成为我国国民经济中最具活力的重要组成部分,是国民经济新的增长点(表 1-2)。目前,全国已有 28 个省(市、区)将旅游业列为优先发展的支柱产业或重点产业[①]。

表 1-2　旅游业在我国国民经济中的地位

年份	旅游业总收入(亿元)	相当于第三产业增加值比重(%)	相当于国内生产总值比重(%)
2005	7 686	10.5	4.2
2006	8 935	10.8	4.3
2007	10 957	11.4	4.4
2008	11 600	9.6	3.9
2009	12 900	9.0	3.9
2010	15 700	9.2	3.9
2011	22 500	11.1	4.8
2012	25 900	11.2	5.0
2013	29 500	11.3	5.2
2014	37 200	12.1	5.8
2015	41 300	12.1	6.1

资料来源:中华人民共和国国家旅游局

就业方面,按照国际通行的统计口径,2015 年我国旅游业的就业人数就已达到了 7 911 万人,占当年全部就业人数的 10.2%,占第三产业人数的 24.09%。其

① 中华人民共和国国家旅游局,中华人民共和国国家统计局,2015.

中,旅游饭店业、旅行社业、旅游景区景点等核心产业的就业人数已达 893.2 万人。就业人数的增加,表明旅游业对中国经济和社会的发展正发挥着越来越重要的作用。

从发展趋势上看,未来一定时期内中国的旅游产业仍将保持较快的增长速度。据世界旅游组织最新展望报告称,未来 10 年,中国旅游业将保持年平均 10.4%的增长速度,其中,个人旅游消费将以年均 9.8%的速度增长,企业、政府旅游的增长速度将达到 10.9%。该组织预测,到 2020 年,中国出境游客人数将达到 1 亿,成为世界第四大旅游客源地,仅次于德国、日本和美国。中国接待国际旅游者人数将达到 1.31 亿人次,超过美、法、西班牙等老牌旅游发达国家,成为世界最大的客源接纳国和国内旅游国,占世界旅游市场的份额也将从目前的不到 3%(按入境人数 2 500万口径计算)提高到 8.6%①。由此可见,中国旅游产业在国际上的地位将得到进一步的提升,也将在经济社会发展进程中发挥更加重要的作用。

然而,我们也应当清醒地看到,中国旅游产业的发展目前尚处在“产业发展到一定规模,出现产业结构失衡、产业供需矛盾紧张以及其他一系列制约产业进一步发展的问题”的特殊阶段②。由于受产业组织不完善、地区壁垒严重、区域经济发展不平衡、产业结构和产品结构不合理等多种因素的制约,目前中国旅游产业呈现出明显的企业规模较小、资源分散、品牌意识差、市场竞争力弱的特征,发展潜力受到一定的限制。此外,随着全球经济一体化、产业信息化等新经济形势的发展,政策的调整、外资旅游企业的全面进入等,都将对以后的中国旅游市场造成巨大影响③。

随着 2009 年《国务院关于加快发展旅游业的决定》中将旅游业确定为“国民经济的战略支柱产业和人民群众更加满意的现代服务业”,以及随之而来的各级政府部门的高度重视和大力扶持,使中国旅游业的发展获得了前所未有的支撑条件和环境氛围,发展前景十分广阔,也必然会对中国的经济、社会、环境等的发展产生越来越深刻的影响。在此背景之下,对旅游产业的区域效应进行研究,无论是对旅游业自身的发展,还是对整个中国经济社会的发展都具有重要的意义。

---

① 刘晓红,李国平.旅游业对区域经济增长的溢出效应研究[J].江西财经大学学报,2005(3):57-60.

② 唐留雄.关于旅游产业经济研究的思考[J].桂林旅游高等专科学校学报,2000(1).

③ 王科.基于产业整合理论的区域旅游产业竞争力提升研究[D]:[硕士学位论文].武汉:华中师范大学,2008:1-2.

二、研究意义与价值

虽然旅游业在国内外的迅速发展已经得到了人们较为一致的肯定，但综观国内外关于旅游或旅游业研究的成果，普遍存在“轻理论，重实践”的现象，致使旅游的理论研究远远落后于旅游业发展的实践。这种现象在国内的研究中表现得尤为突出，直到现在，由于旅游学的相关理论还处在发展和完善的过程中，特别是旅游学的学科地位还有待于进一步提高，导致人们对旅游学科及其学术地位产生很多迷惑和疑义。从这个意义上来说，有关旅游和旅游业的理论研究亟待加强和提高。

（一）理论研究价值

基于目前学术界相关研究的不足，本论文研究的理论价值主要体现在以下三方面：

第一，目前，围绕旅游或旅游业学者们主要集中讨论了旅游资源开发与规划、旅游目的地管理、旅游市场营销、旅游业经营管理、旅游发展战略、旅游发展模式与对策、旅游竞争力、旅游产业整合与区域合作、旅游形象定位以及生态旅游、工业旅游、农业旅游、城市旅游、乡村旅游等等，较少对旅游产业的区域效应进行研究。因此，本文的研究有助于旅游理论研究的丰富和发展。

第二，从国内外的相关文献来看，围绕旅游产业本身的研究，学者们的视点往往过多地关注于旅游产业自身的发展和旅游产业发展的各种区域约束条件，较少谈及旅游产业给某一特定区域所带来的效应和影响，也很少从产业和区域互动的角度来探讨旅游产业的区域效应。因此，从一定意义上来说本研究将进一步补充和发展已有旅游理论研究成果。

第三，目前学术界对旅游产业区域效应的研究不足，并且与本文相关的“旅游影响（或效应）”研究也显得较为宽泛和宏观。本文试图将区域经济学、产业经济学、旅游经济学的基本理论融为一体，从三者融合的角度寻找旅游产业区域效应研究的切入点，即从区域的空间视角和产业的供给视角分析探讨旅游产业的效应问题，这是一个较为新颖的视角，具有一定的学术价值。

（二）实践研究意义

本文的实践研究意义主要体现在以下三方面：

第一，旅游产业和区域发展之间是一种相互依赖、相互制约的关系，旅游产业需要区域的支撑,同时旅游产业又对区域产生巨大的影响。正确理解产业和区域之间的互动关系及其规律对制定产业和区域和谐发展的政策措施具有重要的意义。本文的研究将为人们理解和把握旅游产业与区域发展之间的关系和互动规律,促进旅游产业和区域之间的和谐、互相促进提供重要而清晰的理论指导。

第二,本文构建的旅游产业区域效应调控体系具有重要实践价值。旅游产业的发展必然会对所在区域产生巨大的影响,认清这些影响的产生条件、具体内容与表现形式,进而科学准确地对这些影响予以评价,把握其变化的时空规律,以采取必要的措施和对策对旅游产业的区域效应加以宏观调控,在一定程度上有助于促进旅游产业的持续和健康发展。

第三,大连是我国北方著名的滨海旅游城市,并于 2006 年被评为中国首批最佳旅游城市,以大连为例进行旅游产业的区域效应的研究,具有一定的典型性和代表性。本文以大连为例,建立旅游产业区域效应的研究框架和调控体系对大连旅游产业的持续发展具有重要的实践价值。此外,本文的研究对于国内其他同类型城市的旅游产业发展、旅游产业区域效应及其调控实践均具有一定的借鉴价值。

第二节　旅游产业的概念界定与理论分析

一、旅游产业的内涵与特点

(一)旅游产业的内涵

“旅游产业”一词对于国内旅游界和学术界来说早已是耳熟能详的概念,但长期以来,由于旅游产业所涵盖的范围比较广泛,学者们对旅游产业的本质与内涵的认识及其定义的语言表述呈现出一定的差异性,主要观点有:

①王兴斌(2000)认为,旅游产业是指旅游业和为旅游业直接提供物质、文化、信息、人力、智力服务和支撑的行业和部门。②张陆等(2001)认为,旅游产业是指旅游业和为旅游业直接提供物质、文化、信息、人力、智力、管理等服务和支持的行业的总称。③施卫东(2001)认为,旅游产业是以旅游者为对象,为其旅游活动创造便利条件并提供其所需要产品和服务的一项经济性产业。④李天元(2003)认为,

旅游业是以旅游者为对象,为其旅游活动创造便利条件并提供其所需商品和服务的综合性产业。⑤李季(2004)认为,旅游产业有广义与狭义之分。广义的旅游产业是指以旅游资源为凭借,以旅游设施为条件,为人们旅行游览提供服务,从中取得经济效益的所有行业和部门;狭义的旅游产业是指与旅游活动相关程度最为密切的产业和部门,包括旅行社业(游)、旅游商品业(购)、旅游娱乐业(娱)、旅游餐饮业(食)、旅游接待住宿业(住)和旅游交通业(行),它们共同支持着旅游产业这个庞大的体系。⑥周玲强(2005)认为,旅游业不是传统意义上的服务业,也不是一般的第三产业,而是关联度高、带动性强以及经济、文化、环境效益好的综合性产业,它在国民经济和第三产业中处于一个产业群的核心地位,发挥着带动其他产业发展的核心作用。⑦宁泽群(2005)认为,旅游业一般是指以旅游资源为凭借,以旅游设施为条件,为旅游者提供服务而取得经济效益和社会效益的一系列服务行业。"旅游业从实际运行的特点来看,它的确也是一种产业现象","应该作为产业来看待,但是,旅游业的构成并不是一个单一的产品,更准确地说,它应该是一组产业群。"⑧戴斌、乔花芳(2005)认为,从"产业规定的实用性"出发,应直接把为旅游者提供相关服务的企业的集合体称为旅游产业,其典型代表为旅行社和饭店。⑨张辉等(2006)认为,旅游产业本质上是若干产业或若干市场构成的集合体,实际上是由众多相互依赖的利益相关者构成的一个产业集群。这一产业集群由住宿业、交通业、餐饮业、旅游吸引物、旅行社业等直接为旅游者提供服务的行业构成,还包括了政府管理部门、行业组织、培训机构、基础设施等提供支持性服务的组织。⑩还有学者认为,旅游产业即旅游业,它是凭借旅游资源和设施,专门或者主要从事招徕、接待游客,为其提供交通、游览、住宿、餐饮、购物、娱乐六个环节的服务并获取经济收益的综合性产业。

从上述各位学者关于旅游产业定义的表述中可以看出,目前国内学术界在对旅游产业的本质与内涵的认识上既存在一定的差异性,又存在较高程度的一致性。差异性主要表现在,上述观点中的⑦、⑧和⑩未对旅游产业和旅游业进行明确的区分,而是直接将旅游业视为产业;而观点①、②的阐述表明,旅游产业不仅包括旅游业,还包括除旅游业外直接为旅游者提供物质、文化、信息、人力、智力、管理等服务和支持的其他行业。一致性主要表现在,除了有的学者直接将旅游产业等同于旅游业,或认为不仅仅包括旅游业的分歧之外,几乎所有的学者都认为旅游产业是一个"综合性产业""经济性产业""企业的集合体"或"产业集群"。换句话说,目前学术界对旅游产业的本质与内涵的认识上的分歧主要集中在旅游产业仅是旅游业,还是不仅仅是旅游业。

上述分歧的存在实际上反映出两方面的问题:一是旅游业的范围究竟有多大;二是旅游产业的范围究竟有多大,直接为旅游者提供物质、文化、信息、人力、智力、管理等服务和支持的其他行业是否应该包括在旅游产业的范围内。对这两个问题的回答是我们认识和理解旅游产业内涵的关键所在。

第一,关于旅游业的范围问题。日本学者土井厚(1983)认为,旅游业就是在旅游者和交通、住宿及其他有关单位中间,通过办理旅游签证、中间联络、代购代销,为旅游者导游、交涉、代办手续,并利用本商社的交通工具、住宿设备提供服务,从而取得报酬的行业。这种观点实际上是将旅游业等同于旅行社行业,其弊端在于将旅游业的范围限定得过于狭窄。而另外一种关于旅游业的惯常说法是,旅游业包括旅行社、旅游饭店和旅游交通三大支柱产业,这一观点实际上是将过去常说的旅游媒体等同于旅游业,其弊端同样是将旅游业的范围限定较窄。

相对来说,张陆和谢彦君有关旅游业的观点和认识是较为科学的。张陆等(2001)认为,所谓旅游业是指直接为旅游者在旅游活动中的食、住、行、游、购、娱等活动提供产品和服务的行业的总称。它包括的行业有:旅游饭店业、旅游交通运输业、旅行社业、游览娱乐业(旅游资源开发经营业)、旅游购物品经营业(旅游商业)5个行业。旅游业的经营活动是直接围绕着旅游者的食、住、行、游、购、娱等活动来展开的,它内部的5个行业形成了以旅游者为直接服务对象,以他们的食、住、行、游、购、娱为主要环节的行业群。从旅游业的行业构成来看,旅游业明显属于第三产业的范围。

谢彦君(2011)认为,旅游业可以分为狭义旅游业和广义旅游业。狭义旅游业就是由各个提供核心旅游产品以满足旅游者的旅游需求的旅游企业所构成的集合,即通常所说的旅游观赏娱乐业;而广义的旅游业是由各种提供组合旅游产品以满足旅游者的所有需求的旅游企业和旅游相关企业所构成的集合,即通常所说的旅游业,包括旅游观赏娱乐业、餐饮住宿业、旅行社业、交通通信业和旅游购物品经营业。

应当说,张陆和谢彦君的观点较为科学地反映了旅游业的实际情况,也是我们认识和理解旅游业的本质和内涵应当坚持和遵循的观点。从这个意义上来看,尽管二人没有直接表述,但他们所论述的旅游业实际上就是通常所说的旅游产业。

遗憾的是,张陆又进一步人为地扩大了旅游产业的内涵,认为旅游产业不仅仅包括旅游业,还包括其他的相关行业。

第二,关于旅游产业的范围问题。王兴斌(2000)认为,旅游产业不仅包括第三产业的许多行业和部门,还包括与旅游业密切相关的、为旅游业提供物质及非物质供应和支撑的第一产业与第二产业的众多行业和部门。在此基础上,张陆等(2001)认为旅游产业所包括的行业涉及到第一产业、第二产业和第三产业的众多行业。这些行业主要有:①旅游业本身所包括的行业;②为旅游业提供物质支撑的属于第一产业的农业、林业、畜牧业和渔业的相关部分;③为旅游业提供物质支撑的属于第二产业的轻工业、重工业和建筑业等部门和行业中的相关部分;④属于第三产业中的邮电通信业、金融业、保险业、公共服务业、卫生体育业、文化艺术业、教育事业、信息咨询服务业等行业中的相关部分,以及国家机关中与旅游相关的部门,如旅游行政管理部门、海关、边检等。

上述观点从理论上来说似乎没有什么问题,毕竟产业是一种社会分工现象,在不同的历史时期和理论研究中,产业的含义是不同的。在重农学派流行时期,产业主要是指农业;在资本主义工业产生以后,产业曾被用来专指工业;到了近代,随着社会生产力的发展,社会分工越来越细,出现了许多新兴的服务部门,如商业、运输业、邮政、咨询、金融、贸易、航运、信息等。此时,产业的含义已经扩展到包括农业、工业、服务业三大产业及其细分各产业。同时,在实践上,人们确实无法清晰地区分广义旅游业中的餐馆、商店等是为了满足旅游者消费,还是满足当地居民消费,抑或二者兼而有之;人们也不能清晰地确定狭义旅游业中的景点是否应当排斥当地居民观赏消费。也许人们还会说,旅游产业给旅游统计带来的难以克服的困难,正是其特殊性之所在,等等。

然而,上述观点首先在逻辑上是解释不通的。不但"旅游产业所包括的行业涉及到第一产业、第二产业和第三产业的众多行业"一语分明就已经表明旅游产业和它所涉及的众多行业并不是一回事,而且"产业的含义已经扩展到包括农业、工业、服务业三大产业及其细分各产业"也并不意味着农业、工业、服务业之间的界限可以任意混淆。在实践上,如果过于人为地扩大旅游产业的界限,其后果是严重的:它不仅使人们没法划分旅游产业和其他产业之间的界限,更使人们难以准确地计算旅游业对区域经济、社会和环境等方面的真实影响和贡献。从一定意义上来说,旅游产业的地位和贡献之所以到现在都备受争议,最根本原因恐怕就在于过于扩大了旅游产业的范围。因此,旅游产业的范围应当限定于旅游观赏娱乐业、旅行社业、餐饮住宿业、交通通信业和旅游购物品经营业5个方面,不宜再扩大。

鉴于以上的分析,我们认为,旅游产业是指为旅游者提供旅游产品和旅游服务的旅游企业和旅游相关企业的集合体,包括旅游观赏娱乐业、旅行社业、餐饮住宿业、交通通信业和旅游购物品经营业。其中,观赏娱乐业是旅游产业的核心部分,旅行社业是旅游产业中最活跃的部分。

(二)旅游产业的特点

关于旅游产业的特点,张凌云认为,旅游产业具有多样性、社会性和公共性的特点。孔建新认为,旅游业的性质特征有两种:一是文化和经济的二重性;二是自发、随意性——天然导向性。本文认为,由于旅游产业本身内涵的多样性,使得旅游产业在产业性质、产品生产、产业范围、产业结构、产业关联、空间布局等方面都有不同的特征表现,呈现出鲜明的多样化特点。

1.产业性质的双重性

旅游产业具有文化和经济的双重属性,它是满足人们对异质文化的消费的经济产业。人们通常称之为文化经济产业。从旅游与文化的关系看,人们外出旅游的重要目的之一就在于寻求一种文化的享受和熏陶。旅游者的文化需求,要求旅游产业必须经营和提供旅游文化产品,使得旅游产业体现出明显的文化属性。同时,旅游产业为了满足旅游者的需求,就必须对各种旅游景区景点及旅游基础设施进行开发建设,并从旅游者的付费中获得旅游收入。旅游产业的这种投入产出活动本身就是一种经济活动,具有经济性质。在旅游产业发展过程中,遵循着从经济性质逐渐向文化性质转化的规律,即在旅游产业发展的初级阶段由于需要大量的资金投入和建设,往往经济性占主导地位;当旅游产业进入发达阶段以后,由于文化消费的日益增多,文化性质便逐渐占据主导地位。

2.产品生产的组合性

旅游产品从构成上可以分为两种:一是核心旅游产品;二是组合旅游产品。核心旅游产品是旅游产品的原初状态,具有能满足旅游者愉悦需要的效用和价值;而组合旅游产品则是旅游产品的终极状态,是旅游企业或旅游相关企业围绕旅游产品的核心价值而做的多重价值追加,这种追加可以发生在生产领域,也可以发生在流通领域;既可以由旅游产品的生产企业来完成,也可以由旅游产品的销售企业来完成。因此,旅游产品的生产过程不是一个一次性的投入产出过程,而是逐步投入与不断产出的连续生产过程，但这一过程各生产环节的产品是相互联系的，某一环节的生产状态与经济效益直接影响和制约着其他生产环节，使旅游业的发展表现出生产过程的整体性和产品生产的组合性。

3.产业范围的宽泛性

现代旅游产业所涵盖的范围表现出较强的宽泛性。仅按为旅游者提供旅游产品和旅游服务这一基准来判断，旅游产业就包括旅游景区（景点）、旅游娱乐场所、旅行社、餐饮住宿、交通、通信、旅游购物品销售等众多的旅游企业和旅游相关企业。旅游产业是上述旅游企业和旅游相关企业的集合体，其中，有的企业以旅游者为唯一的或主要的销售对象，向其提供旅游产品与服务，而有的企业除了向旅游者提供产品和服务外，还向数量众多的非旅游者提供产品与服务，这就使得人们有时很难清晰地划分旅游产业和非旅游产业的界限。因此，旅游产业是一个涵盖范围较为宽泛、较为模糊的产业。

4.产业结构的层次性

旅游产业有着极其严密的结构体系，不但在横向上表现为由众多大小不等、经营水平不一的旅游企业和旅游相关企业所构成，而且在纵向上因这些企业在整个旅游产业中的地位、作用以及发展的先后顺序等的不同而呈现明显的内在层次性。旅游者对愉悦体验的终极需要决定了以提供观赏与娱乐为主要职能的旅游观赏娱乐业在整个旅游产业中居于内在的核心地位，而为旅游者的旅游提供便捷服务的旅行社业、旅游饭店业、旅游交通业、旅游购物品经营业等则是旅游产业的外围附属部分。此外，旅游产业有一个不断合理化的过程，各层次上各行业之间的比例关系也不断变化，优化旅游产业结构，提升旅游产业竞争力已成为业内各界的努力方向。

5.产业关系的关联性

作为一个综合性的产业，旅游产业与众多的产业发生关联。一般说来，旅游产业的产品与服务的提供涉及到第一产业、第二产业和第三产业的众多行业，如第一产业的农业、林业、畜牧业和渔业，第二产业的轻工业、重工业和建筑业以及第三产业中的邮电通信业、金融业、保险业、公共服务业、文化艺术业、信息咨询服务业等行业中的相关部分，涉及面极其广泛。据澳大利亚有关方面统计，旅游产品的提供涉及到 29 个经济部门的 109 个行业。这种产业关联性的存在，一方面使旅游产业的发展带动了这些部门和行业的发展，而另一方面上述相关部门和行业的发展又为旅游产业的发展提供了强大的物质基础。

6.产业空间的聚集性

旅游产业的空间聚集性表现在:组成旅游产业的众多行业、部门在地理区域内常常以某一大型旅游资源企业(旅游景区、景点、旅游娱乐场所)为核心,在其外部聚集着数量众多、层次不一的旅行社、旅游饭店、旅游交通运输企业伴随游客的旅游活动而形成的旅游中介行业群,形成规模庞大的旅游产业集群。这些产业在地理空间布局上呈现出明显的"核心—边缘"特征。除了旅游景区景点和大型旅游娱乐场所外,一些著名的旅游城市往往也成为旅游产业空间集聚的核心,在这些城市中都有都市旅游的核心区——RBD(游憩商业中心区)的存在,并在城市的外围形成环城游憩带。城市旅游产业的发展也体现出"核心—边缘"的集聚特征。

二、旅游产业的结构与功能

旅游业综合性的特点决定了旅游产业结构的多元化和旅游产业功能的独特性。认识和理解旅游产业的结构与功能,不但能加深人们对旅游的本质与内涵的理解,而且有利于充分发挥旅游产业在经济和社会发展中的积极作用。

(一)旅游产业的结构

旅游产业结构反映的是旅游产业间的经济技术联系及其比例关系。由于学界对旅游产业内涵及其范围的认知与界定存在较大差异,因此对旅游产业结构构成范畴的理解也存在较大差异。王大悟、魏小安提出,旅游产业结构指旅游经济各部门、各地区、各种经济成分及经济活动各个环节的构成与相互联系、相互制约的关系。王起静提出,旅游产业结构主要包括旅游产业行业结构、地区结构、所有制结构、产品结构以及组织结构。罗佳明提出,旅游产业结构的核心是旅游中各行业结构的合理化,即食、住、行、游、购、娱六大要素的合理配套。楼嘉军等认为,旅游产业结构主要表现为饭店业、旅行社业、旅游景区、旅游配套设施的空间分布与规模。通过前文对旅游产业概念及内涵的分析,本文认为,旅游产业包括旅游观赏娱乐业、旅行社业、餐饮住宿业、交通通信业和旅游购物品经营业5个部分。需要强调的是,从一定意义上来说,这5个部分不一定全是纯粹意义上的旅游产业结构中的内容,或者说,有的并不一定以旅游者为唯一的服务对象,或许与其他产业范畴有所交叉。但是,从旅游学界的角度看,以旅游产业为核心,这5个部分是旅游产业结构中最重要的部分,毋庸置疑。

1.旅游观赏娱乐业

旅游观赏娱乐业主要包括旅游景区、景点和特色娱乐场所。旅游者出行的目的主要是为了游览和娱乐,目的地的旅游景区、景点和特色娱乐场所常常是吸引旅游者旅游的主要因素。因此,在旅游产业结构中,旅游观赏娱乐业处于旅游产业的核心地位,它所提供的是能满足旅游者愉悦需要的核心旅游产品。而旅行社业、餐饮住宿业、交通通信业和旅游购物品经营业等处于附属地位,它们实际上是提供核心旅游产品之外的旅游产品追加价值的部分。即使是在旅游产业中承担设计旅游线路、接待旅游者、组织旅游者旅游活动的旅行社,其地位和作用也是同旅游观赏娱乐业无法相比的,尽管从表面看来,其在给旅游者提供一次完整的旅游经历中具有无可替代的作用。因为从旅游最原始的意义来说,人们外出旅游首先是观光娱乐,然后才是在此基础上拓展的其他内容。旅游观赏娱乐始终在旅游者的旅游经历中占据核心的位置。

当然,我们说旅游观赏娱乐业属于旅游产业,并不意味着所有的旅游观赏娱乐业都是只针对旅游者,因为,在实践中,旅游景区、景点和旅游娱乐场所很难将本地的观光者和娱乐者排除在外,常常是既接受旅游者,也接受本地居民,但总体上还是以接待旅游者为主。同样,我们说旅游观赏娱乐业属于旅游产业的核心部分,也不意味着旅游者来旅游目的地旅游就一定要观赏旅游景观或到娱乐场所娱乐。虽然旅游者可能仅是被目的地的民族风情和社会风貌等吸引而前来旅游,既没有同旅游观赏娱乐业发生直接的联系,也没有在观赏过程中发生付费行为,但他(她)却无法避免旅游住宿业、旅游交通等其他旅游相关企业为其提供的各种服务。因此,他(她)在旅游活动中还是要享受广义旅游产业所提供的产品或服务。

2.旅行社业

旅行社业是一个典型的中介服务型产业,由各个向旅游者提供产品组合、信息、导游、陪同和预订等服务的企业组织构成,是旅游产业结构中的重要组成成分,也是整个旅游产业中最具特色和活力的部分。作为整个旅游活动的实际组织者,旅行社不但要向旅游者提供旅游信息咨询、导游和陪同等服务,还要安排或协助旅游者申办护照、办理签证、兑换外汇、海关查验、办理旅行和住宿预订手续等,此外还要接受旅游投诉并处理其他应急事件。作为连接旅游者和旅游产品开发者之间的媒介,旅行社一方面要根据旅游者的需求以旅游景区(点)为节点,以交通路线为线索，为旅游者设计旅游产品，同时还要以包价或半包价的形式出售给旅游者；另一方面还要及时向旅游产品生产企业提供旅游消费者的需求信息反馈，以便于旅游企业根据旅游市场的需要开发适销对路的旅游产品。

从一定意义上来说，正是因为旅行社的存在才使旅游者的旅游活动变得如此的便利和舒适，也正是因为旅行社的存在才使得旅游产品的销售变得如此的顺畅和简洁。因此，旅行社在整个旅游产业中具有重要而独特的地位，它是旅游产业中唯一的一个纯粹意义上的旅游企业，发挥着其他产业不可替代的作用。

3.餐饮住宿业

餐饮住宿业包括餐饮部门和住宿接待部门。餐饮部门有以专门接待旅游者为主的餐馆或旅游定点餐馆，同时还存在为数众多的非旅游定点餐馆。餐饮场所的业务交易量很大，虽然餐饮消费活动的主体多是当地居民，但餐饮也是旅游者所钟爱的一种消遣娱乐活动，如果没有了旅游者市场，餐饮部门将会面临困境。在实际操作中，非旅游定点餐馆接待旅游者的比例以及消费支出难以清晰界定而给是否将其纳入到旅游产业之中造成了一定的困难，但毫无疑问的是，对于那些非景区周边的餐馆以及一些缺乏餐饮特色、规模较小的餐饮企业，应果断将其排除在旅游产业之外。

住宿接待部门具有许多种形式，不仅有酒店和宾馆，还有家庭小旅馆、企事业单位招待所、小旅社。当然，还包括邮轮和其他形式的交通，如提供卧铺的火车等。住宿接待部门是旅游产品的重要组成部分，通常情况下，住宿很难成为引发旅游者旅游的动因，但是这并不影响住宿接待业使旅游者给目的地带来巨大经济效益。对于大部分旅游目的地来说，酒店是住宿接待业的核心元素。目前学术界的共识是将酒店业纳入旅游产业，有必要剔除那些家庭小旅馆、招待所、小旅社等与旅游住宿关联度不高的住宿接待部门。

4.交通通信业

交通和通信业是旅游产业实现旅游者和旅游信息的空间位移的基本凭借，在旅游产业中具有重要的地位和作用。从一定意义上来说，没有现代交通和通信业的迅速发展，就没有现代旅游产业，但这并不意味着可以将交通与通信业全部纳入到旅游产业的范围之内，否则将会严重夸大旅游产业的总产值，造成旅游产业貌似繁荣的假象。

以交通业为例，与旅游出行有关的交通企业主要有航空公司、铁路运营企业、旅游汽车公司、出租汽车公司以及城市公交公司等，以往的许多研究中常常将这些企业全部纳入到旅游产业之中，这是有待商榷的。一般说来，旅游汽车公司、旅游巴士专线运营企业是专门从事旅游运输接待的企业，直接目的就是为旅游者服务，无疑应当将其纳入到旅游产业中。而航空公司、火车、出租汽车公司以及公交公司虽然也为旅游者提供旅游出行服务，但这常常只占其收入中的很小的一部分，即使没有旅游者，这些交通运输企业仍可通过接待其他客源来获取经营收入，不会严重影响到企业的生存，如果将其纳入到旅游产业的范围之内必然会受到诸多的质疑。通信业也如此，理论上讲，旅游者在旅游过程中只要使用通信设施就必然给通信业带来收入和效益，但实际上这些效益究竟有多大，还应当进行科学的分析与计算。

5.旅游购物品经营业

旅游购物品是旅游者在旅游过程中所购买的各种物品，主要包括旅游工艺品、旅游纪念品、文物古玩及其复制品、土特产品、日用品和其他商品。旅游购物品经营业是旅游产业不可缺少的组成部分。世界上许多国家和地区都对旅游购物品的开发与生产给予高度重视，有的国家或地区甚至将旅游购物作为专项旅游。如在美国，旅游者在各种类型的商场购物已成为一项重要的休闲活动。美国有 12 个以上的州已把购物当作旅游者首要的 5 项活动之一，5 个州把购物列为首要的 3 项活动之一。有研究表明，在旅游发达的国家和地区，旅游购物收入占旅游销售总收入的 50%~60%，而在我国平均约为 30%，有的省份仅为 10%左右，这既说明我国在旅游购物品的开发上同世界先进水平尚有较大的差距，同时也表明我国的旅游购物品开发在未来的一段时间内还是大有潜力，前景广阔。

（二）旅游产业的功能

旅游产业不仅可以拉动内需、促进就业、陶冶国民情操、提高国民素质和生活水平，而且可以平衡国际收支、缓解贸易摩擦和人民币升值的压力，对我国国民经济的健康和可持续发展发挥积极的作用。

1.促进区域经济发展，缩小区域差异

旅游产业关系的联动性、发展进程的跨越性、产业空间的聚集性以及产品生产的组合性等特点，决定了旅游产业已经并将继续成为促进区域经济发展的重要力量。旅游产业对区域经济发展的促进作用突出地表现在增加就业机会、增加外汇收入、带动相关产业发展、优化产业结构、拉动内需等方面。目前旅游业已经被确定为“国民经济的战略性支柱产业和人民群众更加满意的现代服务业”，这必将进一步强化旅游产业在促进区域经济发展中的作用。同时,旅游还可以实现世界财富和国内财富的再分配,缩小国别间的差距,缩小区域间的差距,实现国民经济的协调发展。一般来说,经济较发达的地区外出旅游的人数较多,经济欠发达的地区外出旅游的人数较少。当经济欠发达的地区的旅游资源足以吸引经济发达地区的居民前往旅游时,这些旅游者在旅游目的地的旅游消费不仅对当地旅游业的发展是个促进,而且由于旅游产业的连带性,对整个区域经济社会的发展也是个促进。经济欠发达地区通过兴办旅游产业,促进经济社会发展,做到一业兴而百业旺,可以摆脱贫困,走向富裕,缩小自己与经济发达地区的差距。

2.带动相关产业发展,缓解就业压力

同其他产业相比,旅游产业具有明显的乘数效应和加速效应。旅游产业作为一个服务性产业,需要购买许多其他行业的服务和产品,从而推动这些行业市场需求的增加,带动相关产业的发展。据测算,在国外,旅游业每收入 1 美元,可促进国民经济增长 2.5 美元;在我国,旅游业每收入 1 美元,可使国民经济增加 3.12 美元,使第三产业相应增加 10.7 美元,利用外资金额增加 5.9 美元。旅游产业的关联带动性要求我们对其功能进行定位时必须深刻认识和把握旅游产业—其他产业—旅游区域之间的相互依存、相互影响的关系,以实现旅游产业的持续、健康发展。旅游产业属于劳动密集型产业,可以提供大量就业机会,缓解就业压力。为旅游者直接提供产品和服务的旅游景区(景点)、旅行社、旅游饭店、旅游交通、娱乐购物等部门不能仅凭现代化手段来发展,更需要大量的劳动力资源,进而增加了旅游目的地的直接就业机会。同时,旅游产业是一个关联性极强的产业,不仅自己可以直接提供就业机会,而且还可以通过产业链增加农业、制造业、商业零售业、食品加工业等部门的间接就业。旅游的发展可以增加区域内的人流、物流、资金和信息流的流动。因此,通过大力发展旅游产业来增加社会就业在一个相当长的时期内仍将是我国旅游产业的重要功能。

3.促进区域产业结构调整,实现优化升级

区域产业结构调整与升级是我国经济发展亟待解决的重大现实问题。旅游业作为朝阳产业,是第三产业的龙头已是不争的事实,它所具有的产业结构和资源配置的导向性功能也是不容置疑的。随着旅游经济活动的不断发展,旅游业的发展必将改变人们的消费观念、消费习惯和消费结构。社会需求结构的变化,最终促使社会的资源重新分配,导致产业结构的优化和升级。从我国产业结构演变的整体层面上看，产业结构优化的重点是在推进现代工业化进程中大力发展第三产业，建立新兴第三产业结构体系。旅游产业需求的快速增长、产业发展的多部门关联性决定了它在区域产业结构调整中的重要地位。在我国产业结构调整过程中，要加大对旅游产业的投入，大幅度扩大产业发展规模，使旅游产业成为区域的主导产业。要调整旅游产业的内部结构，强调相关产业对旅游产业的供给保障程度，通过旅游产业的发展促进交通运输、餐饮服务、金融保险、商品开发的规模扩张与结构优化，充分发挥旅游产业对于第三产业结构升级与区域经济转型的拉动、支撑作用。

4.增强国民文化素质，增进国际交流

国民素质的提高不仅是一个国家文明昌盛的必备条件，也是未来时代发展的必然要求。旅游的本质是文化，旅游者外出旅游的基本动机之一就是寻求一种文化的享受和体验，在一定意义上，一次旅游活动是一种广义上的文化交流。通过发展旅游业，可以加深不同区域人们之间的彼此了解，并有力地促进不同文化的相互交融，提高国民文化素质。旅游者文化需求的多样性，要求旅游经营者必须提供类型多样的文化型旅游产品，要求旅游资源必须具有深刻的文化内涵和文化品位。同时，随着世界经济趋势的一体化以及国际交流与合作的迅速发展，旅游产业的国际交流功能也必将进一步得到强化。旅游为人与人、人与外界接触提供了机会，而这种机会使不同民族和不同文化之间的相互了解成为可能。此外，发展旅游业有利于加强世界各国之间的政治联系，推进科技文化交流，促进各国间的经济合作。作为一个国家对外关系的窗口，旅游业的发展有利于加强国家间的相互了解，改善国际关系，促进世界经济一体化和区域经济的集团化，增进友好往来，维护世界和平。

第三节　旅游产业区域效应研究述评

一、国外相关研究进展

从国外的研究文献来看，学者们对旅游或旅游业的作用研究主要集中在旅游影响方面，上述研究成果对本文的研究具有重要的理论指导和借鉴意义。国外旅游影响研究始于20世纪60年代，是国外旅游（产业）研究的重点内容之一，学者们多从经济、环境、社会文化和空间四个主要方面展开分析与研究。

（一）旅游的经济影响研究

国外对旅游经济影响进行系统的研究始于20世纪60年代，至70年代取得了一定的成果。学者们主要讨论了旅游经济影响（效应）的表现、制约因素和评价方法等，其中，评价方法是重点。学者们较为一致的看法是，旅游的经济影响受多种因素制约，其影响可能是积极的，也可能是消极的（Mathieson A.，Wall G.，1982）①。

20世纪70年代，有学者对"旅游经济乘数效应"做过实地考察和验证，并得出了可信的结论（Archer，1977）②。Mathieson A.和Wall G.（1982）③、Keogh B（1985）④所做的研究都得出了旅游促进了当地经济发展的结论。此后，乘数效应研究更多地集中在旅游产生的收入是如何影响当地经济每个部门的（Archer B.和Fletcher J.，1996）⑤。Johnson和Moone（1993）通过对岛屿旅游业的经济效应分析，得出多米加的旅游收入乘数系数为1.20，香港为1.02，夏威夷为0.9～1.30。D.Omotaya.brown（1998）分析了非洲旅游业的发展，提出一些非洲旅游经济的发展建议。Torstein Gustavsen、Sigrid Almedal（1998）分析了挪威旅游业对经济的直接影响和间接影响。Seongseop Kim、Kaye Chon和Kyu Yoop Chung（2003）运用投入产出模型计算了韩国旅游业的经济影响，包括对就业居民收入、价值增加量、外汇收入等方面的影响。⑥

旅游经济效应评价方法的研究在国外旅游经济影响的研究中占有重要的地位。早在20世纪70年代初，旅游学家布伦·阿切尔等就开始较为系统地研究旅游的经济效应，提出并逐步完善了旅游经济效应的研究方法⑦。在早期简单的数

---

① Mathieson A., Wall G,. Tourism: Economic, Physical and Social Impacts[M]. Longman Inc, 1982.

② Archer. Tourism Multipliers: the state of the Bangor[A]. Occasional Papersin Economics (No.11)[C]. Bangor: University of WalesPress, 1980.

③ Mathieson A., Wall G,. Tourism: Economic, Physical and Social Impacts[M]. Longman Inc, 1982.

④ Keogh B. Social Impacts of Outdoor Recreation in Canada[M]. Toronto: John Wiley Press, 1985.

⑤ Archer B.,Fletcher J,. The Economic Impact of Tourismin The Seychelles[J].Annals of Tourism Research, 1996,23(1):32-47.

⑥ 孙雪霞.旅游产业对桂林经济发展的作用研究[D]:[硕士学位论文].南宁:广西师范大学,2008:2-3.

⑦ 陆林.旅游区域经济效应[J].南京大学学报(哲学·人文·社会科学),1997(2):53-59.

学模型时期，学者们主要利用“乘数原理”对旅游的经济影响进行分析（Archer, 1977①；Archer B., Fletcher J., 1996②）。数学模型时期主要以“投入产出分析”及其扩展形式核算矩阵（SAM）、可计总量平衡（CGE）、旅游经济评价模型（TEMA）、旅行经济影响模型（TEM）等为分析工具。

目前，旅游卫星账户（TSA, Tourism Satellite Accounts）已经逐渐成为旅游经济影响评价研究的重要工具，在部分西方国家和第三世界国家得到了较为广泛的应用（Smith, 1998）③。此外，也有学者运用弹性理论分析旅游业的经济影响，如Garin-Munoz、Teresa、Coenen Mieke等分别运用计量方法研究了西班牙、瑞典国际、国内的旅游影响情况，并得出了相应的收入弹性、服务价格弹性、花费弹性等④。Smith（1998）认为TSA在理论上是可行的，对旅游区域经济影响的分析和解释能力是强大的，虽然应用TSA方法会遇到种种困难和这样或那样的障碍，但长远来看它所具有的价值终将超越这些困难⑤。

（二）旅游的生态环境影响研究

国外有关旅游对生态环境影响的研究虽然可以追溯到20世纪20年代，但严格意义上的旅游环境影响研究直到20世纪60年代才产生，70年代以后，旅游环境影响逐渐成为旅游研究的热点问题之一。

20世纪70年代末至80年代以来，旅游环境影响的个案研究开始发展起来，重点分析了旅游对环境造成的破坏和生态退化问题。尽管旅游开发是在特定的区域展开，但是规划、建设及管理不善等原因仍然引起保护区生态环境的退化或破坏，并成为一个非常普遍的问题（Catherine Marina Pickering, 2007）⑥。此外，还有学者

---

① Archer. Tourism Multipliers: the state of the Bangor[A]. Occasional Papersin Economics (No.11)[C]. Bangor: University of WalesPress, 1980.

② Archer B, Fletcher J. The Economic Impact of Tourismin The Seychelles[J]. Annals of Tourism Research, 1996, 23(1): 32-47.

③ Smith, S.L.J. Tourism as an industry: debates and concepts [A]. In: Ioannides, D. and K. G. Debbage. (eds.) The Economic Geography of the Tourism Industry [C]. London & New York: Routledge, 1998: 31-52.

④ 孙雪霞.旅游产业对桂林经济发展的作用研究[D]:[硕士学位论文].南宁:广西师范大学,2008:2-3.

⑤ Smith, S.L.J. Tourism as an industry: debates and concepts [A]. In: Ioannides, D. and K. G. Debbage. (eds.) The Economic Geography of the Tourism Industry [C]. London & New York: Routledge, 1998: 31-52.

⑥ Catherine Marina Pickering, Wendy Hill. Impacts of recreation and tourism on plant biodiversity and vegetation in protected areas in Australia [J]. Journal of Environmental Management, 2007, 85: 791 - 800.

研究了旅游对水环境的影响[①]、对景观的影响[②]以及对生物多样性的影响等。Cole讨论了野地旅游对生物多样性的 7 种影响:游径的建设,游径与营地土壤和植物的践踏,营火用木材的采集与燃烧,与露营有关的水污染,对动物的干扰,打猎、垂钓及其相关管理方案,旅游用牲畜的啃食[③]。

关于旅游环境影响的形成因素,David N. Cole(2003)[④]、Raoul Beunen(2008)[⑤]的研究认为,游客活动对环境的影响与游客的规模有重要的关系。少量的游客活动,在环境的承受范围内并不会引起环境问题。只有在游客数量达到一定规模后,时空分布不均,对环境的影响超过了其可承受范围,才引起环境破坏。

此外,一些学者认为,旅游对环境的影响不全是消极的,也具有一定的积极效应。主要体现在:旅游可以潜在地强化本国的建筑风格(Page S. J.,1995)[⑥],旅游发展促使废弃建筑得以重新利用、历史遗迹得到修复和保护(Howard Green ,Colin Hunter,Bruno Moore,1990)[⑦]。

(三)旅游的社会文化影响研究

20 世纪 60 年代以来,旅游对目的地的社会文化影响一直是旅游研究的热点问题之一。Mathieson A.和 Wall G.(1982)认为,旅游社会影响是"作用于接待地社区居民的影响"。因此,旅游社会影响研究的焦点往往集中在接待地社区和旅游目的地,而不是旅游客源地[⑧]。20 世纪 70 年代以来,国外学者对旅游的社会文化影响研究主要集中在旅游对接待地的宗教、语言、居民文化认同、犯罪等的影响以及旅游对接待地社会文化影响的关联因素等方面。

---

① Silsbee D. G., Larson G. L.Water Quality of Streams in the Great Smoky Mountains National Park[J]. Hydrobiologia,1982, 89(2):97-115.

② Tzatzanis M.,Wrbka T.,Sauberer N.Landscape and vegetation responses to human impact in sandy coasts of Western Crete,Greece[J].Journal for Nature Conservation,2003,11(3):187-195.

③ Cole D. N.,Knight R. L.Impacts of recreation on biodiversity in wilderness[A].In:Proceedings of a Symposium on Wilderness Areas and Their Impacts[C].Logan:Uath State University,1990:33-40.

④ David N..Cole1 Terry C. Daniel the science of visitor manage-ment in parks and protected areas:from verbal reports to simulation models [J]. Journal for Nature Conservation,2003,(11):269- 277.

⑤ Raoul Beunen,Hielke D. Regnerus,Catharinus F. Jaarsma. Gateways as a means of visitor management in national parks and protected areas[J]. Tourism Management,2008,(1):138 -145.

⑥ Page S. J.Urban Tourism[M].London:Routledge,1995.

⑦ Howard Green, Colin Hunter,Bruno Moore. Applications of the Delphi Techniquein Tourism[J]. Annals of Tourism Research,1990,17(2):270-279.

⑧ Mathieson A., Wall G. Tourism: Economic,Physical and Social Impacts[M]. Longman Inc, 1982.

Sharpley(1994)认为,宗教在旅游者与当地民众的冲突中已成为商品化的产物。Ryan(1991)研究发现,当地方言因旅游而被腐蚀了①。PaulBrunt 和 Paul Courtney(1999)研究还发现,旅游者的大量移民冲淡了当地方言②。Sharpley(1994)指出,文化移入与旅游者和居民接触的类型及特征有关,因为只有那些发现自己正在与旅游者进行有意义的交流的人才能意识到文化的移入③。Mathieson 和 Wall(1982)的研究表明,旅游使人感到有助于犯罪率的增加,特别是偷盗现象的增加④。Pizam、Reichel 和 Stein(1982)的研究结论表明,旅游是导致犯罪的潜在决定因素⑤。

关于旅游对接待地社会文化影响的关联因素,Paul Brunt 和 Paul Courtney(1999)认为旅游对目的地社会文化影响的程度与旅游者的数量、类型及当地旅游发展的特点和速度有关⑥。世界旅游组织(1981)的研究结论是:①旅游实践的社会文化影响取决于参与者的人数、接触方式和接触时间的长短;②旅游实践的影响在很大程度上是同所接触民众的价值和文化社会类型相联系的;③旅游实践的影响根据各类民众易受影响程度的不同,同时也根据旅游活动在其环境中发展程度的不同而有变化⑦。Butler R. W.(1993)指出,旅游目的地社会文化所受影响的程度与旅游目的地的 5 个特征有密切关系:①当地的经济发展水平;②当地居民的旅游参与程度;③旅游发展的空间特征;④接待地文化的生存能力;⑤其他特征,如当地居民的政治倾向等⑧。

(四)旅游的空间影响研究

旅游的空间影响研究从 20 世纪 60 年代起步,经历了从旅游资源和旅游现象描述到旅游土地利用和区划研究,再到注重旅游业空间效应和旅游业空间联系研

① Ryan. Recreational tourism: a social science perspective[M]. London: Routledge,1991:75-80.

② Paul Brunt,Paul Courtney. Hostperceptions of sociocul-tural impact[J]. Annals of Tourism Research, 1999, 26(3): 493-515.

③ Sharpley.Tourism,tourists and society[M].Hunting-don:ELM,1994:129-132.

④ Mathieson A., Wall G. Tourism: Economic,Physical and Social Impacts[M]. Longman Inc, 1982.174-177.

⑤ Pizam,Reichel and Stein. Tourism and crime: is there a relationship? [J].Journal of Travel Research, 1982, 20(3):7-10.

⑥ Paul Brunt,Paul Courtney. Hostperceptions of sociocul-tural impact[J]. Annals of Tourism Research, 1999, 26(3): 493-515.

⑦ WTO.关于旅游活动的社会后果和文化表现的实验性研究[M].马德里,1981:46.

⑧ Butler R. W., Pearce D. G.Tourism Research- Critiques and Challenges[M]. London: Routledge, 1993.

究的过程。国外学者关于旅游空间影响的研究主要集中在空间效应的表现、空间结构的研究方法、客源地与目的地空间关系等方面。

旅游区域空间转型是旅游空间效应发挥的重要表现，其研究思路是以旅游发展为导向，探析其在引致区域发展轨迹、路径模式、功能导向、区域认知等方面的变革效应。Llurdes(2001)提出可通过矿区功能的转变或扩张，如从完全的工业区转变成旅游目的地，带动当地服务业的发展，从而促进社会与经济的转型①。Murphy等(2006)基于对格拉斯哥的研究指出，英国前工业城镇利用当地文化特质打造文化旅游城镇，可实现城镇经济发展转型②。

学者们在研究旅游空间结构方面，先后归纳和应用了一些数理模型和地理方法。Mieczkowski(1995)提出了旅游区内分散化集中的模式③。Buece Prideaux 等(1999)研究了旅游流的双向不平衡结构④。旅游和度假的空间转换模型也被归纳和应用到旅游政策和规划研究中⑤。Pearce(1987)从地理学的视角分析了当代旅游业并探讨了旅游空间结构系统的内容⑥，也总结了 20 世纪 60 年代中期到 80 年代国外旅游现象空间结构的测度方法，认为空间结构方法在文化遗产产业发展的研究中十分关键⑦。

关于客源地与目的地空间关系的探讨，Walpole 与 Goodwin(2000)分析了印度尼西亚公园社区旅游就业和旅游收入的数量与分配，结果显示，核心—边缘区域存在分配上的不平等，他们认为旅游发展更有利于外来的经营者和门户城市居民，而不是当地村民⑧。Torres 和 Momsen(2005)对墨西哥坎昆岛的研究表明，在该岛核

---

① Llurdes J. Heritage tourism and textile model villages:The case of River Park[J]. Tourism Recreation Research,2001(1):168-182.

② Murhpy C., Boyle E. Testing a conceptual model of cultural tourism development in the post-industrial city: A case study of Glasgow[J]. Tourism and Hospitality Research,2006(2):111-128.

③ Mieczkowski Zbigniew.Environmental Issues of Tourism and Recreation[M].USA:Univ. Press of America, 1995.

④ Prideaux B., S Kim. Bilateral tourism imbalance: is there a cause for concern: the case of Australia and Korea[J]. Tourism Management,1999,20.

⑤ Ashworth,G.J.,Dietvorst,A.G.J. Tourism and spatial transformations:implications for policy and planning [M].Netherlands:Wageningen University and Researchcenter Publications,1995.

⑥ Douglas G. Pearce.Tourism today:a geographical analysis[J].Longman Scientific&Technical,1987.

⑦ Pearce D.Tourism thday:a geographical analysis[M].Harlow(U.K.).Longman,1987:113-127.

⑧ Walpole M. J., Goodwin H. J. Local economic impacts of tourism in Indonesia[J]. Annals of Tourism Research,2000,27(3):559-576.

心旅游者区(岛屿)、旅游者街区、非旅游者街、外围边缘之间,存在着巨大的差别①。Jaakson(2004)以墨西哥锡瓦塔内霍地区为例,运用了旅游者罩(Tourist Bubble)概念,通过分析旅游者罩核心区和边缘区的特征,发现两种类型的空间所受的旅游影响完全不同。核心区的宾馆、商店、餐馆和旅游者活动比较集中,受到的旅游影响较大,而外围地区旅游者很少光顾,几乎没有受到旅游发展的影响②。

二、国内相关研究进展

同国外的相关研究一样,国内对旅游产业效应的研究,主要也是从经济影响、生态环境影响、社会文化影响和空间影响等方面展开的,并取得了较为丰富的成果。

(一)旅游对经济发展的影响

国内关于旅游(旅游业)影响的研究始于20世纪80年代中期,真正深入的研究则始于90年代后期,在研究成果的数量和质量上都有明显的提高(刘迎华,朱竑,2004)③。在具体研究内容方面,主要讨论了旅游经济地位、旅游经济的正面与负面影响以及旅游经济效应的评价方法等。

关于旅游经济地位,魏小安(1999)认为将旅游业确定为经济增长点在理论上是一种突破,并从旅游业的依托性、功能、作用等方面结合新经济增长点问题进行了相关描述,最后对如何培育和发展这一增长点提出了自己的观点④。钟勉、刘家强(2002)认为旅游产业是后发展地区最具有比较优势、具有率先实现对外开放和跨越式发展条件的产业,其关联度大、综合性强,能极大地推动地区经济的增长,强调要在区域经济发展中树立发展旅游业的观念⑤。

---

① Torres, R.M.and J.D.Momsen. Gringolandia: The Construction of a New Tourist Space in Mexico[J].Annals of the Association of American Geographers, 2005, 95(2): 314-335.

② Jaakson, R. Beyond the Tourist Bubble: Cruiseship Passengers in Port[J].Annals of Tourism Research, 2004, 31: 44, 60.

③ 刘迎华,朱竑.二十世纪八十年代以来国内旅游影响研究进展及述评[J].中山大学研究生学刊(自然科学、医学版),2004(3).

④ 魏小安.关于旅游业成为经济增长点的若干问题[J].旅游调研,1999(3):22-26.

⑤ 钟勉,刘家强.旅游产业与区域经济发展研究[J].西南民族学院学报(哲学社会科学版),2002(10):194-197.

在旅游业对经济发展的正向影响方面，张帆等(2001)对秦皇岛市旅游产业的关联效应和波及效应进行了量化分析，测算了旅游对秦皇岛市的GDP、财政收入、社会就业等方面的直接贡献度和完全贡献度，较为科学地论证了旅游在其经济社会发展中的地位和作用①。陈友龙和刘沛林等(2006)应用系统动力学原理和格兰杰因果关系检验对我国旅游业发展与经济增长的因果关系进行了研究，认为旅游业发展对经济增长的影响较为显著②。周四军、张默格(2006)用统计分析方法分析了中国旅游业与经济增长的相互关系，认为旅游业与经济增长存在双向的推动关系③。王晶(2007)对福建省的研究也表明旅游业发展与区域经济增长存在互为因果的关系④。

关于旅游对区域经济发展的负面影响，依绍华(2004)从目的地收入漏出、物价上涨、影响当地居民的福利收益、工作的季节性特点等因素入手，分析了旅游业的隐性成本对接待地造成的不利影响⑤。陈东田、吴人韦(2002)的研究表明，旅游业对区域经济的发展会带来一系列不利的影响，如过分依赖旅游业会影响区域经济的协调发展，产生收入漏出，导致物价上涨，影响居民福利等⑥。

虽然上述研究成果在对旅游效应的性质的认识上存在着明显的区别，但有一点是一致的，那就是都认为旅游产业与区域经济发展之间存在因果关系。当然，也有学者对此表达了质疑。杨勇(2006)利用VAR模型以及Granger因果关系检验等方法对改革开放以来中国居民旅游消费支出以及经济增长之间的关系进行了判断，得出不论就短期来说还是就长期来说，中国旅游业与经济增长之间均不存在稳定因果关系的结论⑦。

在旅游经济影响的评价方法方面，不少学者运用经济学方法具体计算了投入产出比、产出系数、就业系数等(李江帆，2001；左冰，2002；张帆，王雷震，李春光，2003)。目前，旅游区域经济影响评价研究的第三个时期正处于起步阶段，由概念

① 张帆，王雷震，李春光，等.旅游业对秦皇岛市社会经济的贡献度研究[A].2002~2004年中国旅游发展：分析与预测[C].北京：社会科学文献出版社，2003.

② 陈友龙，刘沛林，许抄军.我国旅游业发展与经济增长的因果关系研究[J].衡阳师范学院学报，2006(2)：93-97.

③ 周四军，张默格.中国旅游业发展与经济增长的统计分析[J].统计与信息论坛，2006(7)：60-63.

④ 王晶.福建省旅游业发展与区域经济增长的实证分析[J].经济与社会发展，2007(4)：73-75.

⑤ 依绍华.旅游业的负面经济效应分析[J].桂林旅游高等专科学校学报，2004(10).

⑥ 陈东田，吴人韦.旅游度假地开发影响评价研究[J].中国园林，2002(6).

⑦ 杨勇.旅游业与我国经济增长关系的实证分析[J].旅游科学，2006(2)：40-46.

模型向数学模型转化的关键性工作已经在进行之中，主要包括旅游政策与预测模型（TPF）和收入流转分析（ISA）（张骁鸣，保继刚，2004）①。

（二）旅游对生态环境的影响

国内旅游环境影响研究大约始于20世纪80年代初期。由于国内旅游的迅速发展，旅游环境影响问题日渐突出，引起了旅游和环境等相关学科研究者的关注。研究领域主要集中在旅游环境容量，旅游对生态环境的正、负向影响等方面。

在旅游环境容量研究方面，赵红红（1983）在研究苏州园林时首次提出了旅游容量问题②。保继刚（1987）对旅游环境容量的概念进行了界定③。胡炳清（1995）提出的旅游环境容量的数学模型给出了旅游人数的定量评价方法。关辉（1999）论述了武夷山风景名胜区总体规划中环境容量与旅游规模的关系，对环境容量和旅游规模进行了估算和预测④。杨锐（2003）提出了LAC（可接受的改变极限）理论，被视为是解决国家公园和保护区中环境容量问题的理论框架，旨在用于解释资源保护和旅游发展之间的矛盾⑤。

在旅游引起的环境问题研究方面，周延亭（1986）认为，旅游业带来的环境问题主要是旅游污染和资源的破坏性开发，并从水体污染、生态破坏、空气与噪声污染等6个方面具体分析了旅游对环境的影响⑥。刘汉洪等（1991）分析了旅游给衡山风景区带来的大气污染、水体污染和资源破坏问题及其原因⑦。王文华等（1995）对颐和园昆明湖底泥中有机物表征的研究显示，旅游活动已经干扰了底泥有机物的正常沉积过程⑧。高彻等（2000）研究了游人的践踏对避暑山庄土壤造成的不良影响，同时分析了一些游人的不文明行为对山庄内植物造成的不同程度的破坏，指出合理的管理和利用是实现避暑山庄可持续发展目标的关键⑨。

关于旅游对生态环境的正面影响，李贞和保继刚（1998）通过旅游对丹霞山植被的影响研究认为，从总体效果上看，丹霞山旅游开发有效地保护和稳定了植被群

---

① 张骁鸣，保继刚.旅游区域经济影响评价研究述评[J].桂林旅游高等专科学校学报，2004(2)：38-45.
② 刘益.大型风景旅游区旅游环境容量的测算方法的再探讨[J].旅游学刊，2004(6)：42.
③ 保继刚.颐和园旅游环境容量研究[J].中国环境科学，1987(1-2)：12-15.
④ 关辉.武夷山风景名胜区总体规划中环境容量估算与旅游规模预测[J].福建建筑，1999(1)：2-4.
⑤ 杨锐.LAC理论：解决风景区资源保护与旅游利用矛盾的新思路[J].中国园林，2003(3).
⑥ 周延亭.略论我国的旅游环境保护[J].旅游论坛，1986(3)：29-35.
⑦ 刘汉洪，彭旺元.衡山“旅游公害”及其防治对策[J].旅游学刊，1991(1)：35-38.
⑧ 王文华，王淑琴，徐维并.北京昆明湖底泥中有机物的表征[J].环境科学学报，1995(4)：178-185.
⑨ 高彻，孙伟华.旅游对避暑山庄土壤和植被的影响[J].植物杂志，2000(2)：7-11.

落的生态环境，利用植被的风景资源和生态功能可以造福于人类[①]。王子新等(2005)的研究结论是，开展旅游有助于保护和修复历史建筑等遗产，有助于当地环境的改善，有助于野生动物的保护等[②]。明庆忠(2001)则认为，生态旅游能极大地促进环境保护，但也会产生环境问题。

(三)旅游对社会文化的影响

20世纪90年代，旅游的社会文化影响逐渐得到了学术界的广泛关注。90年代以来，国内学者对旅游的社会文化影响研究主要表现在旅游对接待地的文化演变、居民就业、社会组织、居民认同感、居民行为心理、语言、社会道德等的影响以及旅游社会文化影响的关联因素等方面。

刘振礼(1992)在河北野三坡进行了有关旅游对接待地社会影响的调查研究，得出旅游的社会影响以有利方面占主导地位的结论[③]。刘赵平(1998)认为旅游的开发不但帮助社区留住了将要迁移的人员，而且将那些寻求工作与发展机会的外来人也吸引进来，这在某种程度上加速了那些处于边远地带的旅游接待地的城市化进程[④]。李星明(2002)的研究表明，旅游者的自由和物质上的优越感，会导致接待地居民尤其是年轻人模仿游客的消费方式和行为。为了达到游客的消费水平，越来越多的当地人可能会在服务业中找工作。李蕾蕾(2000)从传播学的角度入手，系统地分析了旅游作为一种跨文化传播的方式对旅游接待地地方文化认同的各种影响，这种复杂的影响既可以摧残原有的认同心理，使旅游地逐渐丧失个性和特色，也可能凸显、增强原有的认同感和文化自尊感[⑤]。

刘丹青(2000)通过分析旅游地居民文化心理生成及其差异性的几个基本因素，揭示了旅游地，特别是新开发旅游地初期居民文化心理的若干外在表现形式及其变化[⑥]。崔凤军(2001)认为，就居民态度而言，旅游开发初期对旅游者持欢迎态度，中期相对无序，坑蒙事件时有发生，而后期则相对理智和规范[⑦]。他同时认为，

---

① 李贞，保继刚.旅游开发对丹霞山植被的影响研究[J].地理学报，1998(6)：554-560.

② 王子新，王玉成，邢慧斌.旅游影响研究进展[J].旅游学刊，2005(2)：90-95.

③ 刘振礼.旅游对接待地的社会影响及对策[J].旅游学刊，1992(3)：52-55.

④ 刘赵平.再论旅游对接待地的社会文化影响[J].旅游学刊，1998(1)：50-54.

⑤ 李蕾蕾.跨文化传播及其对旅游目的地地方文化认同的影响[J].深圳大学学报(人文社会科学版)，2000(2)：95-100.

⑥ 刘丹青.论旅游地居民文化心理的生成和培育[J].湘潭大学社会科学学报，2000(6).

⑦ 崔凤军.风景旅游区的保护与管理[M].北京：中国旅游出版社，2001：44-48.

旅游虽对促进语言的统一有贡献，但却不利于语言文化多样性的保护，而且舶来品过多，会冲淡本土语言的纯洁性和严密性①。保继刚和楚义芳（1999）重点从色情、犯罪与赌博3方面探讨了旅游和社会道德的关系。他们认为旅游为卖淫创造了3个良好的条件：①旅游业的发展为娼妓及其"顾客"提供了良好的场所与环境；②旅游可以摆脱日常生活的清规戒律，到没有熟人的远离自己住地的地方尽情花钱，此种观念对卖淫的产生和发展很有利；③旅游给妇女提供了大量就业机会，提高了她们的社会地位、经济地位，促进其思想的解放②。

关于旅游对社会文化影响程度的关联因素，李经龙等（2003）的研究表明，影响程度的大小取决于旅游者与居民交流的程度，而旅游者与社区相互作用的形态、范域和持续时间是决定当地文化变迁的关键指标。当然，旅游社区的成熟度大小对于抵御外来环境的影响是不同的。一般而言，某一旅游地快速发展的前期阶段，由于旅游者与社区居民交流较多，尽管旅游者数量不多，但引起的社会文化变化程度较高；而成熟的旅游区受外部影响则较小③。

（四）旅游对空间发展的影响

国内学者对旅游空间效应的研究始于20世纪80年代末。多年来，我国的旅游空间效应研究逐步增多和活跃，研究的角度也各有侧重，主要涉及旅游现象的空间分布、旅游空间结构模式的形成、特殊偶发事件的影响等方面。

随着20世纪90年代旅游业区划与布局的理论探讨的基本完善，学者们对旅游现象空间分布给予了更多的关注。朱竑、陈晓亮（2008）发现，中国的A级景区分布与人口分布趋同、与经济发展水平相关性逐步增大、与地形差异关系密切、与铁路网和高速公路网布局具有一致性④。陈岗、黄震方（2009）的研究表明，对旅游城市而言，随着旅游者（特别是高端旅游者）的需求日益多元化，城市中心已经不是影响高级别饭店布局的决定性因素⑤。宣国富等（2004）通过研究三亚市旅游客源市场的空间分布特征，得出结论，三亚市客源市场空间分布广

---

① 崔凤军.风景旅游区的保护与管理[M].北京：中国旅游出版社，2001：44-48.

② 保继刚，楚义芳.旅游地理学[M].北京：高等教育出版社，1999：216-224.

③ 李经龙，郑淑婧，周秉根.旅游对旅游目的地社会文化影响研究[J].地域研究与开发，2003(6)：80-84.

④ 朱竑，陈晓亮.中国A级旅游景区空间分布结构研究[J].地理科学，2008，28(5)：607-626.

⑤ 陈岗，黄震方.基于交通集成度分析的城市饭店空间布局研究——以风景旅游城市桂林主城区为例[J].旅游学刊，2009(4)：61-66.

泛,旅游吸引力场较大,引力场集中在1800km范围内,旅游客流累计百分比为80.62%①。

在旅游空间结构模式的形成方面,李创新、马耀峰等(2007)概括了遗产类城市都市旅游开发的3种空间发展模式:空间分离型发展模式、空间镶嵌型发展模式、空间融合型发展模式,提出一个轮廓性的都市旅游开发体系大纲②。曹丹、李小波(2006)将Stewart和Vogt的经典旅游空间模式应用到四川省历史文化城镇的旅游开发中,总结出双核市场模式和依托型模式两种新的模式③。刘少和等(2008)认为,广东区域旅游正向休闲度假转型,旅游度假区(城、村)建设正从城郊向山区与滨海延伸,呈现休闲度假旅游发展的一般模式与区域特色,如"环城市(群)休闲度假带"的空间布局模式、"度假+观光+娱乐+专项+特种旅游"的产品开发模式、以民营企业为主的经营管理模式、"多业共生"的产业组织模式、主题体验型的旅游度假区发展模式、主题休闲型的度假旅游地发展模式等,立体地构造了包括粤港澳在内的区域休闲度假旅游产品体系④。

特殊偶发事件因其直接导致城市旅游空间形态、质量及规模在一定时期内出现非常规演变,从而引起学者们的关注。吴国清(2010)探究了大型节事对城市旅游空间发展的影响机理,重点讨论了2010年上海世博会对上海城市旅游空间的影响:形成上海都市旅游新增长极,提升黄浦江旅游发展轴功能,重构上海城市旅游空间核心轮廓⑤。汪德根(2013)的研究表明,虽然武广高速铁路对湖北省区域旅游空间格局的影响表现出"双刃性",但由于扩散作用的强度没有极化作用的强度大,高铁导致湖北区域旅游发展差异最终表征呈扩大趋势,不利于区域均衡性发展⑥。

---

① 宣国富,陆林,汪德根,章锦河,杨效忠.三亚市旅游客流空间特性研究[J].地理研究,2004(1):115-124.

② 李创新,马耀峰,陈素景.遗产类城市都市旅游开发模式研究——以西安市为例[J].河北师范大学学报(自然科学版),2007,31(6):818-823.

③ 曹丹,李小波.旅游空间模式理论在四川历史文化城镇旅游开发中的运用与提升[J].四川师范大学学报(社会科学版),2006,33(4):117-122.

④ 刘少和,李秀斌,张伟强.广东休闲度假旅游发展模式探讨——以滨海珠海市与粤北清新县为例[J].热带地理,2008,28(4):376-381.

⑤ 吴国清. 大型节事对城市旅游空间发展的影响机理[J]. 人文地理,2010(5):137-141.

⑥ 汪德根.武广高速铁路对湖北省区域旅游空间格局的影响[J].地理研究,2013(8):1555-1564.

三、相关研究的评价与展望

（一）研究总结与评价

近年来，旅游（旅游产业）的影响和效应研究已经引起了国内外学术界的高度重视，研究领域不断拓展，研究内容不断丰富。特别是学者们有关旅游对经济、社会文化、生态环境的影响以及旅游影响的关联因素等方面的研究成果，不但丰富了相关理论的探讨，还在指导区域旅游发展方面发挥了重要作用。

当然，我们也应当看到，尽管国内外对于旅游（旅游产业）的影响和效应的研究取得了较为丰富的成果，但由于该问题的复杂性和国家（地区）间的地域差异性，从理论研究层面来看，目前学术界对该领域的研究还存在一些明显的不足，主要表现在以下几方面：

1.尚未建立旅游产业区域效应的理论体系

从已有的研究成果来看，学者们的视点多关注旅游产业自身的发展和旅游产业的经济、环境、社会文化以及空间方面的单项影响，很少从产业和区域互动的角度来探讨旅游产业的区域效应。并且，已有的旅游影响研究多处于一般的理论探讨层面，缺乏对旅游产业的区域影响规律的归纳总结，尚未建立旅游产业区域效应的理论框架。因此，有必要从区域经济学和旅游经济学的视角，研究和探讨旅游产业的区域效应问题，以促进区域旅游经济的持续和健康发展。

2. 缺乏旅游产业区域效应的综合评价方法

目前，学术界对于旅游产业的经济、社会、环境影响的评价与分析多为定性的描述性研究，而定量的实证性研究较为有限。并且，许多研究都存在方法论上的缺陷（Crompton J. L.，Mckay S. L.，1994）①，即使是定量研究也多限于旅游对经济、环境、社会、空间的单方面影响的评价，尚未建立完善的旅游产业区域效应综合评价的方法论体系。因此，要科学地研究和探讨旅游产业的区域效应问题，就必须加快建立具有广泛应用价值的旅游产业区域效应的综合评价方法。

3. 对大连市旅游产业发展的区域效应研究不足

大连市是我国重要的滨海旅游城市。目前，虽然有许多学者围绕大连市的旅

① Crompton J. L., Mckay S. L. Measuring the Economic Impact of Festivals and Events: Some Myths, Misapplications [J]. Festival Management & Event Tourism, 1994, 2(1): 33-34.

游资源开发、旅游市场、旅游形象定位、特色旅游产品打造、旅游发展策略等内容和范畴进行了卓有见地的研究，并在一定程度上为大连旅游业的发展奠定了坚实的理论指导和支撑，但相对于国外发达地区的城市而言，有关大连旅游产业的区域效应现状、区域效应评价与区域效应调控等问题却未得到学术界的高度重视，使人们难以科学地认识和评价大连旅游产业区域效应问题。因此，研究和探讨城市旅游产业的区域效应问题，不但是为未来大连旅游产业发展提供理论支撑的需要，也是促进未来大连旅游产业持续和健康发展的需要。

（二）研究趋势与展望

实践需要迫切呼唤新的理论探索。目前，我国区域经济已进入全面快速发展阶段，同时，旅游业也正处于转型升级发展的关键时期。在全球化、信息化、区域一体化等趋势的影响下，国际性旅游城市建设、特色旅游区培育、旅游产业结构升级以及增强旅游业对国民经济的拉动力已经成为我国经济快速发展的重要需求和保障。在此背景之下，深入研究旅游产业的区域效应问题，对于加快我国旅游产业发展、促进旅游业与区域经济社会和生态环境的协调互动具有重大的理论和现实意义。

从研究视角来看，采用旅游产业发展与区域社会、经济、生态环境有机结合的视角，研究旅游产业发展与区域发展的互动关系，发挥旅游产业的经济增长极作用，不断强化旅游产业对我国区域经济增长、产业结构升级、区域社会进步以及生态环境保护方面的作用已经成为理论界和学术界关注的热点。

从研究领域来看，强化对旅游产业的区域社会、环境、经济、空间效应的深入分析，对效应或影响的规律的揭示，以及对旅游产业区域效应理论框架的构建应成为重要的研究方向。同时，对代表性旅游城市、重点旅游景区等典型地区旅游产业区域效应与调控机理进行深入分析，在此基础上构建符合中国国情的旅游产业区域效应研究的理论与实践体系是学术界研究的目标。

在研究方法上，重视数量与计量分析、采用理论研究与数量分析相结合的方法是旅游产业区域效应研究的重要手段，而尽快建立区域旅游产业效应的综合评价方法更是科学认识和理解旅游产业的区域效应问题、进而促进区域旅游产业持续、健康发展的重要理论支撑。

第四节　研究方法与内容框架

一、研究思路与方法

本文在广泛借鉴、吸收国内外相关的文献资料和研究成果的基础上，坚持理论与实践相结合、历史分析与现实研究相结合、定量研究与定性分析相结合、个案分析与总量研究相结合的研究方法，综合运用区域经济学、产业经济学、旅游经济学、社会学、景观生态学等相关学科的理论，对旅游产业的区域效应问题进行深入的理论研究和实证研究，以构建较为完善的旅游产业区域效应的理论研究框架。

在研究思路与技术路线上，本文采用“分析、整理基础资料—归纳、分析理论与实践成果—构建理论研究框架—评价体系建立与模型选择—实证研究与分析评价—理论与实证成果完善”的总体研究思路，具体的研究方法与技术路线见图 1-1 所示。

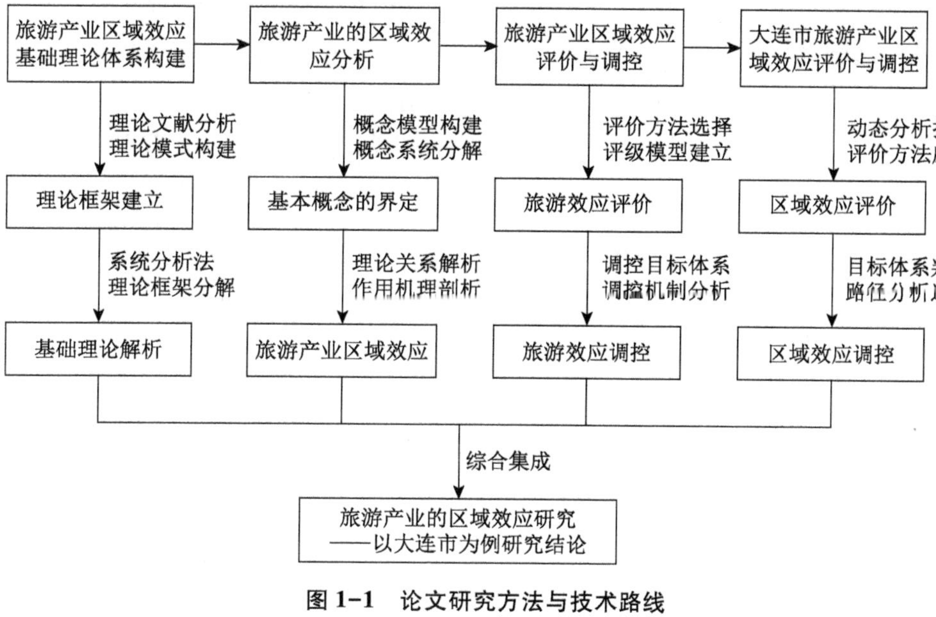

图 1-1　论文研究方法与技术路线

二、主要研究内容

本文在分析梳理国内外相关文献和研究成果的基础上，围绕旅游产业的区域效应问题主要研究以下内容：

第一，从旅游产业关联与结构调整、旅游产业发展与空间布局、旅游产业与社会文化整合、旅游产业发展的生态化等不同的角度与层面分析、总结、提炼出旅游产业区域效应的基础理论，以为本论文的写作提供理论指导与支撑。

第二，旅游产业的区域效应问题是一个复杂的系统问题，必须从旅游产业与区域互动的角度加以分析论证。因此，本文在界定旅游产业区域效应的基础上，构建了旅游产业区域效应的研究框架，进而从旅游产业的经济效应、生态环境效应、社会文化效应、空间效应等不同层面分析、探讨了旅游产业对区域发展的作用和影响。

第三，旅游产业的区域效应是一个动态发展的过程，在其形成和发展演变的过程中受到众多因素的影响和制约。只有科学分析、评价旅游产业区域效应的实际状况，才能针对旅游产业发展中存在的问题制定合理、有效的发展对策。因此，本文将深入分析旅游产业区域效应的时空变化，通过定性和定量相结合的方法对旅游产业的区域效应进行分析、评价，旨在通过对旅游产业区域效应的调控机理的研究、探讨，寻求旅游产业可持续发展的对策与措施。

第四，以大连市为例对旅游产业的区域效应问题进行实证分析，重点探讨大连市旅游产业区域效应的影响因素、变化轨迹及特征，同时在对大连市旅游产业区域效应进行科学评价的基础上，尝试构建旅游产业区域效应的调控体系，以促进大连市旅游产业的持续和健康发展。

三、研究框架体系

基于以上研究内容，本文建立如下分析框架体系（图 1–2）：

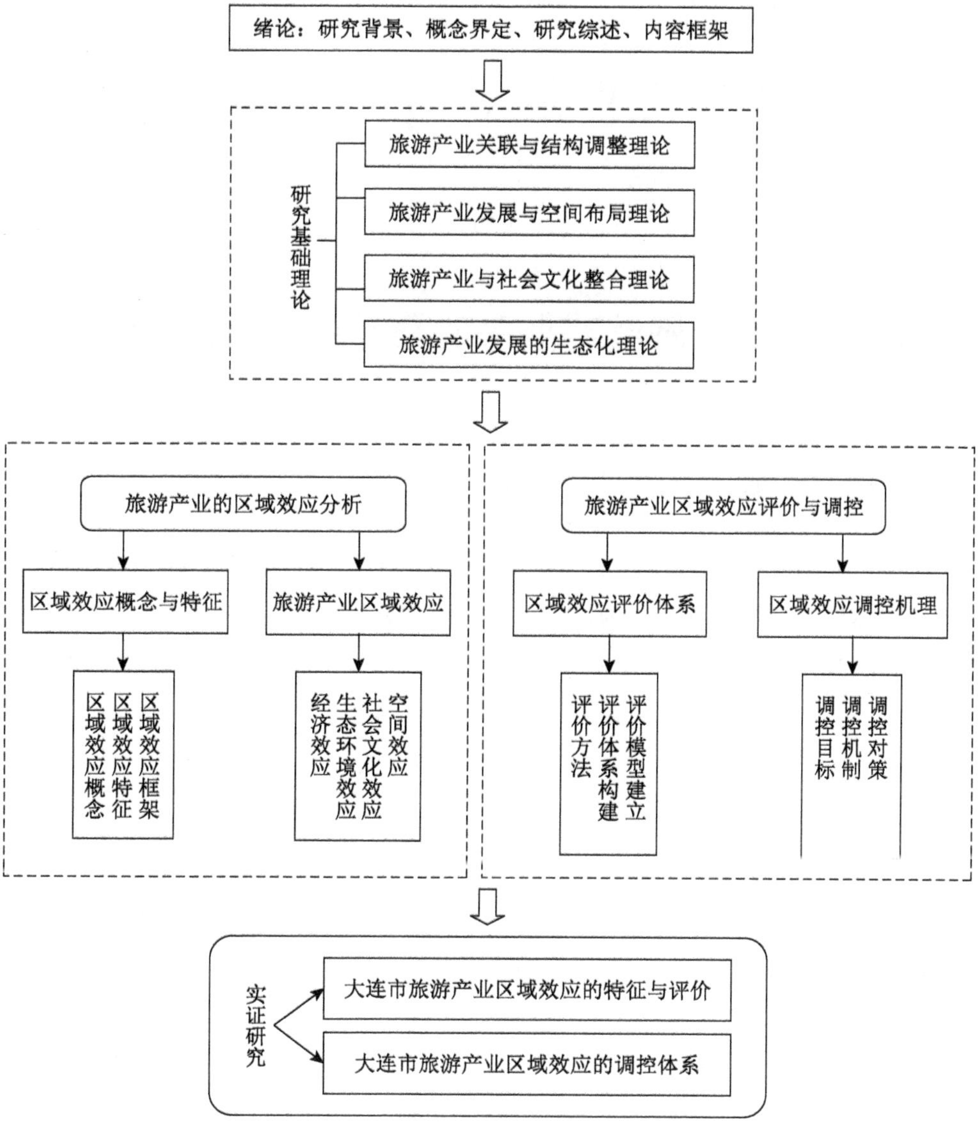

图 1–2　论文研究内容结构与分析框架

第二章

旅游产业区域效应研究的基础理论

第一节　旅游产业关联与结构演变理论

一、旅游产业的经济关联理论

旅游产业是一项开放、关联程度极高的新型产业，随着旅游产业的发展，其对经济的拉动作用逐步显现。目前，学术界关于旅游产业经济关联理论的分析，主要包括旅游产业关联理论、旅游产业整合理论、旅游乘数效应理论和旅游投入产出理论等。

（一）旅游产业关联理论

产业关联是指产业之间以各种投入品和产出品为纽带的经济技术联系及其联系方式。产业关联理论是从量的角度对产业之间联系的考察，利用投入产出表及建立在此基础上的各种指标和分析工具，对产业之间的结构比例、关联效应和波及问题进行分析的重要理论。产业关联理论侧重于研究产业之间的中间投入和中间产出之间的关系，能很好地反映各产业的中间投入和中间需求，这是产业关联理论区别于产业结构和产业组织理论的一个主要特征。在此基础上，还可以分析各相关产业的关联关系（包括前向关联和后向关联等）、产业的波及效果（包括产业感应度和影响力、生产的最终依赖度以及就业和资本需求量）等[①]。

① 丰志培，刘志迎.产业关联理论的历史演变及评述[J].温州大学学报，2005(1)：51-56.

旅游产业的经济关联由旅游产业关联方式、关联分析和关联度等内容构成。旅游产业关联方式是指旅游产业与相关产业或部门发生联系的基础以及产业之间相互依存的不同类型，是分析产业关联程度的切入点和依据之一。旅游产业的关联度较高，通过辐射效应与乘数效应，可以带动其他相关产业发展。根据国际上的研究，旅游涉及国民经济的 109 个产业；按国内的实际操作，旅游涉及 39 个部门，对与之关联的建筑、交通、饭店、餐饮、娱乐、商贸、工艺美术以及工农业的许多行业都能起到直接或间接的带动作用①。同时，旅游产业具有创造增量的特性，其发展主要依靠创造增量，而不是争夺存量，可使旅游业的各个相关部门、相关行业锦上添花，成为构建和谐社会的融合点。

按照产业关联的一般关系，旅游产业关联包括旅游产业的前向关联、后向关联和旁侧关联。在产业经济分析中，一般把某一产业的生产对生产最终产品部门的影响规定为“前向关联”，即通过供给联系与其他产业部门发生的关联；“后向关联”则是指通过需求联系与其他产业部门发生的关联。旅游产业是一个涵盖广泛与关联度极高的综合性服务行业，它后向关联着农业、食品制造业、房地产业、金融保险业等产业。因而相对而言，产业的后向关联度较大，前向关联度较小；至于“旁侧关联”，旅游产业在提高人们生活质量和水平、促进国际交流等方面有着其他产业无法比拟的重要作用②。

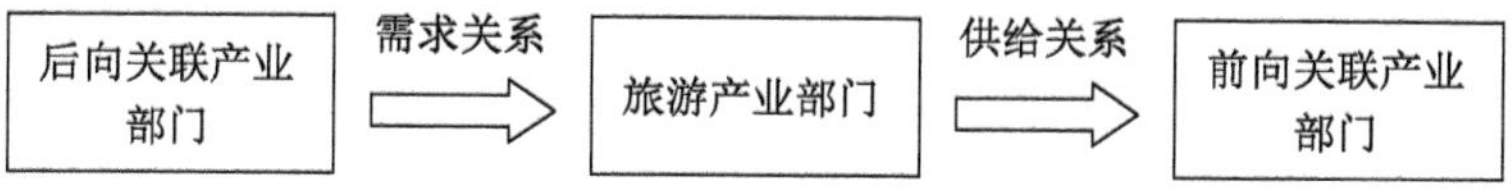

图 2-1　旅游产业关联结构

资料来源：王科.基于产业整合理论的区域旅游产业充争力提升研究——以河南省为例[D]：[硕士学位论文].武汉：华中师范大学，2008：8-9.

旅游产业关联分析是利用投入产出表来对产业间投入与产出的数量比例关系进行的分析，并通过对比分析得出某一产业在特定经济体系中的地位和作用，其局限在于，它仅限于一种有限变动范围内，不适合作整体动态分析。旅游产业关联度是一个反映产业内在质量的概念，指一个经济体系中各产业之间的相互依赖程度，

---

① 田里.旅游经济学[M].北京：高等教育出版社，2002：22-23.

② 王科.基于产业整合理论的区域旅游产业竞争力提升研究——以河南省为例[D]：[硕士学位论文].武汉：华中师范大学，2008：8-9.

具体指标包括直接消耗系数、完全消耗系数和相关系数。直接消耗系数是指第J部门生产单位产品直接消耗第I部门的产品数量,反映了国民经济各部门之间的生产技术联系;完全消耗系数反映了各部门之间直接消耗和间接消耗的总的关系;相关系数是指两个变量之间不具有唯一性时,用来反映它们之间线性关系密切程度的指标①。

(二)旅游产业整合理论

整合是将两个或两个以上的要素通过相同点或相异点的有效组合、重组直至融合、共生,使现存共有资源达到良性组合的最优化状态,其过程和结果是现代市场资源的充分发挥与合理配置。产业整合实际就是产业链的并购重组,是以企业为主体、以产业为构架,促进产业的优化发展②。旅游产业整合是指以旅游企业为主体、以产业为框架的市场整合,通过对旅游产业和相关配套支持产业进行资源的合理配置、优势互补,使其相互协作,创造出比单一产业更大的协同效应。其目标是获取更好的经济、社会、环境效益,提高旅游产业竞争力,推动旅游产业健康发展③。

旅游产业整合的方式包括内化性整合和开放性整合,内化性整合又包括行业内企业整合和行业间的企业整合。行业内企业整合,即产业链上同一部门生产或经营同一产品的企业间的整合。其优势在于可以实现旅游企业客源、产品、采购、服务等资源的充分共享,以降低成本,获取规模效益。行业间的企业整合,即旅游产业内不同行业间的企业整合。其优势在于通过对销售环节的控制,加快对旅游者需求作出反应,提供更好的旅游产品,确保客源。开放性整合包括旅游产业与区域内其他产业的整合和区域间旅游产业的整合。旅游产业与区域内其他产业的整合的原因在于旅游产业可持续发展需要外部相关产业的支撑,对相关产业具有较强的依赖性和关联性。其优势在于能够实现产业间的协同发展。区域间旅游产业的整合要求突破区域限制,形成跨区域的旅游同盟、经济共同体。其优势在于可以实现资源、产品的多样性和互补性,整合效益溢出,最终达成双赢或多赢格局。④

---

① 唐明贵.产业关联及其区域整合研究[D].贵阳:贵州师范大学硕士论文,2006.

② 郭峦.旅游产业整合相关理论探析[J].商业时代,2009(18):109-110.

③ 王科.基于产业整合理论的区域旅游产业充争力提升研究——以河南省为例[D]:[硕士学位论文].武汉:华中师范大学,2008:8-9.

④ 郭峦.旅游产业整合相关理论探析[J].商业时代,2009(18):109-110.

表 2-1 旅游产业整合方式比较

<table>
<tr><th rowspan="2">旅游产业整合方式</th><th>内化性整合</th><th colspan="2">开放性整合</th></tr>
<tr><th>行业内企业整合
行业间企业整合</th><th>与区域其他产业整合</th><th>区域间旅游产业整合</th></tr>
<tr><td>整合层面</td><td>微观:企业</td><td>中观:区域内跨产业</td><td>宏观:同产业跨区域</td></tr>
<tr><td>整合范围</td><td>业务、客源</td><td>业务、客源</td><td>资源、产品、营销等</td></tr>
<tr><td>整合手段</td><td>兼并、收购、战略联盟、资产重组</td><td>产业部门合作和融合</td><td>区域合作</td></tr>
<tr><td>整合后表现形式</td><td>企业、企业集团、联合体</td><td>新业务、新型企业</td><td>旅游合作区域、区域旅游一体化</td></tr>
<tr><td>整合后产业关系结构</td><td>以资产或契约为纽带紧密型结构,以信息、客流传递为纽带松散型结构</td><td>业务部门、共同投资新企业</td><td>契约形成宏观环境</td></tr>
</table>

资料来源:郭峦.旅游产业整合相关理论探析[J].商业时代,2009(18):109-110.

旅游产业整合的模式分为紧密型整合和松散型整合。紧密型整合一般适用于地区之间或地区企业之间原先有过合作经历,地区或企业的文化、经济和竞争环境有相当的同质性的条件之下,其合作的摩擦较小,交易成本较低。采用紧密型整合模式的地区或企业一般是产业发展的先行者,已拥有先发优势。松散型整合一般适用于经济发展相对滞后的地区,采用松散型整合模式的地区或企业一般是参与竞争的后来者,它们有资源优势,同时也具有旅游产业发展的后发优势①。

旅游产业整合路径包括前向整合与后向整合。旅游产业的前向整合既包括对上游产业的整合,也包括对外部环境的整合。旅游产业对上游产业的整合主要通过市场机制的自组织行为完成。旅游产业外部环境整合重点关注旅游产业的运行环境,主要包括法制环境、政策环境、认知环境等,这些环境属于旅游产业不可自主的外生变量,需要借助政府的力量进行整合。旅游产业的后向整合也是旅游产业的内部整合,主要包括旅游产业结构整合、旅游产业内各主要行业内部结构整合、

① 郑胜华.旅游产业整合的概念、原理和方法[J].企业经济,2003(7):62-63.

旅游产品整合、旅游区域布局整合、旅游营销整合、旅游信息资源整合等。①

（三）旅游产业集群理论

产业集群概念由美国学者迈克尔·波特（Michael E. Porter）1990 年在《国家竞争优势》一书中提出，其定义为：在特定领域中，一群在地理上邻近、有交互关联性的企业和相关法人机构，并以彼此共通性和互补性相连结。但波特同时也认为，产业集群的适当定义要视该产业所处的竞争区间以及所应用的战略而定。

从产业结构和产品结构的角度看，产业集群实际上是某种产品的加工深度和产业链的延伸，是产业结构的调整和优化升级；从产业组织的角度看，产业集群实际上是在一定区域内某个企业或大公司、大企业集团的纵向一体化发展。如果将产业结构和产业组织两者结合起来看，产业集群实际上是指产业成群、围成一圈聚集发展的意思，即在一定的地区内或地区间形成的某种产业链或某些产业链。产业集群的核心是在一定空间范围内产业的高集中度，这有利于降低企业的制度成本，提高规模经济效益和范围经济效益，提高产业和企业的市场竞争力②。

旅游产业本身的强关联是形成产业集群的内在动力，其作为一个连接旅游主体（旅游者）和旅游客体（旅游对象）的产业，涉及众多行业和部门，这些相关联的行业、部门的共性使它们在同一地理区域范围内聚集，由此促进旅游产业集群的形成。一般来说，旅游产业集群的构成要素可以分成 3 个层次（图 2-2）：第一层为旅游产业集群的核心层，即旅游核心吸引物；第二层是旅游要素供应层，在旅游资源外围聚集着旅行社、饭店、宾馆、交通运输、商品零售、娱乐设施等服务性产业；第三层是相关辅助层，由旅游依托产业及各种旅游组织和相关辅助机构组成，包括目的地基础设施和公共服务。③

从演进规律来看，旅游产业集群的演进一般经历形成、成长、成熟和衰落（或升级）4 个阶段。原因在于，旅游产业集群作为介于产业集群与旅游地之间的有机整合，必然具备二者的某些特征，也同时会和二者的生命周期或演进规律存在共性。因此，从长期发展来看，旅游产业集群也必然存在生命周期，遵循从形成到衰退的

---

① 郑胜华.旅游产业整合的概念、原理和方法[J].企业经济，2003（7）：62-63.

② 产业集群[EB/OL].（2009.5.5）[2009.9.8]. http://baike.baidu.com/view/30918.htm.

③ 李凤霞.图们江增长三角旅游产业集群发展研究[D]：[硕士学位论文].长春：东北师范大学，2005：4-5.

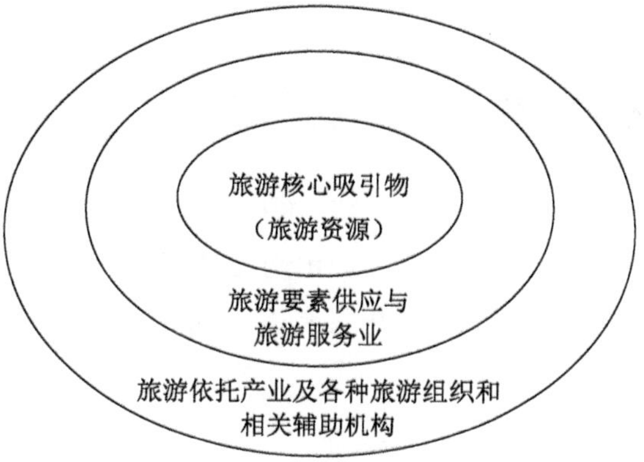

图 2-2　旅游产业集群要素构成

资料来源：李凤霞.图们江增长三角旅游产业集群发展研究[D]:[硕士学位论文].长春：东北师范大学,2005:4-5.

一般演进规律①。从产业形态来看，旅游产业集群的演进包括旅游核心企业的培育、旅游产业链条的延伸和旅游产业网络的形成3个阶段。原因在于，旅游产业集群的发展规律是在动态中体现的，即随着时间的推移旅游产业集群的发展程度逐渐加深，必将经过点、线阶段走向网络式发展阶段，这也与旅游产业集群有较长的产业链有关②。

关于旅游产业集群的效应，美国经济学家马歇尔认为，产业集群有利于技能、信息、技术和新思想在企业之间的传播与应用，既有利于辅助企业成长，也有利于人才聚集。同时，产业区能够促进区内企业的协同创新。美国经济学家克鲁格曼认为，由于市场的不确定性和技术的快速变革，导致了内部规模经济和范围经济的衰退，在此情况下，聚集性经济可以通过各种形式的垂直和水平生产活动的外包来实现交易成本节约。因此，他认为聚集性经济更具有外部规模经济和范围经济优势。从旅游产业集群角度来看，旅游产业集群的形成必将带动旅游相关产业和辅助机构与部门的发展，从而提高旅游产业的整体竞争力。同时，旅游产业具有与其他产业关联性大的特点，其自身的发展同样会带动其他相关产业的发展，进而提升

① 冯卫红.旅游产业集群形成与演进研究[D]:[博士学位论文].开封：河南大学,2008:149.

② 李凤霞.图们江增长三角旅游产业集群发展研究[D]:[硕士学位论文].长春：东北师范大学,2005:4-5.

该地区的整体竞争力。

二、旅游经济效应理论与方法模型

旅游产业关联度高、带动能力强，其发展必然会带动区域内其他产业的发展，容易形成产业链，拉动内需。从已有的理论与方法来看，旅游经济发展对区域经济增长具有较强的乘数效应，而投入产出模型和旅游卫星账户更是研究旅游产业经济效应的重要方法。

（一）旅游乘数效应理论

作为宏观经济学的一个概念，乘数效应是指支出的变化导致经济总需求与其不成比例的变化。乘数理论反映了现代经济的特点①：由于经济各部门之间的密切联系，某一部门支出（即需求）的增加必然在经济系统当中引起其他部门的连锁反应，从而使国民收入有更大的增加。从这种意义上说，乘数理论是适用于各种经济的一般规律。由于国民经济各部门不是相互孤立的，而是相互之间存在千丝万缕的联系，投资影响产出，影响国民收入，影响居民消费，经过连续影响变化，带来比投入本身大数倍的收益。其表达公式为②：

$$\Delta Y = A \times [1/(1 - MPC)] \quad (2.1)$$

式中：ΔY 为一笔自发性支出，A 为所能新增加的国民收入，MPC 表示消费倾向。

旅游乘数是由加拿大学者马西森和沃尔在 1982 年提出的，是指最初旅游消费和它相乘后能在一定时期内产生的总收入效应③。英国经济学家 B.H.阿切尔指出，旅游乘数是指旅游消费在经济系统中导致的直接和间接收入与最初直接变化本身的比率④。从根本上说，区域旅游收入乘数就是度量增加的一个单位旅游支出所产生的个人收入数量的工具。并且，旅游收入乘数应该是一种关于增加的一个单位出口收入和由它所引起的当地家庭的直接收入、间接收入和诱导性收入的数量之间关系的数学表示方法⑤。因此，旅游乘数是从宏观上反映和评价旅游目

---

① 什么是凯恩斯的乘数效应理论[EB/OL].(2006.12.13)[2009.9.10].http://zhidao.baidu.com/question/16415850.html.

② 陶志英.广东旅游经济对经济发展的效应研究[D]:[硕士学位论文].广州:暨南大学,2007:3-4.

③ 张帆.旅游对区域经济发展贡献度研究[M].北京:经济科学出版社,2002.

④ 楚义芳.旅游的空间经济分析[M].西安:陕西人民出版社,1999.

⑤ 张滢.旅游经济效应的理论与实证研究——以乌鲁木齐市为例[D]:[博士学位论文].乌鲁木齐:新疆大学,2006.18-19.

的地发展旅游经济所获得的经济成果的一个指标，主要用来测定旅游目的地的经济效益及旅游经济对当地经济产生的影响，特别是测定外来游客的旅游消费对该地区收入、就业等方面的影响。

美国康奈尔大学的伦伯格以凯恩斯的乘数模型为基础，提出了一个计算旅游收入的模型：

$$TIM = \frac{1 - TPI}{MPS + MPI} \tag{2.2}$$

式中：TIM 为旅游收入乘数，1 为旅游者的支出，TPI 为旅游者的进口倾向，MPS 为目的地居民的边际储蓄倾向，MPI 为目的地居民的边际进口倾向。伦伯格认为，首先，旅游目的地企业为了维持其未来的营业活动，必须进口一定数量的商品和服务。这些进口将降低旅游者消费支出对目的地经济的影响。其次，当地居民的储蓄倾向导致他们将其所得到的一部分旅游收入从目的地经济的循环中退出，从而进一步降低旅游者在目的地消费对目的地经济产生的效应。最后，目的地居民为了满足其家庭需要而购买某些进口的商品和服务，这也会降低旅游者消费对目的地经济的效应①。

（二）旅游投入产出模型

投入产出理论是 20 世纪 30 年代美国经济学家 W·列昂惕夫提出的一种经济分析方法。作为一种分析产业关联的工具，投入产出模型为由系数、变量的函数关系组成的数学方程组，其“直接消耗”等系数和函数关系依据投入产出表及其平衡关系来确定和建立。投入产出模型有两种表现形式：一是投入产出表，它以数据表的形式模拟了实际经济系统中各部分的相互联系过程；二是投入产出模型，它以投入产出表为基础，用一系列的数学方程将实际经济系统中各部分的相互联系进行数学模拟。投入产出模型的构建过程一般要经过两步：首先依据投入产出表计算各类系数；其次依据投入产出表的平衡关系建立模型②。

旅游产业与国民经济各行业部门存在着依存关系，需要众多基础产业的支持。因此，分析旅游产业的经济贡献，必然要考虑旅游产业对这些产业的影响力。投入产出表和投入产出模型是分析旅游业经济影响，尤其是对相关产业的带动作用的

① 张滢.旅游经济效应的理论与实证研究——以乌鲁木齐市为例[D]：[博士学位论文].乌鲁木齐：新疆大学，2006：18-19.

② 陈宁.辽宁省旅游经济效应分析及对策研究[D]：[硕士学位论文].大连：东北财经大学，2007：16.

综合性的方法,它可以清楚地显示旅游经济各部门之间复杂的相互联系。因此,将投入产出分析技术应用于旅游业对经济增长影响的研究中是投入产出分析应用的一个新发展。①

美国经济学家F.K.哈姆斯顿(Hamston,1962)在研究美国怀俄明州西南部地区旅游乘数时使用过一个24部门的模型,并将家庭和当地政府作为内生变量包含于矩阵中。英国经济学家B.H.阿切尔在*The Impact of Domestic Tourism*一文中提出了研究旅游收入乘数的区域性旅游投入产出模型。这个模型后来被广泛应用于旅游经济研究中,并扩展到对其他旅游乘数,如旅游就业乘数、居民收入乘数、政府收入乘数等的研究中。阿切尔在模型中将旅游活动所涉及的各种经济活动归纳成各个行业部门,并构成一个矩阵。在这个矩阵里,他将每个部门向其他部门销售的总值作为行,将每个部门从其他部门购买的总值作为列。阿切尔的旅游模型以传统的投入产出模型框架为基础,包含一个消费反馈机制。其公式为:

$$X = (I - A)^{-1}\left[1 - \sum_{k=n+1}^{p} C_k(I - A)B_k(I - A)^{-1}\right]^{-1}Y \tag{2.3}$$

式中:X为总需求向量,Y为最终需求向量,A为生产系数方阵,B_k为各种家庭部门的方阵,C_k为每个家庭部门消费方式方阵,I为单位矩阵。投入产出模型显示经常交易项目的流向,找出了最初产生的旅游收入引起的诱导效果,从而揭示了旅游目的地经济的整体状况②。

(三)旅游卫星账户理论

20世纪70年代以来,旅游业的快速发展逐渐引起部分西方国家政府的重视,对旅游业的产业贡献研究也开始提上议事日程。一些国家和组织纷纷开始寻求能够充分展示旅游业地位的统计工具。在此背景下,法国最早提出了旅游卫星账户的概念③。1999年6月,世界旅游组织召开的"旅游影响经济的度量方法"大会确定按照现有国民经济核算体系重新设计一套辅助账户,即"旅游卫星账户",以对旅游业的各类产出进行计算。

旅游卫星账户是联合国批准的一项测量方法,用于测量一个国家或一个地区

---

① 孙雪霞.旅游产业对桂林经济发展的作用研究[D]:[硕士学位论文].南宁:广西师范大学,2007:7-8.

② 张滢.旅游经济效应的理论与实证研究——以乌鲁木齐市为例[D]:[博士学位论文].乌鲁木齐:新疆大学,2006:25-30.

③ 刘益.基于投入产出模型的旅游卫星账户研究[J].暨南学报(哲学社会科学版),2006(3):60-65.

经济中旅游所具有的规模。它按照国际统一国民账户的概念和分类要求，将因旅游消费而导致的产出部分从各个旅游消费相关部门中分离出来，在国民账户之外单独设立一个虚拟账户，以准确测度旅游的经济影响。虚拟账户从供给角度讨论旅游产业的发展状况，从使用角度讨论旅游消费及其与其他消费的关系。在实际应用当中主要包括 10 张统计表，每张表是一系列旅游统计数据或测算数值的集合体。完整的旅游卫星账户将包括宏观经济总量、旅游消费的详细数据、旅游业的详细生产账户等要素，从而为与其他产业的数据相比较提供依据，反映出宏观旅游活动的供给或需求特征①。

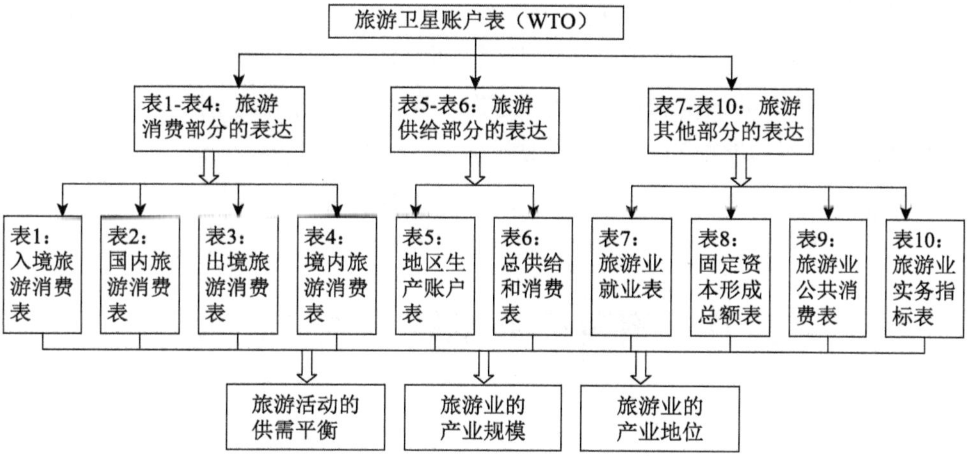

图 2-3　旅游卫星账户示意图

资料来源：宋涛，牛亚菲.国外基于 CGE 模型的旅游经济影响评价研究[J].旅游学刊，2008(10)：23-28.

旅游卫星账户以一国旅游商品和服务的一般供求平衡为基本出发点，用需求法定义旅游者、旅游消费、团体旅游消费、旅游固定资本总额等概念，用供给法定义特殊的旅游商品与服务、特征旅游活动、旅游增加值、旅游就业等概念。旅游卫星账户既扩大了国民经济核算的分析容量，又可以通过旅游活动对国民经济各行业影响进行测度，在国民经济核算体系内提供具有一致性的数据与信息，从而使旅游核算真正成为国民核算体系的组成部分，并使旅游统计本身的数据质量和可信度得以提高②。

① 黎洁.旅游卫星账户与旅游统计制度研究[M].北京：中国旅游出版社，2007.

② 兰岚.旅游经济影响评估体系研究[D]：[硕士学位论文].长春：吉林大学，2007：11-13.

旅游卫星账户的重要作用主要体现在以下方面:第一,旅游卫星账户可以通过测算出合理的旅游活动规模为增强政府决策部门对旅游业的重视提供事实依据,还将成为旅游主管部门认识和宣传旅游业重要性的有效手段;第二,由于旅游卫星账户可以为政府和私营部门的政策制定和经营决策提供翔实的信息支持,它的开发和应用将提高各国旅游行政部门的管理能力和旅游企业的经营决策水平;第三,旅游卫星账户具有较高的研究和推广价值。作为国民经济统计体系中的新方法和新工具,旅游卫星账户统计方法的建立、发展和完善,也将成为经济统计科学研究方面的宝贵财富①。

旅游卫星账户为各国提供了一个国际统一标准的计量方法,不仅大大提高了旅游统计数据的可信度和区域间的可比性,而且还能够准确全面地测度旅游经济在整个国民经济中的地位和作用,实现国际间的可比和旅游业对经济影响的量化分析。目前,旅游卫星账户已成为世界旅游组织和联合国统计委员会推选的国际标准,并成为各国政府部门制定旅游经济发展政策的有力工具②。

第二节　旅游产业发展的生态化理论

一、旅游发展的环境承载力理论

旅游环境系统是一个由物质、能量和信息的流动而形成的开放系统。一个旅游区所能容纳的游客人数客观上存在着一个容量的极限值,这是旅游发展的重要特征。本文重点从旅游环境容量理论和城市旅游环境承载力理论来论证旅游发展的环境承载力。

(一)旅游环境容量理论

虽然 Lapage 早在 1963 年就首次提出了旅游环境容量这一概念,且在 1964 年就出现了真正对游憩环境容量的系统研究,但截止到目前,关于旅游环境容量仍未

---

① 刘赵平.关于旅游卫星账户的基础研究[J].桂林旅游高等专科学校学报,2000(1):9-13.

② 孙雪霞.旅游产业对桂林经济发展的作用研究[D]:[硕士学位论文].南宁:广西师范大学,2007:9-10.

形成统一的概念。Mathieson 和 Wall 将旅游环境容量定义为：在自然环境没有出现不可接受的变化和游客体验质量没有出现不可接受的降低的情况下，使用一个景点的游客人数的最大值①。此后，虽有众多学者对旅游环境容量的概念进行了界定，但旅游环境容量概念的基本框架尚未有根本的改变。几乎所有的有关旅游环境容量的定义都集中包含以下两个方面的内容：一是生物物理组成，涉及到资源基础的完整性（暗示了进一步的开发和使用超过一定的门槛或容忍水平，将会给自然生态系统带来限制）；二是行为组成，体现了游憩体验质量②。因此，旅游环境容量的概念处在不断发展和完善的过程中，从开始只注重游客体验发展成将游客、目的地居民同等对待，从单一的旅游物质容量发展到对旅游、经济、心理、环境、社会等多层面的研究③。

旅游环境容量具有静态特性和动态特性。静态特性主要由游客进行某一游览活动所必需的停留时间决定。在这一活动过程中，环境容量不会发生任何变化，即具有一个瞬时环境容量。动态特性由停留时间的有限性和开放时间的无限性这一关系决定。游客流动的开放时间与停留时间的比例称为旅游环境的周转率。它决定了旅游环境容量在一定时段内可以达到可观的数量，其值一般大于瞬时值。同时，静态特性亦常常受当前条件的制约，反映出一定的运动和变化性④。

有学者认为，旅游环境容量受旅游心理容量（E_1）、旅游空间容量（E_2）、旅游生态容量（E_3）、旅游经济容量（E_4）和旅游社会容量（E_5）5 个基本容量限制，其组成如图 2-4⑤所示。

上述 5 个影响因子（统称为限制性因子），对旅游环境容量起着直接的决定性作用。当前旅游环境容量常常受到某种或某几种限制性因子的作用，实际值小于最大值，也就是说容量的大小取决于那些表现为不佳状况的限制性因子，这一规律称为最低量定律，$E=\min(E_1, E_2, E_3, E_4, E_5)$。

图 2-5 为最低量定律示意图，某一旅游区当前的限制性因子为 B，其他因子都

① Mathieson A., WallG.Tourism: Economic, Physical and Social Impacts[M].London and NewYork: Longman, 1982: 21.

② Alexis Saveriades. Establishing the Social Tourism Carry-ing Capacity for the Tourist Resorts of the East Coast of the Republic of Cyprus[J].Tourism management, 2000, 21(2): 147-156.

③ 卢松，陆林，徐茗.旅游环境容量研究进展[J].地域研究与开发，2005(6)：76-81.

④ 胡炳清.旅游环境容量计算方法[J].环境科学研究，1995(3)：20-24.

⑤ 吴志才，彭华.旅游生态环境容量的经济学探讨[J].云南地理环境研究，2003(1)：69-74.

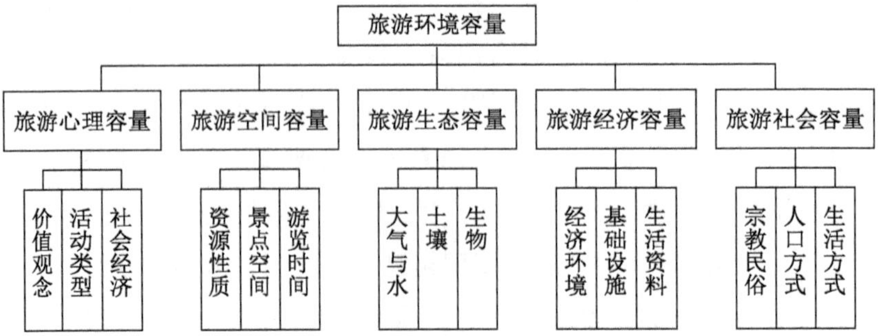

图 2-4 旅游环境容量结构图

资料来源：吴志才，彭华.旅游生态环境容量的经济学探讨[J].云南地理环境研究，2003(1)：69-74.

有扩大容量的能力。当 B 因子值为 B_1时，此时的容量值为 S_1。如通过改善提高调整 B 因子，使它达到 B_2水平，环境容量也上升为 S_2水平。假如另外有一因子 A，此时 A 因子的开发利用能力从 A_1上升达到 A_2。在一定时间域内调整 B 达到一定限值，各个因子处于和谐协调状态，就达到了本时间域内的最大旅游环境容量。最大旅游环境容量受各种限制性因子制约，如起决定性作用限制性因子状况变得更坏，旅游环境容量也随之下降。因此，在旅游开发和管理中找出起决定性作用的限制性因子显得尤为重要①。

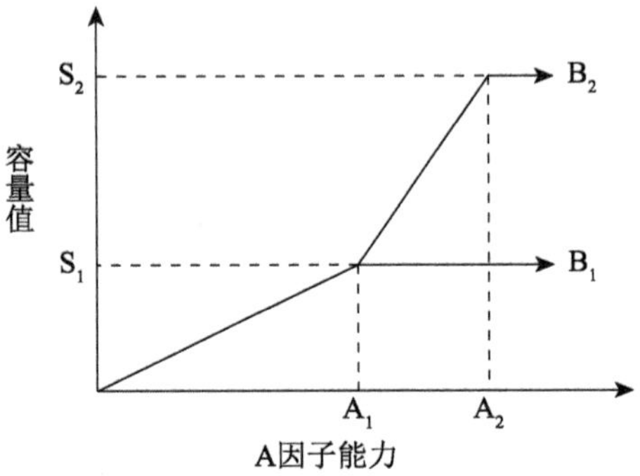

图 2-5 旅游环境容量最低量定律图

资料来源：胡炳清.旅游环境容量计算方法[J].环境科学研究，1995(3)：20-24.

① 吴志才，彭华.旅游生态环境容量的经济学探讨[J].云南地理环境研究，2003(1)：69-74.

（二）城市旅游环境承载力理论

城市旅游环境承载力主要指在一定时期内，城市旅游系统能够正常发挥整体功能条件下所能承载的旅游活动强度阈值，包含三方面的含义：①城市旅游环境承载力强调的旅游活动强度包括游人密度、旅游用地强度和旅游收益强度3个分项，而不仅仅是游客量。②城市旅游系统内部及各子系统之间的相互作用决定了城市旅游环境承载力。它包括旅游资源容量、生态环境容量、旅游经济水平容量、旅游心理容量以及社会容量。③城市旅游环境承载力不仅可以理解为不导致游客兴趣下降、生态环境遭受破坏甚至破坏代际平衡情况下能够容纳的游客数量，更应该把它理解为如何使各旅游子系统协调配合，旅游系统整体功能正常发挥的条件下所能承载的游客活动强度[①]。城市旅游环境承载力概念分析见图2-6。

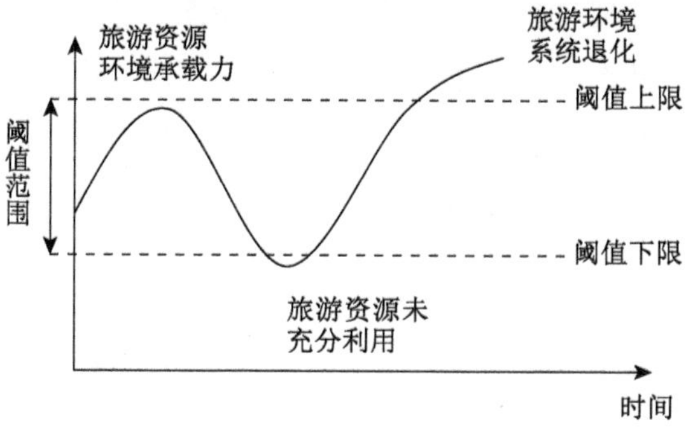

图2-6　城市旅游环境承载力概念分析

资料来源：翁钢民.旅游环境承载力动态测评及管理研究[D].天津大学硕士论文，2006：35-36

城市旅游环境承载力具有空间差异性、主导因素差异性和影响因素多样性3个方面的特征。[②] 空间差异性特征表现在城市旅游资源、旅游区点因在规模、质量、区位等方面的不同而在旅游环境承载力方面的差异。主导因素差异性特征表现为城市性质的差异决定了城市旅游环境承载力限制因素的差异。原因在于城市旅游资源空间承载力、旅游设施承载力、城市生态承载力、城市社会及心理承载力等共同作用决定着城市旅游环境承载力，在不同性质城市的旅游环境承载力中起决定作用的要素也不同。影响因素的多样性特征表现在城市旅游环境承载力除了

① 袁基瑜，于静，袁浩.城市旅游环境承载力评价初探[J].工业技术经济，2006(7)：130-131.

② 李俊.北京市旅游环境承载力及潜力评估[D]：[硕士学位论文].北京：首都经济贸易大学，2007：10.

受城市空间规模、自然环境等内生因素的影响以外，还受城市性质改变、人口增加、环境恶化等外生因素的影响。总之，城市是一个复杂的系统，城市各种功能之间的互动性使得任何一种功能的变化都会影响到旅游功能活动，进而对旅游环境承载力产生影响。

城市旅游环境承载力体系主要由城市旅游资源承载力、城市旅游生态环境承载力、城市旅游经济承载力、城市旅游社会承载力以及城市旅游心理承载力等构成。城市旅游环境承载力的大小可以用旅游活动强度、规模或旅游活动量来反映。卞显红和王苏洁（2003）通过对城市旅游资源供需与城市旅游环境承载力随着时间变化而变化关系（图 2-7）的研究认为，城市旅游环境承载力主要具有控制旅游需求的功能。当其超过基本水准时，城市生态环境吸收及净化旅游废弃物的能力将降低。随着时间推移，受到损害的城市旅游环境承载力也许能得以恢复，并回到城市旅游环境可承受的基本水准以上（曲线 UTECC2），或者无法恢复到城市旅游环境可承受的基本水准（曲线 UTECC1）。能否恢复，与城市生态系统的状况有关。旅游者对城市旅游的需求与城市旅游资源的质量密切相关。城市旅游环境承载力降低的明显后果就是损害了城市的生态环境质量，也将导致旅游需求的降低。要避免这种情况发生，只有降低城市旅游资源的供给，及在未损害生态环境之前降低旅游需求水平，才有可能使城市旅游发展水平与城市旅游可持续发展相协调①。

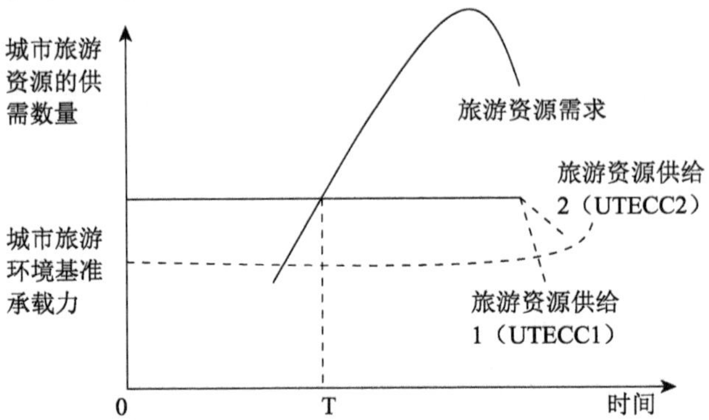

图 2-7　城市旅游资源供需状况与旅游环境承载力

资料来源：卞显红，王苏洁.城市旅游空间规划布局及其生态环境的优化与调控研究[J].人文地理，2003(5)：75-79.

① 卞显红，王苏洁.城市旅游空间规划布局及其生态环境的优化与调控研究[J].人文地理，2003(5)：75-79.

二、旅游循环经济与生态成本理论

(一)旅游循环经济系统理论

循环经济是20世纪60年代美国经济学家K·波尔丁在论述生态经济时针对传统线性经济而提出的概念。循环经济是物质闭环流动性经济的简称,是指以资源的高效利用和循环利用为目标,以“减量化、再利用、资源化”(3R)为原则,以物质闭路循环和能量梯次使用为特征,按照自然生态系统物质循环和能量流动方式运行的经济模式①。

旅游循环经济是运用生态理论、可持续发展理论来指导旅游业健康运转的一种经济活动。旅游循环经济强调按“3R”原则要求人们在旅游生产和消费领域都能做到物尽其用,把旅游经济活动对环境的危害降低到尽可能小的程度,甚至不给环境造成危害②。

旅游循环经济可以划分为内生、外生、共生3个系统,它们共同构成旅游循环经济的有机整体(图2-8)。其中,旅游循环经济内生系统包括发展循环型旅游区(点)、酒店、交通、餐饮等在内的旅游产品生产者;旅游循环经济外生系统包括旅游者消费行为和消费结构;旅游循环经济的共生系统是以维系旅游循环经济系统的内生和外生两个子系统生存和发展所依赖的资源环境为目的的自然—人文社会的生态复合系统③。

关于旅游循环经济的发展模式,朱孔山(2008)认为,构建旅游循环经济系统,应充分考虑旅游产品的综合性、服务性、生产和消费的同时性、旅游产业的高关联性等特征,从输入端开始控制,提高资源利用效率,减少进入生产和消费过程中的物质和能源流量,通过预防而不是末端治理的方式降低废弃物的产生量。同时,在产品的开发生产、交换及旅游者的消费等方面要严格按循环经济理念进行,通过资源循环持续利用、清洁生产、重视旅游体验、绿色认证、生态旅游和绿色消费、发展循环超市等途径保护旅游资源和旅游环境,形成旅游经济系统内部食、住、行、游、购、娱六要素的合理组合结构。此外,还要通过减少废弃物的排放、对废弃物进行

① 冯之浚.循环经济导论[M].北京:人民出版社,2004:357-359.

② 杨敏,李庆雷,张晓辉.发展旅游循环经济的制度建设研究[J].昆明大学学报,2007(2):48-50.

③ 明庆忠,吴映梅,李庆雷.论旅游循环经济生态系统[J].旅游论坛,2008(1):81-85.

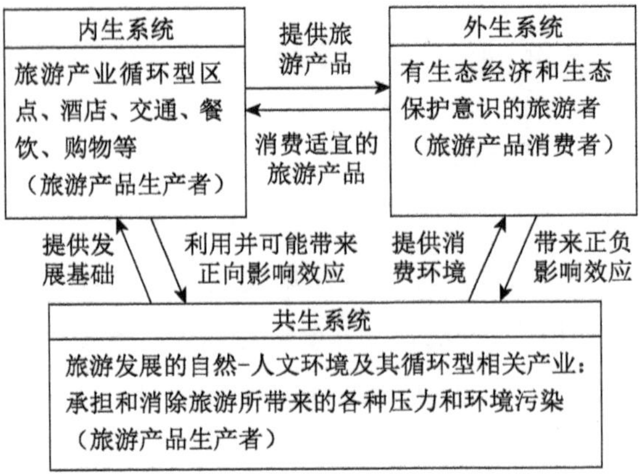

图 2-8　旅游循环经济系统结构模型

资料来源：明庆忠，吴映梅，李庆雷.论旅游循环经济生态系统[J].旅游论坛，2008(1)：81-85.

无害化处理等措施实现资源、环境的可持续利用。对于因季节性等原因造成的闲置资源，应通过资源的优化组合、开发可替代性旅游项目或运用于其他产业，减少资源浪费。在旅游经济系统的输出端，对旅游经营与旅游活动产生的废弃物尽可能“资源化”，重新投入旅游经济系统或其他产业，实现资源的循环利用，促进旅游产业持续、健康的发展(图 2-9)①。

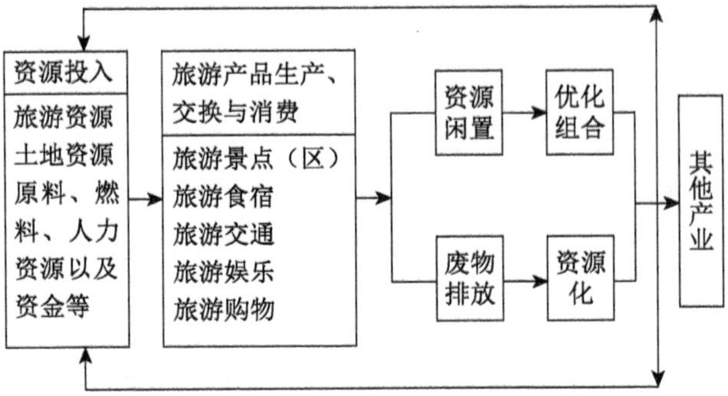

图 2-9　旅游循环经济系统模式

资料来源：朱孔山.旅游循环经济体系构建[J].地域研究与开发，2008(4)：73-76.

① 朱孔山.旅游循环经济体系构建[J].地域研究与开发，2008(4)：73-76.

（二）旅游生态环境成本理论

旅游生态环境成本包括旅游经营者和旅游者在提供生产和劳务过程中所造成的生态破坏和环境降级的“虚拟环境成本”，以及为防止和消除对生态环境的负面影响而实际支付的“防护性”的环保费用。从表现形式上看，“虚拟环境成本”可以近似地用环境经济损失（包括污染和生态破坏损失）来估计，而“防护性环境成本”则代表了一种恢复和保持生态环境使用价值的新型劳动所发生的费用。

按照成本支出的形式，旅游生态环境成本可分为环境污染损失费用和环境保护费用。污染损失费用是指由于旅游开发或旅游活动产生的废弃物排放量超过生态环境容量而使生态资源质量下降所造成损失的货币表现，如空气、水源等的污染，植被的减少、物种的减少等。环境保护费用是指为避免旅游生态资源质量下降或生态资源质量下降后消除其影响而实际发生的费用，包括废弃物的再循环及其处理、环境卫生的维护等（图 2-10）。

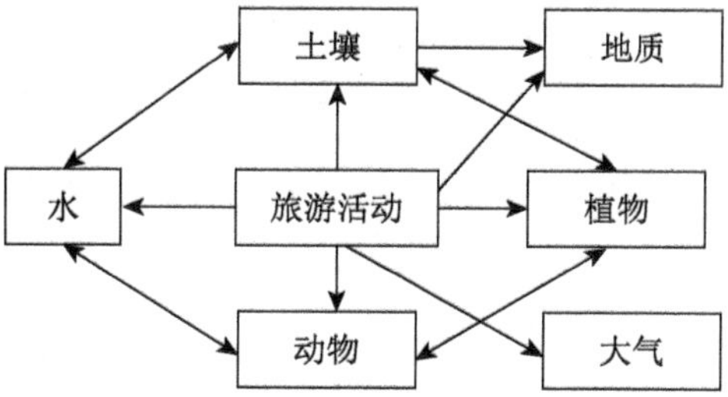

图 2-10　旅游活动对生态环境的影响

资料来源：蒋洪强，徐玖平.旅游生态环境成本计量模型及实例分析[J].经济体制改革，2002（1）：99-102.

关于旅游生态环境成本产生的原因，经济学的观点认为，环境问题是因生产、消费等社会经济活动造成的一种“外部不经济性”后果。作为市场微观主体的企业和个人，在获利动机的驱使下，在生产经营活动中往往只计算对自身利益产生直接影响的成本和收益，不考虑其活动造成的环境成本代价。有时甚至将环境成本转嫁给他人和未来，造成单个市场主体的成本和收益与社会成本和收益不一致，出现“外部不经济性”，这是产生生态环境问题和旅游生态环境成本的重要经济根源①。

① 董锁成，张文中，方创琳.资源、环境与经济作用机制和规律探讨[J].资源科学，1999（4）：15-24.

第三节　旅游产业与社会文化整合理论

一、旅游与社会文化融合理论

在旅游对目的地社会文化影响的研究过程中产生了多种解释其形成机制的理论,其中,较为重要的有旅游地社会文化演化理论、旅游社会交换理论和旅游文化同化理论,这些理论较好地解释了旅游与社会文化发展的关系。

(一)旅游地社会文化演化理论

旅游地社会文化演化理论源自旅游地生命周期理论。旅游地生命周期的概念最早由 W.Christaller(1963)在研究欧洲旅游发展时提出,C.Stansfield(1978)在研究美国大西洋城旅游发展时也提出了类似的概念。该理论认为,任何一个旅游地都有一个由发现、成长,到成熟、衰落的过程。目前,被学者公认并广泛应用的旅游地生命周期理论是由加拿大学者巴特勒(R.W.Brtler,1980)提出的。巴特勒认为,旅游地的演进过程可以划分为探查、参与、发展、巩固、停滞、衰落或复苏 6 个阶段①。

旅游地社会文化的变迁既是社会文化环境变迁时序性的集中反映,又与旅游地发展阶段紧密相关。国内学者杨俭波和乔纪刚(2005)将旅游地社会文化变迁划分为 4 个阶段(图 2-11),即待开发阶段、成长发展阶段、波动振荡阶段、巩固与衰退阶段。

待开发阶段的旅游地到访游客量少,社会文化环境受影响的程度不高,变迁效果不显著;在成长发展阶段,随着游客的增多,旅游地开始大规模建设和开发,旅游产业渐成规模,与旅游活动有关的社会文化因子受到重视;在波动振荡阶段,旅游地逐步改善的社会文化环境在更大规模的"旅游者流"和"物能流"等的冲击下,社会文化因子发生分异和畸变,负面效应随之出现。因此,此阶段是旅游地社会文化环境正负作用交锋的关键时期,伴随有明显的振荡现象发生。到了巩固与衰退阶段,处于波动与振荡阶段的旅游地社会文化环境面临两种发展的选择:全面衰落或

① 保继刚,楚义芳.旅游地理学[M].北京:高等教育出版社,1999:106-107.

重获新生。旅游地一旦步入衰退境地，其社会文化环境将面临全面退化；假如措施得力，旅游地社会文化环境则可能重新步入稳定发展的良性变迁轨道①。

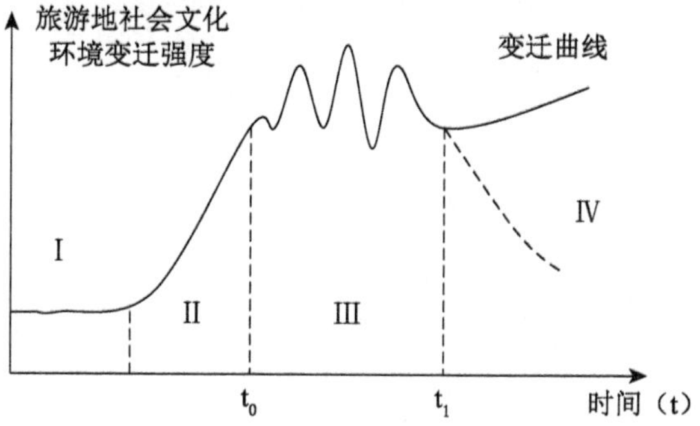

Ⅰ：待开发阶段　Ⅱ：成长阶段　Ⅲ：波动振荡阶段　Ⅳ：巩固或衰退阶段

图 2-11　旅游地社会文化环境变迁模式

资料来源：杨俭波，乔纪刚.旅游地社会文化环境变迁的时序特征与阶段发展模式[J].广西社会科学，2005(1)：52-55.

与从整个目的地发展的角度研究旅游地社会文化的演化不同，多克西和密丽根的研究则是从当地社区居民的角度进行的（表2-2）。多克西（1976）根据自己在巴巴多斯和尼亚加拉湖区的案例调查，认为旅游对目的地社会文化的影响可根据当地居民对旅游发展的态度而划分为不同阶段，即融洽阶段、冷漠阶段、恼怒阶段、对抗阶段和最后阶段。该理论认为，当地居民对旅游者的态度改变来自旅游者数量的不断增加，以及他们的到来给当地原有的生活方式所带来的威胁。随着旅游业的结构性转变和主人社会受旅游开发影响的范围及时间的变化，旅游对目的地社会文化的影响也会发生相应的变化②。密丽根（1989）在对葡萄牙古恩希地区的工人所作的研究中使用了类似于多克西的方法。他认为，正如当地人因为旅游者所造成的拥挤问题而恼火一样，那些直接服务于旅游者的人也会有同样的感受，尤其是当这些人本身也是从外地来的打工仔时更是如此③。

① 杨俭波，乔纪刚.旅游地社会文化环境变迁的时序特征与阶段发展模式[J].广西社会科学，2005(1)：52-55.

② 刘赵平.社会交换理论在旅游社会文化影响研究中的应用[J].旅游科学，1998(4)：30-33.

③ 邓敏.民族旅游目的地社会文化影响因素研究[D]：[硕士学位论文].西安：西北大学，2007：15-18.

表 2-2　基于居民角度的旅游地发展周期理论

多克西的早期结论		密丽根的研究理论	
欣喜 ↓	旅游者受到欢迎，没有什么计划	好奇 ↓	人们接受那些在当地人看来在地位、薪金和职业前景等方面都比较低下的工作
冷漠 ↓	旅游者已司空见惯，接触变得正式	接收 ↓	对移民到岛上的人的认可，旅游不再为当地人所关注
恼怒 ↓	达到饱和状态，当地人怀有疑虑	恼怒 ↓	伴随对旅游者的愤怒，人们还开始厌恶外来打工人员
对抗	公开表露愤怒	对抗	双方都互相怨愤，那些不能直接归于旅游者的过错都一股脑诿罪于外来打工人员

资料来源：谢彦君.基础旅游学（第 2 版）[M].北京：中国旅游出版社，2004.

（二）旅游社会交换理论

社会交换理论是将人与人之间的互动行为看成是一种计算得失的理性行为的社会学理论。该理论认为人类的一切行为互动都是为了追求最大利益的满足[①]。在互动中，两个当事人期待着互相满足的社会资源的往来被称为"社会交换"。社会交换是比经济交换广泛的概念，它既没有像经济交换那样作为基准的价格（交换价值），也没有市场，而是由互惠原则或"社会正义（公正）"的价值观支配的[②]。

社会交换理论在旅游学领域的应用和推广始于 20 世纪 80 年代末。美国得克萨斯 A&M 大学的 John A. P.结合各种社会交换理论的基本概念和因素构造出社会交换过程模型，旨在理解居民与旅游者之间的动态相互关系，解释居民对旅游影响形成的知觉。模型反映的交换过程包括 4 部分基本构成[③]：需求满足、交换关系、交换后果、不交换（图 2-14）。联系各部分间关系的过程有：初步交换①、交换形成②、交易估价③、后果积极估计④及后果消极估计（2b、4b）。模型结构如下图 2-12 所示。

---

① 蔡文辉.社会学理论[M].台北：三民书局，1986.

② 青井和夫.社会学原理[M].北京：华夏出版社，2002：55-58.

③ AP. John. Residents' Perceptions on Tourism Impacts [J]. Annals of Tourism Research，1992，(19)：669-685.

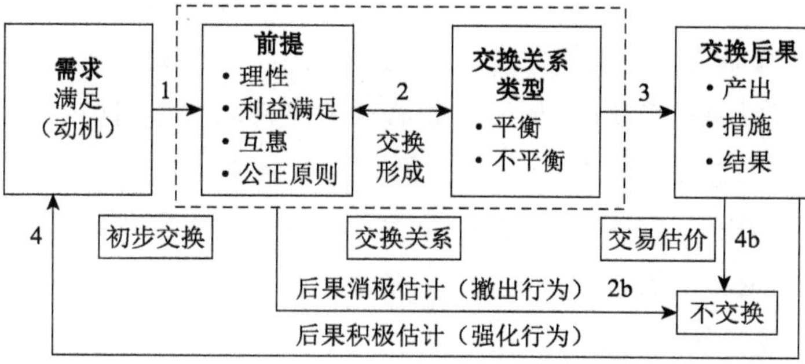

图 2-12 旅游社会交换过程模型

资料来源：李有根，赵西萍，邹慧萍.居民对旅游影响的知觉[J].心理学动态，1997(2)：21-27.

模型基本假设有 4 个，即[①]：①社会关系中存在社会当事人之间的资源交换关系；②社会当事人在交换关系中寻求相互利益；③涉及居民知觉的初始交换动机改善地区的社会经济面貌；④从居民的知觉及态度可以预测他们的行为。前两个假设基于社会学理论，第三个假设是模型应用的基础，第四个假设来源于态度与行为之间的一致性具有强相关的理论。

该模型表示，当交换的一方或双方表达出自己的需要时交换过程就开始了，但要使交换正式形成还必须满足两个先决条件：第一，理性，即交换双方都是为了满足个人需要而从交换中获取收益的理性行为；第二，追求满意收益，即交换双方都想从交换中获得满意的收益水平，若一方预测到自己从交换中得到的收益为负，便可能会中途退出交换，而当双方都认为自己会有正向收益时，交换关系才正式形成。交换完成之后，会产生一系列包含有形的产出和无形的感受在内的结果。然后双方会对这些结果进行评价，如果觉得自己收益大于付出，那么就会努力促成交换行为的保持。若认为自己在交换过程中受损，将会减少或退出交换[②]。

在旅游领域，社会交换理论实际上肯定了以下判断：在旅游活动中，社会交换是普遍的；个体参与交换的动因符合社会交换理论的分析结论；影响旅游目的地居民对旅游的态度和知觉的因素是经济因素、社会因素、环境因素、心理因素，而起决

① 李有根，赵西萍，邹慧萍.居民对旅游影响的知觉[J].心理学动态，1997(2)：21-27.

② 刘赵平.社会交换理论在旅游社会文化影响研究中的应用[J].旅游科学，1998(4)：30-33.

定作用的是本体的价值观；经济、社会文化、环境因旅游活动状况的改变有可能发生改变，进而引起旅游目的地居民社会心理的变化。社会交换理论可以用来解释国外早期的研究结果所表明的“居民对旅游业的支持取决于居民对旅游影响的知觉”的原因。因为，旅游影响的知觉是居民对发展旅游中成本与收益评价后的结果。所以，认为与旅游者的交换是有好处的居民会支持旅游业的发展；反之，那些认为与旅游者的交换是有害的居民会反对旅游业的发展①。

（三）旅游文化同化理论

从文化传播的角度看，当一种文化进入另一种文化环境时，在相互作用和沟通的过程中，会对主人社会产生两种影响：一种是意识行为的改变；另一种是表现行为的改变。如果主人社会的文化改变只是体现在表现行为上而没有意识行为的改变，那么这是一种文化漂移过程；如果表现行为和意识行为两者都有改变，则是一种文化同化现象。当一个社会与另一个在经济文化上都比较强大的社会接触时，这个较弱势的社会经常要被迫接受强势社会的许多文化要素，这种由于两个社会的强弱关系而产生的广泛的文化假借过程就称为文化同化②。

旅游者出游的一个重要的心理动机就是对异质文化的求索与猎奇心理，然而，当具有不同文化背景的人碰到一起时必然会因为文化的差异而造成误解或冲突。从一定意义上来说，旅游活动是一种双向的文化传播活动，一方面是旅游者受旅游目的地文化的影响，使文化从旅游目的地流向客源地；另一方面是旅游目的地受外来文化的冲击，使目的地文化受到客源地文化的影响（如图 2-13 所示）。这种文化的传播方向和传播程度取决于客源地与目的地双方力量的对比、影响力以及文化势能的差异上。如果客源地文化势能较高，文化主要由客源地传播到目的地；如果目的地文化势能较高，则文化主要由目的地传播到客源地③。

一般来说，旅游目的地受外来文化的影响更大些。原因在于，外来旅游者在目的地一般只做短暂逗留，使得两种不同文化的沟通只能局限于肤浅的层次，但当地居民同旅游者的接触是持续不断的，会对目的地居民产生累加的影响。因此，旅游者带给目的地的影响比他们接受目的地社会的影响的机会要大得多。虽然在不同

---

①② 温健斌.旅游对乔家堡村的社会文化影响研究[D]:[硕士学位论文].秦皇岛:燕山大学,2008:26-31.

② 童恩正.文化人类学[M].上海:上海人民出版社,1989.

③ 李勇.吉林省旅游产业区域影响力研究[D]:[博士学位论文].长春:东北师范大学,2008:37-38.

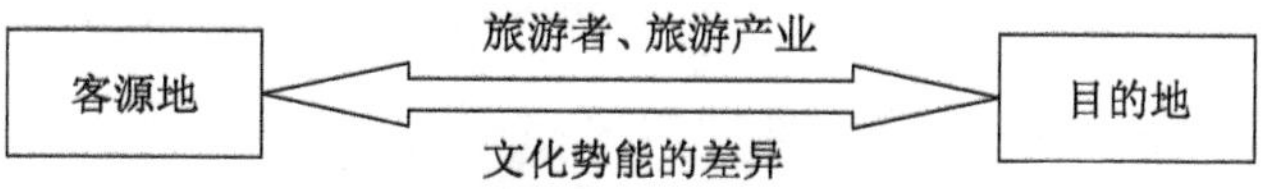

图 2-13 旅游过程中的文化互动模型

资料来源：李勇.吉林省旅游产业区域影响力研究[D]：[博士学位论文].长春：东北师范大学,2008:37-38.

社会文化发生接触时双方可以通过"借鉴过程"使二者间的差异缩小,但这种"借鉴过程"并不是对等的,在很大程度上要受到接触时双方关系的性质、双方的社会经济状况以及双方人口数量差异等因素的影响①。

从文化的接受模式来看,可分为水平接受和垂直接受,对于处于同等经济发展水平和社会意识形态的主客双方来说,其接受模式多是水平接受,但对于发展水平并不对等的主客双方而言,其接受模式通常是垂直接受②。一般来说,经济不发达地区的旅游目的地多出于提高经济收入和解决就业等方面的需要而发展旅游。在目的地为适应旅游者的需要而采取改造措施时不可避免地要屈从于旅游者的好恶态度和价值观。如此一来,来自经济发达地区的强势文化往往更多地将自己的价值观念、思维方式和价值标准等施加于经济欠发达地区的弱势文化,使后者在文化上有所改变以迎合与适应强势文化。许多案例表明,在发展旅游的不发达地区常会出现传统文化日渐衰微并受外来文化强烈影响的现象③。

二、旅游社会承载与文化整合理论

(一)旅游社会承载力理论

自承载力的概念于 1936 年被提出后,许多学者对旅游承载力的概念和应用进行了研究。20 世纪 70 年代后期,研究者逐渐重视旅游承载力的社会心理因素,开始对旅游社会承载力进行探讨④。Zube E.H.(1976)认为,旅游社会承载力有一个

① Nunez T. Tourist Studies in Anthropological Perspective [M].1977.

② 李勇.吉林省旅游产业区域影响力研究[D]:[博士学位论文].长春:东北师范大学,2008:37-38.

③ 刘赵平.社会交换理论在旅游社会文化影响研究中的应用[J].旅游科学,1998(4):30-33.

④ Inskeep, E . Tourism Planning: An Integrated and Sustainable Development. Van Nostrand, New York, 1991.

门槛,超过这个数值,旅游者之间的"拥挤"将变得不可接受①。O'Reilly, A. M.(1986)认为,旅游社会承载力是目的地居民在感受旅游负面影响之前旅游目的地所能承受的旅游水平②。

旅游社会承载力重在从社会经济的角度考虑旅游对社会系统产生的影响,具体指在不降低旅游体验质量和未产生不可接受的社会负面影响的条件下旅游地的最大使用水平。旅游社会承载力主要包括生活方式改变与文化影响、基础设施的供给与要求、娱乐设施的建设、劳动力就业等,它们随着旅游开发的程度的变化而变化。一些旅游受益者,如土地开发商、土地拥有者、投机者、建筑商、运输商可能迅速占领地区的统治地位,而传统产业主则将失去其原来的优势,从而产生仇视与冲突。土地、资源的重新分配会导致旅游需求与当地居民间的冲突;游客越多,对当地居民的妨碍也越多,从而产生怨恨③。

旅游社会承载力的影响因素既包括旅游目的地本身的旅游供给水平、自然环境条件、经济发展情况、社会结构、旅游发展水平、当地居民对旅游的态度等,又包括旅游者的消费水平、数量、旅游设施使用量、旅游活动形式、停留时间等,还涉及旅游管理部门对整个旅游目的地的开发与管理④(图 2-14)。

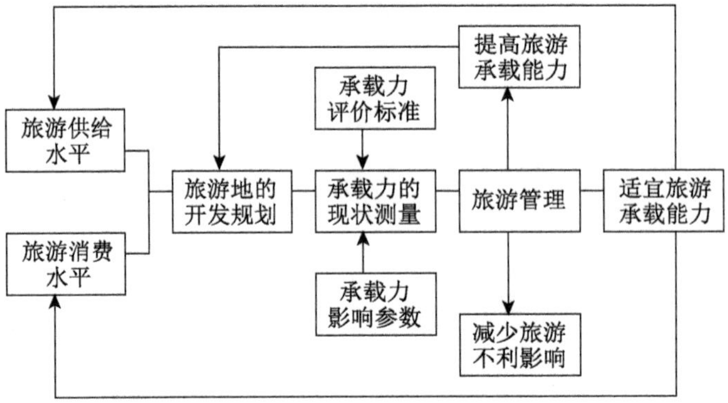

图 2-14 旅游社会承载力影响因素

资料来源:卢小丽,武春友,于海峰.旅游社会承载力的量测及管理研究[J].南开管理评论,2005(1):75-77.

① Craik K. H., Zube E. H. Perceiving Environmental Quality. New York Plenum Press, 1976.

② O'Reilly, A. M . Tourism Carrying Capacity-concepts and Issues. Tourism Management, 1986, 7(3): 154-167.

③ 舒晶.旅游承载力及测度[J].北京第二外国语学院学报,2001(3):14-18.

④ 卢小丽,武春友,于海峰.旅游社会承载力的量测及管理研究[J].南开管理评论,2005(1):75-77.

为分析旅游者与当地居民社会心理承载力之间的关系及其在决定旅游目的地的最大旅游接待数量中的作用，梁智和王碧含（2006）建立了描述旅游者与当地居民社会心理承载力之间关系的理论模型。该模型用 W 表示当地居民通过游客的旅游活动获得的总效用，用 N 表示旅游者人数，用 T 表示每个旅游者给当地居民带来的效用，则当地居民通过旅游者获得的总效用可表示为：$W=NT$。同时，用 C 表示当地居民所需付出的成本，即旅游者给当地居民生活造成的消极影响。随着旅游者人数的增多，这种成本不仅上升，且上升是递增的，即 $C=C(N)$。旅游目的地居民的总效用 W 减去旅游者给当地居民增加的成本 C 后，即得到净效用 W^*，即 $W^*=NT-C(N)$。旅游净效用最大化 W 的一阶条件是 $W'=0$，即：$[NT-C(N)]'=0$，得：$T=C'(N^*)$。此时，旅游边际效用等于旅游边际成本。从旅游目的地居民的角度来看，旅游接待量达到了最大，同时也意味着当地居民的社会心理承载力达到了极限（图 2-15）。①

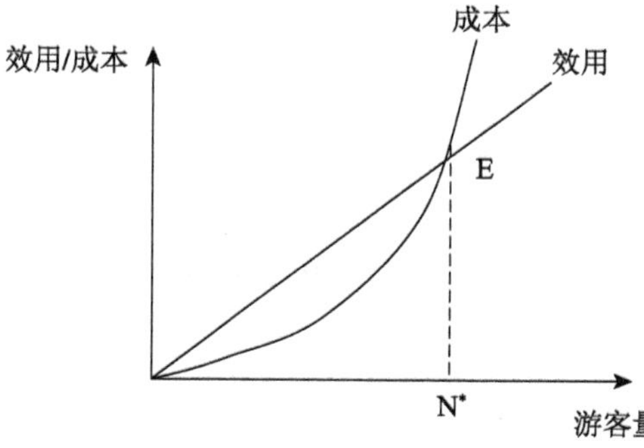

图 2-15　旅游目的地居民能够承受的最大游客到访数量

资料来源：梁智，王碧含.旅游目的地社会心理承载力的实证研究[J].北京第二外国语学院学报（旅游版），2006(9)：1-8.

（二）旅游文化整合理论

旅游文化是因旅游活动而产生和为旅游活动所整合的文化②，包含较多的文化创造与创新成分。在旅游活动中，旅游者原有的心理特征、思维方式等文化因素与目的地异质文化因素的相互碰撞与结合，逐渐形成一种新的文化形态；而旅游经

① 梁智，王碧含.旅游目的地社会心理承载力的实证研究[J].北京第二外国语学院学报（旅游版），2006(9)：1-8.

② 谢春山. 历史与旅游的交汇：旅游文化渊源探析[N]. 光明日报，2007-7-7⑥.

营者经过发掘和继承地方传统文化,并吸收一些外来文化,精心设计开发旅游产品,创造了旅游文化。同时,旅游客体本身也因凝聚人类的智慧和力量,而成为旅游文化不可或缺的组成部分。从动态过程角度看,陈岗(2004)将旅游文化定义为旅游元文化(吸引旅游者前来游玩的旅游地文化)与介体文化以及旅游者本身文化之间不断冲突、融合直到转变为旅游者所满意的旅游文化的过程中各种关系和现象的总和①。

从旅游文化的结构来看(图 2-16),其核心层是精神文化,是旅游活动参与者的文化心态及其在观念形态上的表现,包括社会心理和社会意识形态,由价值观念、审美追求、道德情感、思维方式等主体因素构成。旅游文化的中间层次包括制度文化和行为文化,制度文化包括旅游活动参与者应遵守的法律、规章以及职业道德等约束机制,而旅游行为文化则主要是指旅游者和旅游经营者在旅游活动中的约定俗成的行为方式。旅游文化的最外层是物质文化,如建筑、园林、器物、工具、饮食、服饰等,这些都是有形的,有能被人的感知器官所能感受到的物质形态。

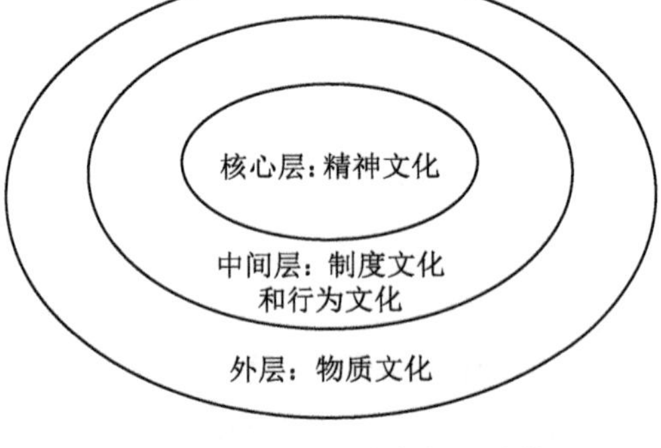

图 2-16　旅游文化的内部结构体系

资料来源:谢春山.旅游文化——中国旅游业参与国际竞争成败的关键[J].北京第二外国语学院学报,2001(3):31-35.

旅游文化能否整合取决于旅游者所体验到的文化是否满足了旅游者需要及可持续发展的要求。如果达到了,就说明旅游文化是整合的,且这种整合是成功的。旅游文化的整合过程实际上就是元文化经过外在加工和内在加工最终转变为旅游

① 陈岗.旅游文化:文化整合的过程与结果——文化整合的视角看旅游文化[J].桂林旅游高等专科学校学报,2004(6):91-94.

文化的过程。外在加工主要是旅游各利益相关者，如私营部门、公共部门、旅游规划者及当地居民等，根据自己的利益诉求对旅游元文化进行利用和管理，并运用现代经营理念来包装其旅游产品。内在加工是旅游者以外来文化来理解外在旅游文化的过程，这一过程说明了主观因素对旅游文化的形成具有举足轻重的作用。旅游文化形成后还存在一个依据旅游者是否满意和文化利用是否可持续的调整过程，这个过程也是一个内在加工外在化的过程，即外在加工过程不仅涉及到元文化与现代文化，而且也涉及到与外来文化的整合（图 2-17）①。

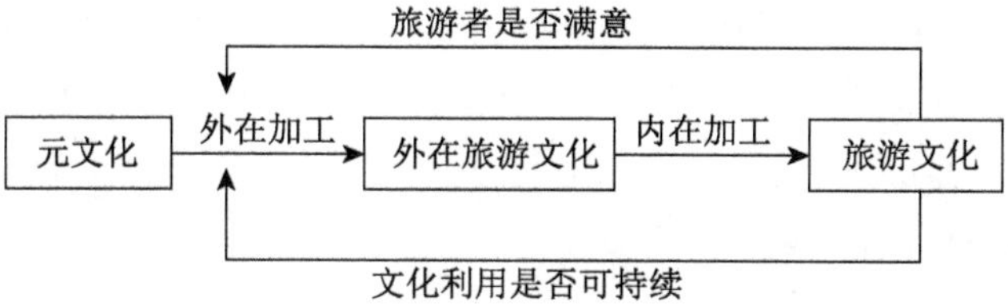

图 2-17　旅游文化的整合过程模式

资料来源：陈岗.旅游文化：文化整合的过程与结果——文化整合的视角看旅游文化[J].桂林旅游高等专科学校学报，2004(6)：91-94.

旅游文化的整合涉及包括旅游文化的挖掘、整理以及旅游文化的相互影响和相互衔接在内的各种要素的融合与对接，具体包括显性文化与隐性文化、历史积淀与现实作用及区域文化之间的融合与对接等。文化的表现有显性与隐性之分，外在的表现有时与内含的文化底蕴的脱节，会造成其意义的流失。因此，要实现旅游文化的整合，必须建立显性文化与隐性文化的融通机制，达到应有的对接。同时，旅游内容是一定历史条件下的结晶，具有深刻的文化底蕴和内涵，对现实具有重要的影响。因此，注重历史文化与现实作用的融合与对接是旅游文化整合的题中应有之义。此外，不同的旅游区域会有不同的文化，各有特色，借助这种特色建立区域文化的融通，达到相互对接，能够在更大程度上和更大范围内达到预期效果和价值。②

① 陈岗.旅游文化：文化整合的过程与结果——文化整合的视角看旅游文化[J].桂林旅游高等专科学校学报，2004(6)：91-94.

② 王夏炎.旅游文化的整合与对接[J].经济研究导刊，2009(3)：211-212.

第四节　旅游产业发展的空间布局理论

一、旅游产业的空间结构理论

旅游空间结构是旅游系统的空间表达①，是指旅游经济客体在空间中相互作用所形成的空间聚集程度和聚集状态。它体现了旅游活动的空间属性和相互关系，是旅游活动在地理空间上的投影，是区域旅游发展状态的重要"指示器"②。从理论上看，旅游产业的空间结构理论主要包括旅游中心地理论、旅游"核心—边缘理论"以及旅游系统空间结构模式等。

（一）旅游中心地理论

中心地理论是研究城市空间组织和布局时探索最优化城镇体系的一种城市区位理论。该理论产生于20世纪30年代初西欧工业化和城市化迅速发展时期，由德国地理学家克里斯泰勒（W.Christaller）于1933年首先提出并使用。他认为，中心地存在于一定范围的区域之中，不同大小的服务区域（腹地）对应于不同规模的中心地；不同规模的中心地构成一个等级序列；中心地体系的具体空间排列服从于中心地的功能性质。中心地理论是地理学由传统的区域个性描述走向对空间规律和法则探讨的直接动因，是现代地理学产生和发展的基础。同时，中心地理论也是旅游经济学研究的理论基础之一。旅游中心地与旅游市场区域间的关系，对研究旅游空间结构具有重要的意义。

旅游中心地是指旅游中心性达到某一强度的城镇中心，即能够面向城镇外区域内的旅游吸引物或城镇外旅游者提供一定强度的旅游交通、接待、信息、管理等对外旅游服务功能的城镇中心。旅游中心性指一个城镇对外旅游服务功能的大小，包括两个方面，即对城镇外区域内的旅游吸引物的旅游服务功能与对城镇外旅游者的服务功能。旅游中心性反映了城镇在本区域内旅游业发展中的相对重要性。不同的旅游中心地具有不尽相同的旅游中心性，可以划分出旅游中心地的等

① 翁瑾，杨开忠.旅游空间结构的理论与应用[M].北京：新华出版社，2005.

② 杨吾扬，梁进社.高等经济地理[M].北京：北京大学出版社，1997.

级。一般来说,高等级的旅游中心地能够为更大区域内的旅游吸引物与更多的旅游者提供旅游服务功能。高等级的旅游中心地为区域内的低等级的旅游中心地提供服务功能,形成等级网络的旅游中心地体系①。

我国学者楚义芳、钱小芙(1987)提出旅游地空间组织的最终格局应类似于克里斯泰勒中心地理论中的 K=3 体系。在他们建立的模型中,旅游地作为旅游供给中心(也是旅游需求释放中心),其旅游需求释放总量是从高级中心地到低级中心地逐渐降低的。每个中心地及其吸引范围构成一个旅游区域,随着中心地的等级层次变化,旅游区域也呈现等级格局。旅游中心地体系是一个一般均衡的空间作用系统,是旅游需求和旅游供给平衡在空间上的反映②。在旅游空间结构中,中心点(旅游中心地)与正多边形(旅游中心地职能范围)形成分形体的基本结构。基本结构通过若干迭代(图中为 3 层迭代),形成更大的基本结构(即更高等级的旅游中心地),但并未改变自身的组织形态(图 2-18)③。

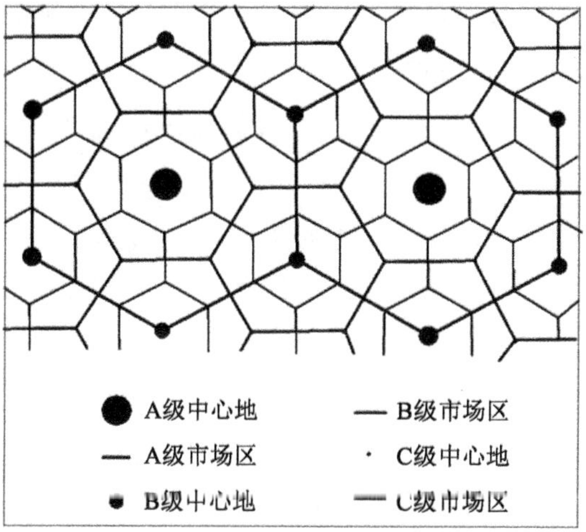

图 2-18　旅游中心地空间结构模式(K=3)

资料来源:徐小波,袁蒙蒙,姜晋荣.区域旅游空间结构演化及其组织效率的系统学审视[J].地理与地理信息科学,2008(5):103-107.

① 柴彦威,林涛,刘志林,曹艺民.旅游中心地研究及其规划利用[J].地理科学,2003(5):547-553.

② 楚义芳,钱小芙.关于旅游地理的几个问题[J].经济地理,1987(2):137-143.

③ 徐小波,袁蒙蒙,姜晋荣.区域旅游空间结构演化及其组织效率的系统学审视[J].地理与地理信息科学,2008(5):103-107.

旅游中心地在区域旅游发展中的重要性不仅体现为自身提供旅游吸引物，还体现为在旅游者接触旅游吸引物的过程中承担中继、媒介的作用，发挥对外旅游服务职能。一般来说，旅游中心地所提供的服务职能可以分为旅游交通服务、旅游接待服务、旅游信息服务、旅游管理服务和旅游集散5类基本职能。

旅游中心地与区域内的旅游功能区、旅游交通线路等整合为旅游中心地空间结构。这一空间结构包括3种要素，即点要素、线要素和面要素。其中，点要素包括旅游中心地、旅游目的地；线要素包括联系旅游中心地与旅游目的地的区域内旅游线路、联系不同旅游中心地的区域间旅游线路等；面要素包括旅游资源分区、旅游功能区、旅游圈等①。同时，每个旅游地根据其资源开发状况都可以划分为现状旅游区域和远景旅游区域。随着社会经济的发展，远景旅游区域可能相继成为现状旅游区域。因此，在旅游规划和建设中不能仅将投资集中在少数几个高等级的旅游地而置中低级旅游地于不顾，应该有计划、有重点地对中低级旅游地进行投资，避免造成高等级旅游地的供需矛盾，从而影响整个旅游地的健康发展②。

（二）旅游"核心—边缘"理论

1966年，美国区域规划专家约翰·弗里德曼提出的"核心—边缘"理论，拓展了佩鲁的增长极理论③。弗里德曼认为，任何一个国家都由核心区域和边缘区域组成。核心区域指城市聚集区，工业发达，技术水平较高，资本集中，经济增长速度较快，包括国内都会区、区域的中心城市、亚区的中心、地方服务中心等；边缘区域是指那些相对于核心区域来说经济较为落后的区域。他认为，经济活动的空间组织通常具有强烈的极化效应与扩散效应。随着核心区经济能量的不断强化，一方面极化效应明显，形成对边缘区的支配态势；另一方面能量逐步溢出，向周边扩散。城市作为区域中心与边缘农村地区通过极化与扩散效应相互作用，带动区域整体发展④。

由于"核心—边缘"理论为区域空间结构和形态的变化提供了一个解释模型，并将这种区域空间结构关系与经济发展的阶段相联系，这就为区域规划学家提供

---

① 李玲，李娟文.湖北省旅游中心地空间结构系统优化研究[J].经济地理，2005(5)：740-744.

② 楚义芳，钱小芙.关于旅游地理的几个问题[J].经济地理，1987(2)：137-143.

③ Friedmann J . Regional development policy: a case study of Venezuela [M]. Cambridge, Mass . And London: MIT Press, 1966.

④ 邱竞.北京经济增长方式转变研究——基于增长约束的分析[D]：[博士学位论文].北京：中国人民大学，2008：31-33.

了理论工具。朗德格仁和布里敦(1977)等人直接建立了关于旅游的“核心—边缘”理论模型,强调了边缘地区对核心地区的依赖。韦佛(1998)利用“核心—边缘”模型对加勒比海地区特立尼达和多巴哥、安提瓜和巴布达群岛进行了案例研究①。Papatheodorou(2004)从旅游流的角度探讨了区域旅游“核心—边缘”空间结构的形成机制,认为对旅游“核心—边缘”空间结构形成的分析离不开对客源地与旅游目的地之间的相互作用的分析,旅游客源地与旅游目的地之间的社会、经济、文化交流是旅游“核心—边缘”空间结构形成的重要影响因素,并构建了以旅游流为基础的区域旅游“核心—边缘”空间结构模式(图 2-19)②。

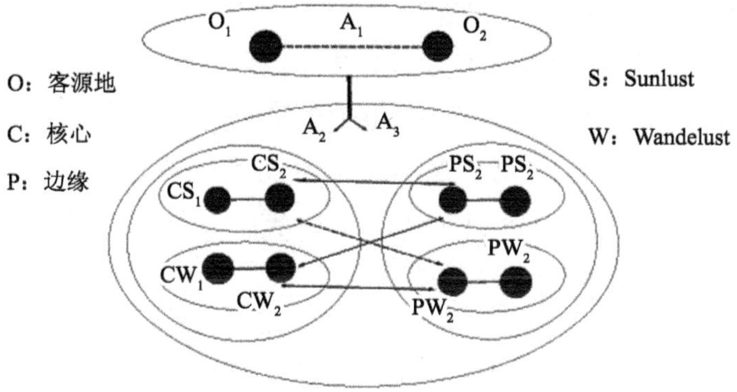

图 2-19 基于旅游流的旅游“核心—边缘”空间结构模式

资料来源:Papetheodorou A. Exploring the Evolution of Pourismresorts [J]. Annals of Tourism Research, 2004, 31(1):219-237.

根据旅游“核心—边缘”理论分析,任何一个国家(或地区)都存在一个旅游的核心地区与边缘地区。旅游核心区往往是一些具有旅游资源优势和区位优势的旅游热点地区,如国家级风景名胜区、历史文化名城、名山大川、度假区等。边缘区是指那些没有优势(特色)旅游资源,或虽有优势旅游资源但因区位非优还没有开发出来,或因处在热点地区“阴影”下而被忽视的地区③。旅游核心区由于具有资源、

---

① Weaver, D. B. Peripheries of the periphery: Tourism in Tobago and Barbuda[J]. Annals ofTourism Research, 1998, 25(2): 292-313.

② Papetheodorou A. Exploring the Evolution of Pourismresorts [J]. Annals of Tourism Research, 2004, 31(1):219-237.

③ 禹登科.长株潭城市群旅游空间结构及其优化研究[D]:[硕士学位论文].湘潭:湘潭大学,2007:13-14.

市场等优势得以优先开发,旅游基础设施得以优先建设。随着旅游空间聚集的累积发展,这类地区旅游经济发展会比其外围区域强大且具有明显的竞争优势,即形成一定旅游地域空间上的旅游中心。由于旅游中心的存在,外围地区的旅游聚集发展受到了抑制,其旅游发展相对滞后而不得不依赖于旅游中心。旅游中心之间空间竞争的存在形成了旅游外围腹地的空间层次,进而形成旅游"核心—边缘"的空间结构。在城市旅游经济增长过程中,旅游空间子系统的边界将发生改变,并使旅游空间关系重新组合。这一过程将依照一定的秩序进行,直到实现城市旅游空间一体化①。

"核心—边缘"理论对于指导区域旅游发展具有重要作用。发展核心、带动边缘,是区域旅游发展的重要战略举措。发展中地区要注意培育旅游核心区,形成旅游创新活动基地,带动边缘区域发展,提高整个区域的旅游竞争力②。不同尺度的区域旅游空间结构基本上都可以简化为"核心—边缘"结构模型,但因受区域空间规模等因素的影响,一些区域的"核心—边缘"结构表现出复合形态的特征。对大多数单一核心的区域来说,区域旅游联动发展主要表现为"核心—边缘"区域的旅游互动和区际间的旅游互动;有些区域可能存在两个或两个以上的核心,这样的区域内部旅游联动首先表现为"核心—边缘"结构系统之间的旅游联动,每一个"核心—边缘"结构系统又可以与区外的"核心—边缘"系统发生旅游联动行为,从而构成复合型的"核心—边缘"结构体系,从而推动区域旅游业的整体发展。

(三)旅游系统的空间结构模式

旅游系统的空间结构是多层次的,在不同的层次有不同的结构特征。英国地理学家哈格特于1977年描述空间结构模式与秩序时从宏观层次将区域抽象为点,从而识别出6个几何要素③:a 运动模式,表示事物的空间移动特点;b 路径,表示事物运动沿着特定的路线;c 结点,表示运动路径的交点,诸多结点控制着整个系统;d 结点层次,表示各个结点的重要程度;e 地面,位于由结点和路径形成的框架中;f 扩散,地面的时空变化过程叫作空间扩散。用这6个要素建立的旅游系统的空间

① 卞显红.城市旅游空间结构形成机制分析——以长江三角洲为例[D]:[博士学位论文].南京:南京师范大学,2007:7-9.

② 汪宇明.核心边缘理论在区域旅游规划中的运用[J].经济地理,2002(3):372-375.

③ 约翰斯顿,R.G..地理学与地理学家[M].北京:商务印书馆,1999:127-129.

结构模式是以旅游目的地、客源地为结点，以交通线路为连接的占据一定地面、处于扩散过程中的网络，可称之为旅游系统的网络空间结构模式（图 2-20），中心结点 d 表示目的地，其他结点为该目的地吸引的全部客源地①。

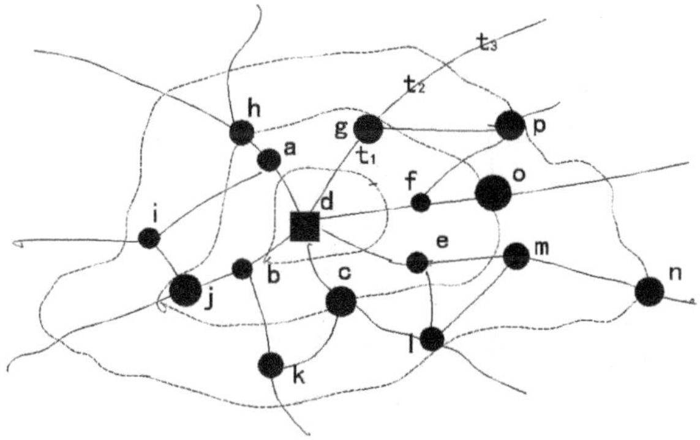

图 2-20　旅游系统的网络空间结构模型

资料来源：吴晋峰，包浩生．旅游系统的空间结构模式研究［J］．地理科学，2002（1）：96-101.

区域旅游系统由旅游目的地系统、旅游客源地系统和旅游交通系统 3 个子系统构成。旅游目的地系统由旅游节点和区内路径两大基本要素构成，其空间结构是以旅游景点赋存地为节点、以连接各节点的交通线路为纽带而形成的空间网络资源系统。旅游客源地通常指旅游者及潜在旅游者长期居住的区域。旅游客源地系统就是这些不同客源地的集合，又可称为旅游客源市场系统。旅游交通系统则由不同的旅游交通方式组成，通过旅游交通线连接旅游目的地与旅游客源地。旅游者通过旅游交通系统实现从客源地系统往返目的地系统的空间移动。区域旅游系统模式的中心结点是旅游目的地网络占据的空间范围，即"地面"，地面空间范围由小向大扩散的过程即为旅游系统的发展过程②。

国内学者黄金火和吴必虎（2005）在旅游目的地模型的基础上，将吸引物视为节点、目的地视为面域、交通线路视为连接，构建了由旅游目的地区域、旅游区、节点、区内路径、人口通道和客源地市场 6 种要素组成的旅游系统空间结构模式（图 2-21）。即在目的地核心吸引物影响下，游客通过对目的地的认同，从客源地市场

① 吴晋峰，包浩生．旅游系统的空间结构模式研究［J］．地理科学，2002（1）：96-101.

② 张华．区域旅游系统空间结构模式研究——以岳阳为例［D］：［硕士学位论文］．上海：华东师范大学，2008：12-16.

经外部交通进入旅游目的地区域，并凭借区域内部旅游路径对不同旅游区内的旅游节点进行游览①。

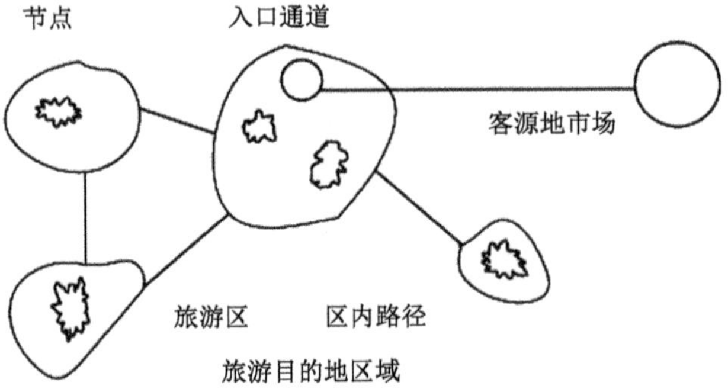

图 2-21　区域旅游系统空间结构模式

资料来源：黄金火，吴必虎.区域旅游系统空间结构的模式与优化[J].地理科学进展，2005(1)：116-126.

从动态视角来看，旅游系统空间结构总是处在不断发展演化之中，经历一种由不发达向发达、由不成熟向成熟状态的演化过程②。旅游地域要素在空间上的不同分布与组合使得旅游地域系统有着丰富多样的内部形态和结构，这是确定区域旅游系统空间发展模式的基础和依据③。不同发展阶段的旅游地域系统对应着不同的旅游系统空间结构。根据旅游地域系统内部的结构特征和不同演化阶段的特征，可以将区域旅游系统空间结构发展演化的模式分为(a)凝聚模式、(b)放射模式和(c)扩展模式 3 种类型(图 2-22)④。其中，凝聚模式主要形成于起步阶段的旅游地域系统，放射模式则对应着旅游地域系统的成长阶段，旅游地域系统演化的成熟阶段为扩展模式，这也是区域旅游系统演进的最终结果。

① 黄金火，吴必虎.区域旅游系统空间结构的模式与优化[J].地理科学进展，2005(1)：116-126.

② 郭影影，李永文.区域旅游系统空间结构模式与优化——以中原城市群为例[J].安阳师范学院学报，2008(5)：102-105.

③ 张玲.旅游空间结构及演化模式研究[J].桂林旅游高等专科学校学报，2005(6)：65-68.

④ 黄金火，吴必虎.区域旅游系统空间结构的模式与优化[J].地理科学进展，2005(1)：116-126.

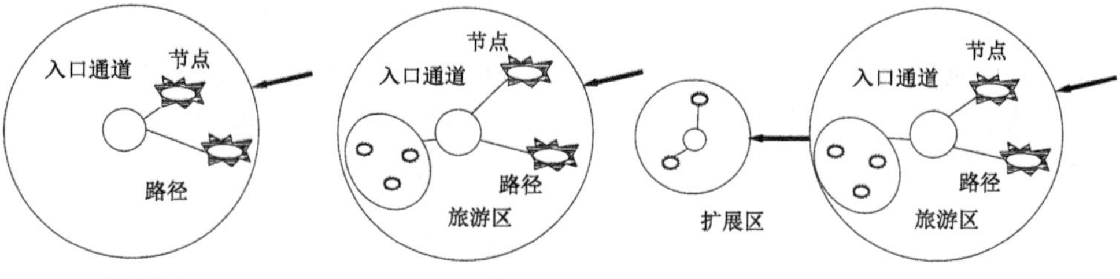

（a）凝聚模式　（b）放射模式　（c）扩展模式

图 2-22　典型区域旅游系统空间结构模式

资料来源：黄金火，吴必虎.区域旅游系统空间结构的模式与优化[J].地理科学进展，2005(1)：116-126.

二、旅游产业的空间布局模式

旅游资源在空间上的内在联系性使其呈现出一种结构性的集中现象，进而直接影响着旅游产业的布局。如何合理利用旅游资源，做好旅游资源开发的空间布局对于区域旅游产业的发展显得尤为重要。概括起来，旅游产业的空间布局主要包括旅游增长极、旅游“点—轴”系统、旅游圈层结构以及环城游憩带等理论模式。

（一）旅游增长极理论

法国经济学家佩鲁于20世纪50年代初提出了增长极理论①，认为增长极是由主导部门和有创新能力的企业在某些地区或大城市聚集而形成的经济活动中心。城市在区域发展中恰似增长极，能够产生吸引或辐射作用，促进城市自身发展和推动周边地区的经济增长。增长极理论建立在区域经济发展不平衡规律的基础上，强调既要关注经济总量的差异，又要关注结构性的变化。此后，法国经济学家布代维尔、美国经济学家弗里德曼等分别在不同程度上丰富和发展了这一理论。增长极理论认为，一个国家要实现平衡发展只是一种理想，在现实中是不可能的，经济增长通常是从一个或数个“增长中心”逐渐向其他部门或地区传导的。因此，应选择特定的地理空间作为增长极，通过增长极的极化和扩散效应影响和带动周边地区经济的发展。

旅游开发与规划的目的在于利用当地的优势旅游资源，将潜在的经济效益现实化，以促进当地国民经济的发展。增长极理论从理论上给旅游业优先发展提供

① 弗朗索瓦·佩鲁.增长极概念[J].经济学译丛，1988(9).

了依据和支持。旅游增长极理论要求重点开发某个旅游地,使其发展规模和发展潜力超过其他旅游地,成为区域旅游中心。旅游中心的形成需要具备两方面的条件:一是依托经济发达的城市,为旅游者提供旅游基础设施,保证旅游活动的正常开展;二是要有有较强吸引力的旅游产品来实现旅游者的空间流动,促进旅游消费①。

旅游增长极是指城市旅游发展首先出现在一些旅游增长点和增长极上,它们可以是城市旅游中心区域,也可以是高等级的旅游区点,能对城市旅游发展具有重要推动作用。然后,通过城市旅游发展轴线向外扩散,逐渐形成对整个城市旅游业发展产生重大影响的区域。通过增长极的极化作用,促使区域旅游中心发展,为旅游地的空间扩散做准备。旅游增长极极化效应所产生的聚集力,会引起旅游产业活动向旅游增长极区位集中配置并扩大经营规模。由于旅游增长极吸引力强,旅游效益高,旅游基础设施完善,会强烈吸引周边旅游区域的人力、财力、物力等逐渐向旅游增长极转移。

旅游增长极的作用机制是中心旅游点引起游客在区域内流动和停留,从而引起旅游产业的聚集或扩散。在旅游增长极布局模式中,主要的旅游企业、接待服务设施均集中于区域旅游中心,旅游地同时作为旅游者进出的集散地和开展其他活动的依托基地。此种布局要求旅游资源丰富的地区率先发展起来,然后再带动旅游资源一般或贫乏的地区发展。

(二)旅游"点—轴"系统理论

在增长极理论、"核心—边缘"理论的基础上,我国经济地理学家陆大道提出了"点—轴"渐进式扩散理论②。该理论将区域看成是由"点"和"轴"构成的网络体系。"点"是指具有增长潜力的中心地域或主导产业,如同中心地系统中的"中心地",就是各级中心城镇、港口、工矿区。一般来说,这些点都是区域人口和产业的聚集地,具有一定的吸引力和凝聚力。"轴"是指将各中心地域或产业联系起来的基础设施带,包括各类交通线、动力供应线、水源供应线等,又可理解为通过线状基础设施联结不同级别的中心城镇而形成的相对密集的人口和产业带。"点—轴"系统理论可以指导产业有效地向增长极轴线两侧集中布局,从而由点带轴、由

---

① 唐明贵.旅游产业关联及区域整合研究——以贵州喀斯特地区为例[D]:[硕士学位论文].贵阳:贵州师范大学,2006:10-11.

② 陆大道.区域发展及其空间结构[M].北京:科学出版社,1995.

轴带面，最终促进整个区域经济的发展。

“点—轴”开发模式适用于旅游开发布局。在旅游开发中，“点—轴”理论中的“点”就是旅游中心城市或重点旅游地，轴线就是连接它们的通道（即交通线）。整个旅游系统的空间结构演变也是由“点”到“轴”、再由“轴”到“网”的演化过程（图2-23）。在极化效应作用下，首先开始旅游“点”的聚集，随着聚集程度的不断加强，一些节点便成为区域旅游中心。当旅游中心发展到一定规模之后，其扩散效应逐步加强，促进周围地区发展，并沿着轴线形成重点旅游区和一些次一级的旅游中心和轴线，从而达到以点带线、以线带面，进而形成区域旅游网络，带动整个区域旅游的发展①。

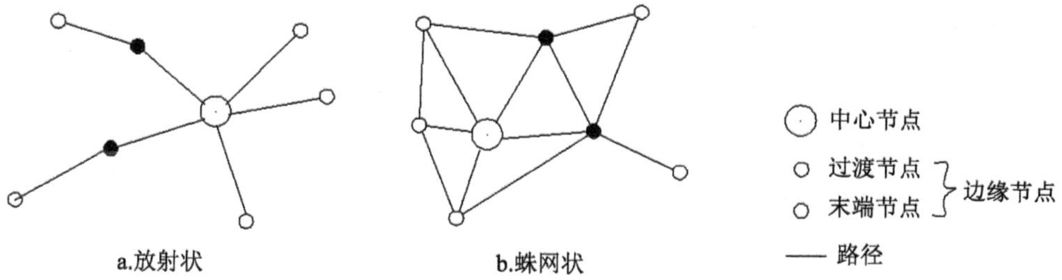

图 2-23　旅游“点—轴”发展模式

资料来源：林刚.试论旅游地的中心结构——以桂东北地区为例[J].经济地理，1996(2)：105-111.

“点—轴”系统理论之所以能够作为区域旅游整合的理论依据，其原因主要有以下两个方面②：首先，旅游中心城市经济相对发达，基础设施完善，服务水准较高，是国内外游客的中转站和集散地，在整个区域中最先发展成为旅游聚集区或点。其次，旅游通道是影响旅游者行为决策的一个重要因素，是连接客源地与目的地的纽带和旅游活动的重要组成部分，其发达程度是衡量区域旅游业发展水平的重要指标。旅游通道作为旅游经济的轴线，能够整合区域其他生产力要素，带动区域经济发展。

① 谢明礼.福建沿海地区旅游空间结构分析[D]：[硕士学位论文].福州：福建师范大学，2004.

② 唐明贵.旅游产业关联及区域整合研究——以贵州喀斯特地区为例[D]：[硕士学位论文].贵阳：贵州师范大学，2006：10-11.

"点—轴"理论与开发模式对区域旅游发展的重要价值主要表现在:第一,旅游"点—轴"开发模式能够充分发挥旅游中心城镇的辐射与带动作用。城市不仅是重要的旅游目的地、客源地,还是联系旅游主体和旅游客体使旅游活动得以顺利完成的重要的媒介与条件①。通过中心城镇的培育,将促进其发挥对区域旅游整体发展的巨大带动作用②。第二,提高区域旅游的可达性。旅游"点—轴"开发模式中的旅游节点,一般都是旅游交通线的交汇处或旅游网络节点,具有较高的旅游可达性,因而常常成为区域旅游开发的优选区位。在离心力的作用下,节点的发展通过旅游线状基础设施和旅游网络,将旅游流及旅游空间要素向四周扩散,从而带动整个区域的旅游发展③。第三,强化旅游空间结合。在旅游开发初期,旅游发展水平是不平衡的。随着开发进程的延伸,点和轴线的等级差异变小,相对均衡的状态开始形成,即由点到线到面的空间开发和发展状态的形成,从而实现区域旅游的最佳发展④。

(三)旅游圈层结构理论

圈层结构理论最早由德国经济学家杜能于1826年在《孤立国同农业和国民经济的关系》一书中提出。他认为,城市在区域经济发展中起主导作用,城市对区域经济的促进作用与空间距离成反比。区域经济的发展应以城市为中心、以圈层状的空间分布为特点逐步向外发展。所谓"圈",实际上意味着"向心性","层"则体现了"层次分异"的客观特征。圈层结构反映着城市的社会经济景观由核心向外围呈规则性的向心空间层次分化。在圈层结构中,城市是圈层构造的主体⑤。

现代区域旅游规划的一个重要现象就是圈层化。随着城市交通的不断向外延伸,其圈层也在不断扩大。1927年,美国得克萨斯大学旅游学系教授盖恩提出了著名的"都市旅游圈环带模式"。他以城市的核心都市区为空间上的旅游中心,在其外围用4个环形带来区分不同带状区域的旅游功能与特点,并对这4个旅游带

---

① 刘锋.中国西部旅游发展战略研究[M].北京:中国旅游出版社,2001.

② 齐志南,石培基.基于"点—轴系统"理论的甘肃省旅游空间结构优化研究[J].吉林师范大学学报(自然科学版),2007(4):101-103.

③ 陈萍.基于点轴理论的山东半岛区域旅游空间结构研究[D]:[硕士学位论文].重庆:西南大学,2008:11-12.

④ 齐志南,石培基.基于"点—轴系统"理论的甘肃省旅游空间结构优化研究[J].吉林师范大学学报(自然科学版),2007(4):101-103.

⑤ 圈层结构理论[EB/OL].(2007.10.28).[2009.8.28].http://www.chinavalue.net/wiki/showcontent.aspx? titleid=185183.

的功能及旅游吸引物和旅游设施、旅游活动在空间上的分布进行了探索。

在盖恩研究的基础上，我国一些学者将圈层结构理论用于旅游研究中，提出了一些有关旅游圈层的理论。保继刚（1998）等展开了对都市旅游的核心区——RBD（游憩商业中心区）的研究①。阎友兵和李辉恒（1999）认为，旅游圈是为了获得最佳经济、社会和环境效益，以旅游资源为核心组成的具有一定地理范围的协作区域，是一定区域内各种旅游经济要素间相互联系而形成的区域空间组织形式。旅游圈是经济协作圈、地理圈、交通圈、文化圈，具有层次性以及中心和边界等组成部分。从动态发展的角度看，旅游圈存在两种发展、辐射、扩展的模式，带有明显的层次性：第一，以核心层、中心地带向外，呈圆圈状，不断扩充、辐射；第二，以不同的核心、不同的优势资源地为中心，形成小型环圈，环环相扣，辐射发展②。

关于旅游圈层结构，国内学者吴承忠根据对国外大都市郊区农村旅游和休闲实际发展状况的分析，对盖恩的环带状模式进行了适当的修改。修改后的环带状模式中的 4 个旅游带分别是城市旅游带、近郊休闲与旅游带、乡村旅游带和偏远旅游带（图 2-24）。城市旅游带是各种旅游服务设施和一些重要历史建筑、纪念地、历史街区、博物馆等吸引物的主要集中区。它既是旅游客源的主要输出地，也是都市游客的主要依托地域。近郊旅游和休闲带则是娱乐公园、一般性的室内休闲设施、大型购物中心、大学、机构、公共游憩场所、商务酒店、运动综合体、餐馆和夜总会的集中区。乡村旅游带是城市居民从事周末和日常休闲活动的地方。偏远旅游带则是为周末和有较长假期的游客提供的休假地。这里有河、湖、山组成的风景区，很多大型的国家公园和自然环境保护区位于该处③。

（四）环城游憩带理论

环城游憩带也叫环城旅游度假带，因其属于城市游憩空间向城乡交错带的延伸部分，故关于它的研究最初起源于对于城市周边旅游地的研究。17 世纪，威廉·佩蒂第一次提出了“绿带”概念；1826 年，约翰·鲁顿编制的“伦敦规划”提到了城市环形发展的概念，并提出了在城乡结合部保护农田和森林的设想④。20 世纪 80 年代初，苏联地理学家普列奥不拉曾斯基注意到，每逢周末，大量的人群涌向

---

① 保继刚，古诗韵.城市 RBD 初步研究[J].规划师，1998(4)：59-65.

② 阎友兵，李辉恒.关于旅游圈的理论探讨[J].湘潭大学学报，1999(12)：135-137.

③ 吴承忠，韩光辉.国外大都市郊区旅游空间模型研究[J].城市问题，2003(6)：68-72.

④ 赵媛，徐玮.近 10 年来我国环城游憩带（ReBAM）研究进展[J].经济地理，2008(3)：492-496.

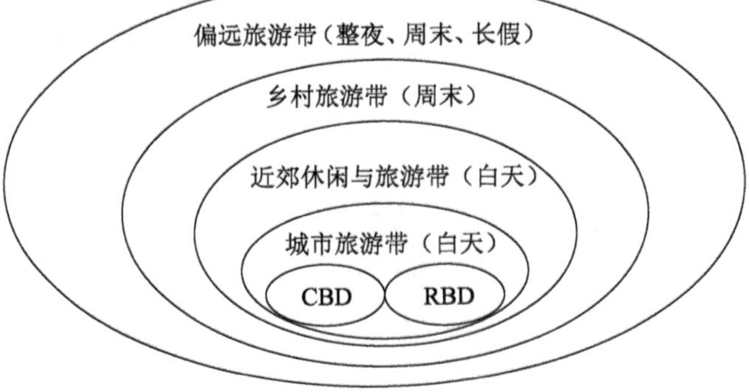

图 2-24　都市旅游圈层结构模式

资料来源：王淑华.大城市环城游憩带发展态势研究[J].城市问题，2006(1)：31-33.

市郊的娱乐带，这些娱乐带通常是在地形条件较好，但缺乏河流和森林而以人工水库来弥补的地方，通过绿化建立森林公园和园林带①。环城游憩带主要是针对城市居民和外地客人的户外休闲游憩需求，充分利用大城市郊区的区位和环境优势，通过景观道路把各具特色的户外休闲游憩中心有机串联所形成的环城游憩系统。

国内学者吴必虎（2001）针对旅游城市化现象首先提出“环城游憩带”理论。他认为，环城游憩带发生于大城市郊区，主要为城市居民光顾的游憩设施、场所和公共空间，特定情况下还包括位于城郊的外来旅游者经常光顾的各级旅游目的地，二者共同形成环大都市游憩活动频发地带，简称为“环城游憩带”。吴必虎认为，环城游憩带的形成区位是在土地租金和旅游成本的双重作用下，投资者和旅游者达成的一种妥协位置（图 2-25），市民对周末游憩消费的需求、投资者的投资意愿、政府的区域产业政策调整是影响环城游憩带形成的最主要因素②。

环城游憩带的特征主要包括核特征和圈层特征两个方面。核特征方面，环城游憩带的形成必须依赖中心城市的“吸附”能力，依托城市“增长极”作用和休闲产业的发展，通过极化效应和扩散效应带动周边区域基础设施、投资环境的改善和环城市游憩产业的人才聚集、资本聚集。圈层特征方面，城市环城游憩带以一个城市内核为中心，并将能量逐层释放，其结果是在城市周围呈现出半径不一的游憩圈层，并且圈层与圈层之间呈现交融、互动的态势。

① 王淑华.大城市环城游憩带发展态势研究[J].城市问题，2006(1)：31-33.

② 吴必虎.区域旅游规划原理.北京：中国旅游出版社，2001.

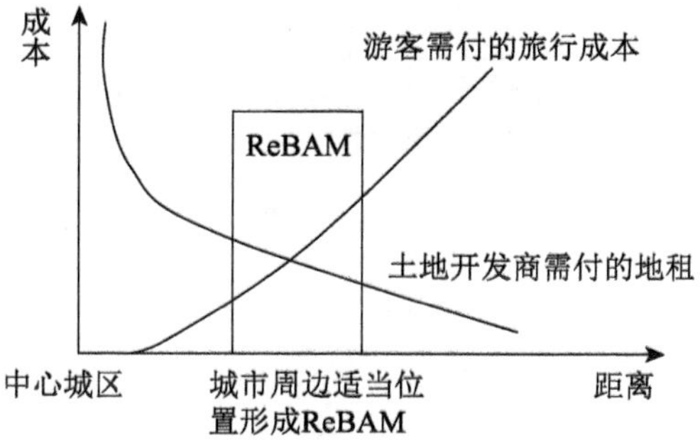

图 2-25　环城游憩带(ReBAM)的区位选择机制

资料来源:吴必虎.区域旅游规划原理.北京:中国旅游出版社,2001.

环城游憩带的培育是以中心城市为成长内核,对周边游憩资源进行有效挖掘和功能提升,进而形成不同游憩半径的游憩圈层的过程。①

环城游憩带的空间模式主要包括以下 3 种:卫星模式、哑铃模式和泛三角模式(表 2-3)。卫星模式在空间位置上呈群聚式分布,城市周围游憩目的地呈现一种"均势"和"密集"的态势,许多旅游资源在整个区域呈现出围绕某个中心离散分布的空间特征。这一模式中的城市内核作为环城游憩带发展的增长极,凭借级差地租优势,带动游憩带能迅速成长。哑铃模式是卫星模式发展后期的一种特殊模式。在某一城市内核的辐射作用下,周围新的小核不断涌现,某些具有相当资源禀赋和市场接纳度的目的地,以强势姿态成为一个新的增长极,具有再次辐射周边地区的能力,带动自己的"辖区"形成次级游憩带。这一模式一般出现于位置临近的两个游憩空间内,其间往往有某条纽带作为"黄金走廊"。泛三角模式一般出现在资源可以共享和互补的三角地区。以区域内旅游业的整体发展为契机形成跨区域的环城游憩带。一般不依靠某个强势的内核,而是围绕结构稳定的三角区形成合围式的发展格局,市场较为稳固②。

① 王伟.环城游憩带成长模式及创新系统研究——基于体验经济视角[D]:[硕士学位论文].杭州:浙江工商大学,2007:12-13.

② 郭鲁芳,王伟.环城游憩带成长模式及培育路径研究——基于体验经济视角[J].旅游学刊,2008(2):55-59.

表 2-3　环城游憩带 3 种成长模式

模式	核特征	空间特征	渠道特征	效果特征	机会特征
卫星模式	单核	同心圆分布	释放式	辐射带动	优势富集—优势扩散—机会
哑铃模式	双核	带状分布	通贯式	双向促进	优势富集—优势扩散—优势凸显—机会
泛三角模式	无明显内核	三角分布	合围式	互补共享	优势凸显—优势扩散—优势富集—机会

资料来源:郭鲁芳,王伟.环城游憩带成长模式及培育路径研究——基于体验经济视角[J].旅游学刊,2008(2):55-59.

第三章

旅游产业区域效应的理论分析

第一节　旅游产业区域效应的概念与特征

一、旅游产业区域效应的概念界定

（一）产业效应与产业区域效应

现代产业组织理论认为，如果一个行业具有较高的超额收益率，行业内企业就能获得较大的市场力量和超额利润，也即该行业有较高的产业效应。所谓产业效应是指在一定的市场结构下，通过一定的市场行为（外资的引入）使某一产业在产量、技术、品种、组织优化结构等方面达到现实的状态，它实质上反映的是市场机制在内外经济环境下运行的效率①。Mcgahan（1999）认为，产业效应是由产业结构的内生因素（如进退壁垒、产业生命周期等）决定的②。产业效应具有持续性和可预见性。正是由于产业效应的这一特性，才使投资者热衷于追逐产业效应较高的行业。

产业的区域效应是指特定产业在某一区域的生产经营活动给区域的经济状况、空间布局、社会文化、生态环境等方面带来的影响。它是由区域本身的特性所

① 龙晓柏.开放市场下外商直接投资与产业效应的内在机制研究[D]:[硕士学位论文].南昌:江西财经大学,2003.

② Mcgahan, AnitaM.. The Performance of UsCorporations:1981-1994, The Journal of Industrial Economics, December, 1999(4):373-398.

决定的，因为某一区域的自然条件、社会条件能为特定产业的发展带来与其他区域相比的优势。产业区域效应的产生主要由于以下6方面的原因①：一是有利于特定产业的地理位置、资源禀赋和历史文化传统；二是良好的地方基础设施，如能源、交通、通信、生活设施等；三是相对廉价的劳动力成本；四是有利的地方政府政策；五是有利的地方产业结构；六是特殊的市场需求。

（二）旅游产业区域效应

旅游产业作为一种综合性产业，其发展会产生一定的经济、社会、生态等效益，也就是说具有一定的产业效应。当旅游产业活动、旅游服务企业的行为开始成为足以改变经济体的内部产业结构、影响人类社会的文化发展趋向、左右地区环境方向等种种变革的十分重要的因素时，旅游产业的效应便由此产生了。谢彦君（2004）认为，旅游效应是指由于旅游活动（包括旅游者活动和旅游产业活动）所引发的种种利害影响②。

从区域角度来看，旅游产业的区域因素可以归结为区域内旅游核心吸引物、众多关联的企业和部门等在某一地理区域内聚集，这些因素共同服务于旅游消费者，进而对区域发展产生影响。郑本法和郑宇新（1998）认为，旅游产业对区域发展的促进作用表现为“十大功能”，即增加外汇收入，平衡国际收支；加速货币回笼，减轻市场压力；促进和带动相关产业的发展；提供就业机会，稳定社会秩序；促进社区发展，缩小社区差距；加强民间了解，维护世界和平；扩大国际合作，加速社会进步；便于科技文化交流，推进人类文明；便于弘扬爱国主义，促成祖国统一；有利于美化生活环境，改善便民设施③。

本文认为，旅游产业的区域效应是指由于旅游产业活动的开展而对旅游目的地区域经济发展、空间演化、社会进步和生态环境保护等产生的综合影响。从概念界定来看，旅游产业的区域效应是由于旅游活动的开展而导致的，随着产业的不断发展和产业规模的逐渐扩大，旅游产业的效应也不断扩大和增强，进而对区域产生影响。从产业效应所涉及的领域和范畴来看，旅游产业的区域效应主要包括区域经济效应、区域空间效应、区域社会文化效应以及区域生态环境效应4个方面。

---

① 戴卫明，陈晓红.产业集群的起源：基于区域效应和聚集效应的博弈分析[J].财经理论与实践，2005(1)：89-93.

② 谢彦君.基础旅游学（第二版）[M].北京：中国旅游出版社，2004.

③ 郑本法，郑宇新.旅游产业的十大功能[J].甘肃社会科学，1998(4).

总体来看，从产业和区域相结合的角度来研究旅游产业的区域效应问题，是一个较有新意的视角。依据该视角所进行的研究，有助于准确认识旅游产业在经济发展中的地位及贡献，有助于深入分析促进旅游产业发展的各项影响因素，从而准确制定出旅游产业的发展对策，促进旅游产业的发展，提高旅游产业的经济效益①。

二、旅游产业区域效应的基本特征

（一）旅游产业区域效应的动态内涵

由于旅游产业与区域发展均具有动态发展特征，旅游产业区域效应的动态内涵不仅包括旅游产业作用于区域综合发展这样一个单向的过程，而且还包括了相反的作用过程，即区域发展对旅游产业的效应，进而形成旅游产业与区域发展之间的循环影响、互为反馈的动态作用链。用数学关系式可以表示为：

$$\mathrm{R} = f(H, T) \tag{3.1}$$

$$\partial T / \partial R = \mathrm{t}(\mathrm{R}) \tag{3.2}$$

式中：R 为区域综合发展，T 为旅游产业，H 代表影响区域综合发展的其他因素，包括资源配置、各类资本、技术条件、其他产业发展、城市化推进等，t(R)为旅游产业对区域发展的影响程度。

从上述分析可以得知，在旅游产业对区域发展产生影响的同时，区域发展对旅游产业演进也起着反馈作用。旅游产业发展导致经济总量增长、就业水平提高、生态环境得到有效保护，进而促进了区域整体发展水平的提高；而区域发展水平的提高也为旅游产业优化升级提供了强大的支撑，从而促进旅游产业的持续和健康发展。这一过程的循环反复，推动了旅游产业与区域发展系统不断演进。但考虑到"旅游产业的区域效应"这一研究主题的主次层次和逻辑关系的限制与约束，本文仅将旅游产业对区域发展的效应作为研究的核心，重点研究探讨旅游产业的区域效应的内涵、种类、特征、影响因素、形成机理及调控对策等，以促进区域旅游产业的持续和健康发展。

（二）基本特征分析

旅游产业的区域效应是一个综合概念，从旅游产业与区域整体的互动关系来

① 杨力平.大连旅游产业区域效应综合评价[J].大连民族学院学报，2008(2)：178-183.

看,旅游产业的区域效应具有整体性、稳定性、有序性、时滞性和开放性等特征(图3-1)。

1.整体性特征

尽管旅游产业区域效应的内涵具有复杂性,但其各组成部分(包括经济效应、空间效应、社会效应、环境效应等)不是相互独立的,而是有机地组成一个整体,表现为整体性。在这个整体内部,各个部分之间存在着重叠、交错和相互影响,并且各部分之间、各部分与整体之间也具有某种规律性的相互联系。

从区域角度来看,任何一个旅游区域都存在旅游产业的区域效应,系统内各要素相互作用、相互联系、相互影响构成一个有机整体,系统内区域的发展离不开旅游产业的拉动作用,同时旅游产业的发展又受到区域发展的深刻影响。从这一点来看,旅游产业发展与区域发展是一个相互联系、相互依赖的整合体。

2.稳定性特征

旅游产业的区域效应一经产生,并不会因旅游活动强度的弱化而消失,而是对旅游目的地产生长期的经济、社会、文化、环境等综合影响,并成为旅游目的地演化的一个现实或历史的重要影响因素。

除非外来特殊原因导致旅游产业效应发生较大的变化,如自然灾害导致旅游资源的破坏、文物被盗致使旅游者大为减少等。一般来说,旅游产业的区域效应在一定时期内具有一定的稳定性①。

3.有序性特征

旅游产业的区域效应在整体上表现出一定的动态有序性。虽然旅游产业的区域效应在一定时期内具有稳定性,但并不意味着固定不变,而是经常处于一种动态的渐变过程之中。由于旅游产业效应的影响因素众多,而且这些因素又是变化不定的,故旅游产业的区域效应会随着影响因素的变化而变化。

从动态角度来看,随着旅游资源的开发,旅游产业的发展会经历初始时期、快速发展时期、稳定时期等有序的发展阶段,而旅游产业的区域效应也会呈现出由初期的较弱逐渐向稳定时期的较强方向演化的特点。这是旅游产业与区域发展作用关系的一般规律。

4.时滞性特征

旅游产业区域效应的时滞性特征主要体现在:区域发展与旅游产业发展速度

① 李勇.吉林省旅游产业区域影响力研究[D]:[博士学位论文].长春:东北师范大学,2008:46-47.

相比具有明显的滞后性。虽然人们追求与旅游产业发展水平保持一致的区域经济水平，但是要使旅游产业发挥其应有的经济、社会、环境效应，仍然存在着时滞，旅游产业的区域效应不能直接、全面地反映同一时间段的区域发展水平。

一般说来，区域经济社会发展、区域空间结构的发育在较短时间不能有大的变化。如由旅游产业发展引起的经济增长效应、自然生态系统的改善或破坏、旅游目的地形象的重新塑造、民族文化的弱化或变味等都不是立刻能产生的，而在受到旅游活动的影响之后的一段时期内才能产生的①。因此，区域经济结构调整、区域整体发育水平与旅游产业发展水平与发展速度在时间上不同步，落后于旅游产业发展水平。

5.开放性特征

一个旅游区域或旅游景区的旅游产业要保持其自身的快速发展和良性循环，就必须强化与外界其他旅游区或非旅游区的交流与合作。

一般说来，不同区域旅游产业的相互联系、相互制约是通过转移和交换要素、能量、信息来实现的，进而使整个区域旅游系统得以演化与发展。旅游产业的区域效应系统中某一要素的变化对相互联系的所有要素或区域都将产生影响。因此，开放性是旅游产业区域效应系统得以不断运动和升级的重要属性。

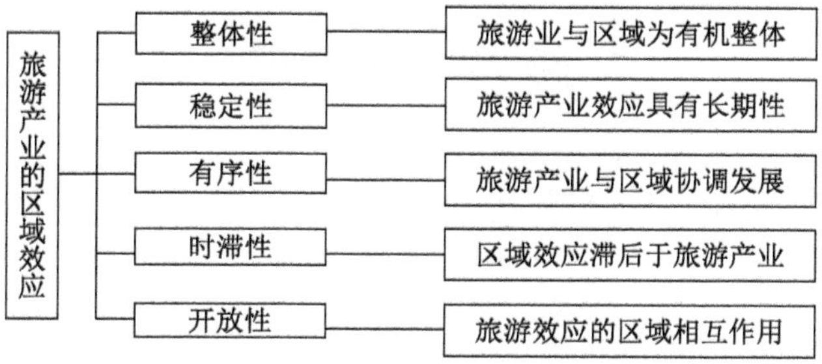

图 3-1 旅游产业区域效应的基本特征

三、旅游产业区域效应的内在结构

（一）旅游产业区域效应的基本类型

总体看来，旅游产业区域效应的要素构成和组合结构可分为经济效应、生态环

① 李勇.吉林省旅游产业区域影响力研究[D]:[博士学位论文].长春:东北师范大学,2008:46-47.

境效应、社会文化效应和空间效应 4 种主要类型(图 3-2)。

经济效应是指旅游产业的生产经营活动对旅游地区域经济产生的作用和影响,如促进经济发展、增加外汇收入、调整产业结构以及改变投资环境等。

生态环境效应是指旅游产业的生产经营活动对旅游地区域生态环境的作用和影响,如对自然生态环境的保护和改善、噪声和垃圾的污染等。

社会文化效应是指旅游产业的生产经营活动对旅游地区域社会结构、就业机会、价值观念、生活习俗、文化特征等方面的作用和影响。

空间效应是指旅游产业发展对旅游地区域产业整体布局、区域增长空间培育和区域空间结构调整等产生的作用和影响。

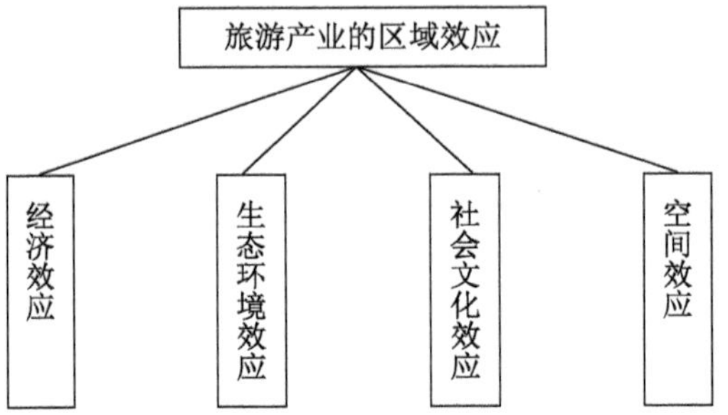

图 3-2 旅游产业区域效应的基本类型

(二)旅游产业区域效应的逻辑结构

如前文所述,虽然旅游产业的区域效应可主要分为经济效应、生态环境效应、社会文化效应和空间效应 4 种基本类型,但各类型效应在旅游地区域发展中的地位和作用却是不尽相同的,因而在整个旅游产业区域效应体系中呈现出一定的逻辑层次关系。

首先,旅游产业所带来的经济总量增长、就业机会增加、产业结构调整等经济效应,是一个地区发展旅游产业的关键因素,是区域旅游产业发展的出发点和外在表现。

其次,随着旅游产业的发展,其所带来的资源、环境、生态的改善或恶化直接关系到旅游景区的可持续发展,是旅游产业区域整体效应发挥的根本保障。

再次,旅游产业发展带来的经济发展、生态环境改善等最终都可以归结为促进人与社会文化的整体发展,即旅游产业的社会文化效应是区域旅游产业发展的内在本质。

最后，任何旅游产业活动都将落实到具体的地域空间上。旅游产业发展最终都将体现为对于区域增长空间培育以及区域空间结构演化的影响。因此，空间效应是旅游产业发展的最终落脚点。

基于此，旅游产业区域效应的逻辑结构分为4个层次（图3-3）：社会文化效应是内在本质，生态环境效应是根本保障，经济效应是外部表现，空间效应是最终落脚点。

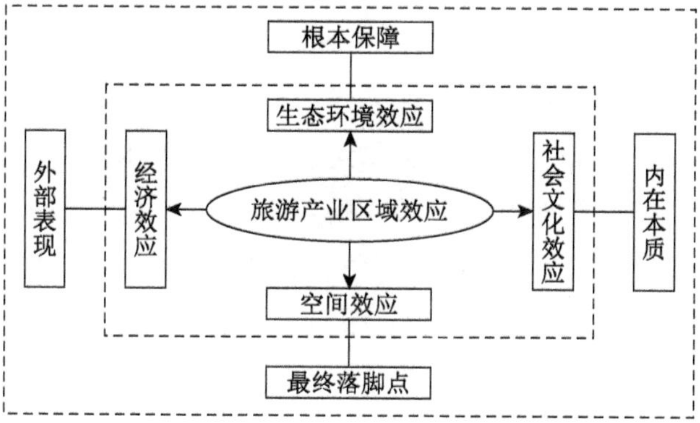

图3-3　旅游产业区域效应的逻辑结构

第二节　旅游产业的区域经济效应

旅游产业的区域经济效应是在合理开发旅游资源和保护生态环境的前提下，旅游产业活动对旅游地经济发展所产生的直接和间接作用与影响。对于旅游产业经济效应的分析是认识和理解旅游产业整体区域效应的前提和基础。

一、旅游产业经济效应的产生条件

因旅游产业是一个涉及范围广、关联度高的产业，故影响旅游产业区域经济效应的因素较多。旅游学家马西森（加拿大）、阿切尔（英国）等认为，最主要的因素可以概括为旅游消费量、旅游消费在区域经济中的漏损、区域经济规模、旅游企业与整体经济的关联效应等。其中，旅游消费是旅游对区域经济影响的基本因素。

只有旅游花费足够大时,旅游产业的经济影响才能明显地显现出来。其他因素支配着旅游消费在区域经济系统每轮交易中的剩余程度,如区域经济规模大、供给充足、旅游产业与区域经济系统其他部门关联强、旅游花费区域漏损小,则旅游对区域经济影响大;反之,则弱①。

(一)旅游消费量

旅游消费量是指人们在旅游的过程中为满足自身发展和享受需要而消费的各种物质资料和精神资料的总和。旅游消费是旅游产业经济效应的重要影响因素之一。通过旅游消费,一方面使旅游产品的价值得以实现,从而保证旅游业的再生产能够顺利进行;另一方面它对旅游产品的再生产提出了新的需求,不仅要求旅游企业对原有的旅游产品加以改进,以增加供给量,同时也要求向旅游业提供产品和服务的其他部门要相应地发展,以推动经济的发展。

旅游消费量在旅游产业经济效应产生及提高的过程中具有推动作用。王丁玲(2007)构建了旅游消费量与区域经济增长的关系模式(如图3-4所示),横坐标代表时间T,纵坐标代表产出增长I,A_0为选择点,它由一个二元逻辑开关构成。A_0右边的虚线表示开关元件选择非投产,即使经济的产出规模及结构保持不变,经济不出现增长;A_0右边向上的曲线S_0表示开关元件选择投产,即使产出增加,经济出现增长。

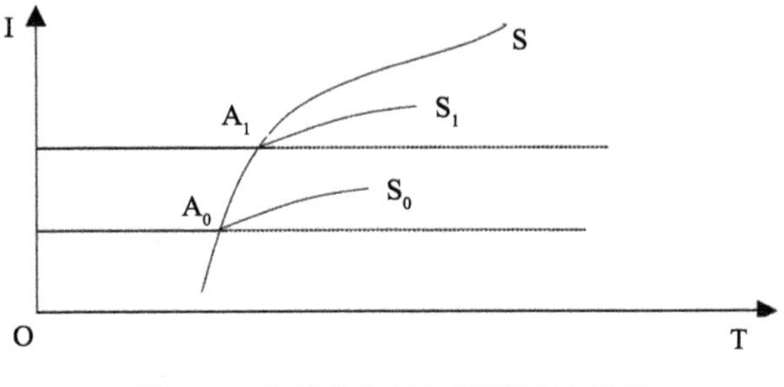

图3-4 旅游消费量与区域经济增长

资料来源:王丁玲.九华山风景区旅游经济影响研究[D]:[硕士学位论文].芜湖:安徽师范大学,2007:18-19.

① 陆林.旅游区域经济效应——安徽黄山市案例研究[J].南京大学学报(哲学·人文·社会科学),1997(2):53-59.

随着各产业产出水平的不断提高，只有具备了更大规模的旅游消费总量，才能形成足够的推动力，因而开关所需的临界起点也将越来越大，旅游在推进经济增长中发挥的作用也将日益增大。一般而言，在经济发展不受阻碍的情况下，旅游消费量的增长是连续的。因此，旅游消费总量推动的生产曲线应是一条连续曲线，它由众多的短期旅游生产曲线（如 S_0）构成，实际上是不同时点上各短期旅游生产曲线的包络线。因此，尽可能提高旅游消费量是发展旅游业的重要任务①。

（二）区域经济规模与水平

经济学理论认为，在其他方面因素相同的情况下，若经济规模越大、发展水平越高，注入经济系统的额外消费所引起的各轮经济效应的总和也就越大，反之则越小。而旅游者在旅游地的消费来自该旅游地的经济系统之外，若旅游地的经济规模越大、经济发展水平越高，则一定的旅游消费给当地带来的经济效益就会越大，反之则越小②。由此可见，旅游对经济产生的推动作用的大小与旅游地经济规模与经济发展水平密切相关。

马西森和阿切尔的研究认为，在其他方面条件相当的前提下，一定区域人口和土地面积规模越大、生产部门多、市场交换相对频繁，当地经济总体规模就越大。经济规模大、发展水平高的区域拥有更广泛的经济活动，为旅游产业提供产品和提供服务的能力也就强。旅游收入注入该区域后，对其产业的关联、波及等影响就越显著。反之，如经济规模小、发展水平低、各经济部门之间的相互联系小，该区域为旅游产业发展提供必要物质准备的能力就小，旅游收入在当地引起的各轮经济效应的总和就小③。

从动态过程来看，区域经济规模与发展水平对旅游消费水平也将产生直接的作用。在旅游业发展的初始阶段，区域经济规模与水平的高低制约着旅游业投人量的大小，进而促进或者抑制旅游业的发展速度。人们的旅游需求与可自由支配收入和人均消费水平相联系，而人均消费水平在很大程度上取决于区域经济发展水平。同时，旅游业在国民经济中的地位和作用的大小也受制于区域经济发展水平。区域经济发展水平高，经济结构完善，各产业部门之间的关系紧密，相互之间

① 王丁玲.九华山风景区旅游经济影响研究[D]:[硕士学位论文].芜湖:安徽师范大学,2007:18-19.

② 楚义芳.旅游的空间经济分析[M].西安:陕西人民出版社,1992.

③ 陈宁.辽宁省旅游经济效应分析及对策研究[D]:[硕士学位论文].大连:东北财经大学,2007:13-14.

的带动与促进作用越明显,就越有利于旅游产业的发展以及产业地位的提高①。

(三)旅游产业与区域经济的关联程度

在旅游消费总量和区域经济规模与水平既定的情况下,旅游产业与区域经济关联度对旅游产业经济效应的影响有着至关重要的作用。因为,旅游企业向游客提供产品和服务时要以相关产业部门的产品或服务为前提和基础。区域内部经济系统所提供的中间投入越完整、份额越大,旅游产业对于整体经济的影响也越广泛和深入。由于经济增长变化率与结构关联度的变化率成正比②,因此,如果旅游产业与整体经济的关联程度越大,旅游业发展所需要的客源流、物质流、资金流和信息流的供给就越充分。而这些要素的投入越充分,旅游业的收入增长越快,旅游业的收入通过国民收入分配对区域经济所产生的增加利税、提供就业机会、平衡国际收支、优化资源配置、调整产业结构等影响就越明显③。正因为如此,产业之间关联水平越高、关联度越深,交易范围越广,则单位旅游消费对经济部门的影响总和越大,亦即同等规模和结构的旅游消费激发的社会产出量也越多,旅游对整个经济系统的贡献越大(图3-5)。

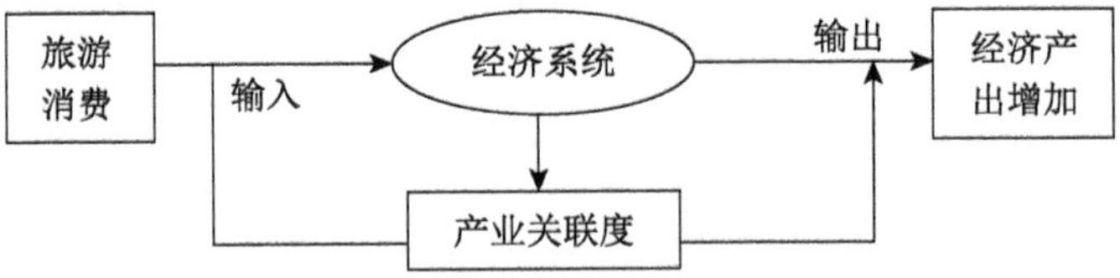

图3-5 旅游产业关联的放大效应

资料来源:王丁玲.九华山风景区旅游经济影响研究[D]:[硕士学位论文].芜湖:安徽师范大学,2007:21.

总体来看,旅游产业与区域经济的关联程度是影响旅游产业经济效应的一个重要因素。旅游产业与区域整体经济关联越紧密,意味着旅游产业与区域经济中其他产业部门的经济交往越密切,旅游收入参与到国民收入分配过程中以后,对整个经济系统所产生的影响就越深入和广泛。

---

① 王丁玲.九华山风景区旅游经济影响研究[D]:[硕士学位论文].芜湖:安徽师范大学,2007:18-19.

② 周振华.现代经济增长中的结构效应[M].上海:上海三联书店出版社,1991.

③ 陈宁.辽宁省旅游经济效应分析及对策研究[D]:[硕士学位论文].大连:东北财经大学,2007:13-14.

二、旅游产业的区域经济效应

旅游产业是区域经济发展中的重要组成部分，从理论上来说，其对区域经济的发展的影响体现为积极效应和消极效应两个方面，但在实践上，人们常常较为看重积极方面，而忽略消极方面，以为旅游产业的发展寻找最初的动因和前提基础。因此，本文也重点分析和探讨旅游产业对区域经济发展的积极效应。归纳起来，旅游产业的区域经济效应主要包括乘数效应、波及效应和就业效应。

（一）旅游产业的区域乘数效应

如前文所述，英国旅游经济学家阿切尔（Archer）根据凯恩斯的投资乘数理论，提出了旅游乘数理论。该理论认为，旅游目的地的旅游行业向来访的旅游者提供各种旅游产品，为旅游目的地带来的直接经济收入导致了旅游目的地经济总收入的增加。旅游产业的收入通过初次分配和再分配，其用于生产性投资和生活消费的数量会随着每次分配而增加，最终产生乘数效应而使经济收入总量增长。世界旅游理事会（WTTC）公布的世界旅游收入与总产出的增值关系的资料表明，全世界旅游乘数效应为 2.5 倍。据此计算，我国 2016 年国际旅游（外汇）收入是 1 200 亿美元，其创造的国民收入增量应为 1 200×2.5＝3 000 亿美元。按照美国经济学家克鲁格的研究结论，旅游出口上升 1%，GDP 的增长率就可以提高 0.11%。2016 年中国的国际旅游（创汇）收入比上年增长 5.6%，则 2016 年的海外旅游者的消费大约可以带动 GDP 上升 0.6 个百分点。

旅游活动表现为一种最终需求和消费现象，为满足旅游消费，必然有相应的产业供给活动与之对应。乘数反映了最终需求变化的初始效应（最终产品）与该变化的总体效应（社会总产品）之间的关系，总效应包括了直接效应、间接效应和引致效应[①]。旅游者从常住地到达旅游目的地后，为了使旅游活动能够顺利完成，从而获得最大程度的身心满足，将向旅游目的地的旅游企业和部门购买一定数量的住宿、餐饮、游览、旅行、娱乐等旅游服务产品。其购买行为导致了旅游消费支出的产生，这些支出是旅游在旅游目的地产生的直接经济效应。

然而，这些收入不能构成接待地旅游的净收入。原因在于，旅游企业和部门出

---

① 黎洁，连传鹏.基于投入产出表和社会核算矩阵的 2002 年江苏旅游乘数比较研究［J］.旅游学刊，2009(3)：30-35.

于未来发展的需要，必须将他们的一部分收入用于采购材料、补充耗费以及维修相关设备，另外还要缴纳税金和支付工资。因此，旅游企业的直接收入就会通过这些渠道再次流转，旅游企业从旅游者那里得到的直接收入将会支付给其他行业的企业或部门。而旅游企业其他部门随着自身收入的增长也会扩大供给，从而购买更多的材料和人力资源，形成收入的循环流转，这些都扩大了旅游消费在旅游目的地经济中产生的间接经济效应。同时，当地居民因旅游者在旅游目的地的消费活动增加了收入。他们将部分收入用于购买当地生产和提供的商品和服务，从而为当地的相关企业和部门提供了新增加的收入，进一步刺激了当地市场的需求和当地企业的营业额，并且导致旅游目的地的收入进一步提高和就业的增加，这就是旅游产业的引致效应①。

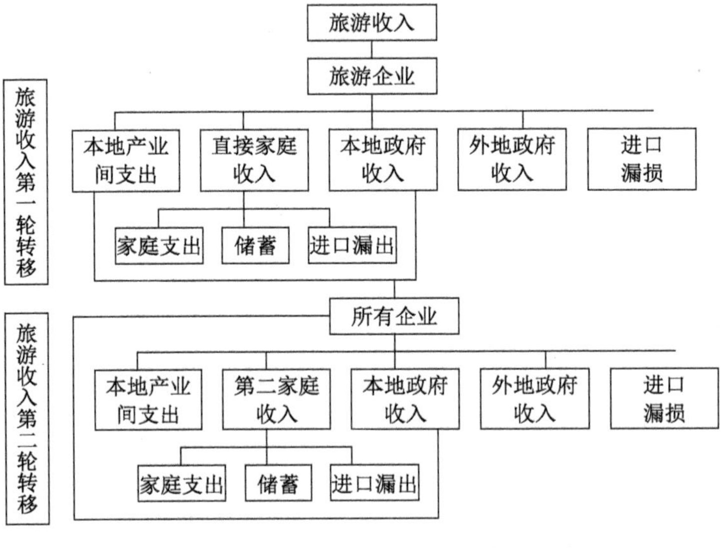

图 3-6 旅游收入在旅游地经济中的流动

资料来源：张骁鸣，保继刚.旅游区域经济影响评价研究述评[J].桂林旅游高等专科学校学报，2004(2)：38-45.

这里以厦门市为例来说明旅游产业的区域乘数效应和经济贡献。从旅游产业对厦门市 GDP 的贡献率来看，2012 年到 2016 年都超过了 30%，其中 2012 年、2015

① 吴伯磊.旅游经济效应的理论与实证研究[D]：[硕士学位论文].北京：中国社会科学院研究生院，2008：9-11.

年贡献率都有显著提升,总体来看,2010—2016 年平均贡献率达到 34.09%,保持了一个较高水平。从总体趋势来看,2010—2015 年一直保持增长,到 2016 年略微下降,但仍保持了 42.7%的贡献率。

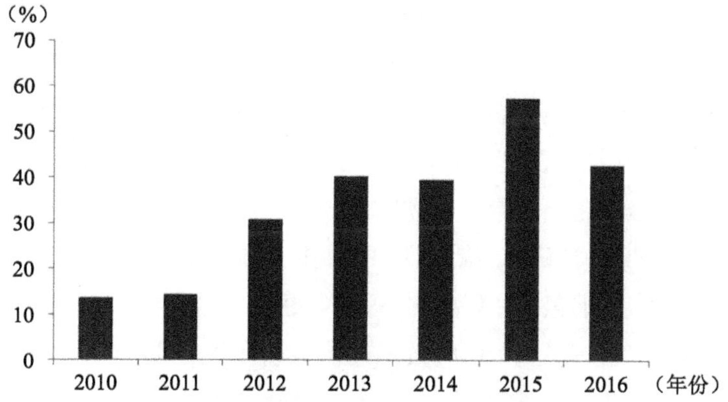

图 3-7 厦门市旅游产业对经济增长贡献率

资料来源:根据厦门市 2010—2016 年统计公报计算得出

(二)旅游产业的区域波及效应

按照产业经济学理论,当运行中的产业经济的某一方面发生变化时,必然会因为各产业的相互作用关系传导到其他方面乃至整个区域经济体系,没有一种变化是孤立地发生的,这就是所谓的产业波及效应。旅游产业是以旅行社、旅游饭店、旅游景区、旅游车船公司和旅游商贸公司为基础,并与交通运输业、工业、农业及金融保险业等相联系的范围十分宽泛的产业。作为最终需求性产业和下游产业,旅游产业是其他产业产品的消费市场。由于旅游产业与其他产业的高关联性和高相关度,旅游产业的发展会带动其他相关产业的发展,尤其对上游产业的发展产生较大影响,推动区域经济结构的调整与优化。

总体上来说,旅游产业对区域经济的影响主要有 3 条波及线路[①]:一是逆向波及线路,即旅游业的发展沿着旅游业→生产旅游业中间产品的先行产业→先行产业的先行产业的线路,向先行产业发生逆向波及。据测算,旅游业每增加 100 单位产品的产出,就会拉动其先行产业部门增产 74 单位的中间产品。二是顺向波及线

① 李剑.旅游对客源地、目的地经济影响探析[J].当代经理人,2005(15):12-13.

路,即旅游业的发展会沿着旅游业→以旅游服务为中间产品的后续产业→后续产业的后续产业的线路,向后续产业产生顺向波及。据测算,旅游服务产品的17%被其后续产业用作中间产品。三是间接波及路线,即旅游业的发展会沿着旅游业→与旅游业具有消费互补性的产业→这些互补产业的先行产业和后续产业→这些先行产业和后续产业的直接相关和间接相关产业的线路,向具有消费互补性产业产生间接波及。因旅游业由食、住、行、游、购、娱六要素组成,故旅游业的变化会波及与旅游业具有消费互补性的产业,如交通通信业、文娱业、饮食业、旅馆业、商业等行业,从而对整个区域经济发展产生波及效应。

Telfer和Wall(2000)认为,旅游目的地要扩大旅游发展所带来的经济效益,就应该加强旅游业的后向经济联系,如在酒店中更多地出售当地食品,以刺激地方农业和食品加工业的发展等。他们从微观经济分析角度证明,至少在地方餐饮这一环节上,只要加强了后向经济联系,乘数效应就可以被放大,而漏损也可以减少,从而能够增加游客消费对地方经济所带来的间接影响和诱发影响(图3-8)。①

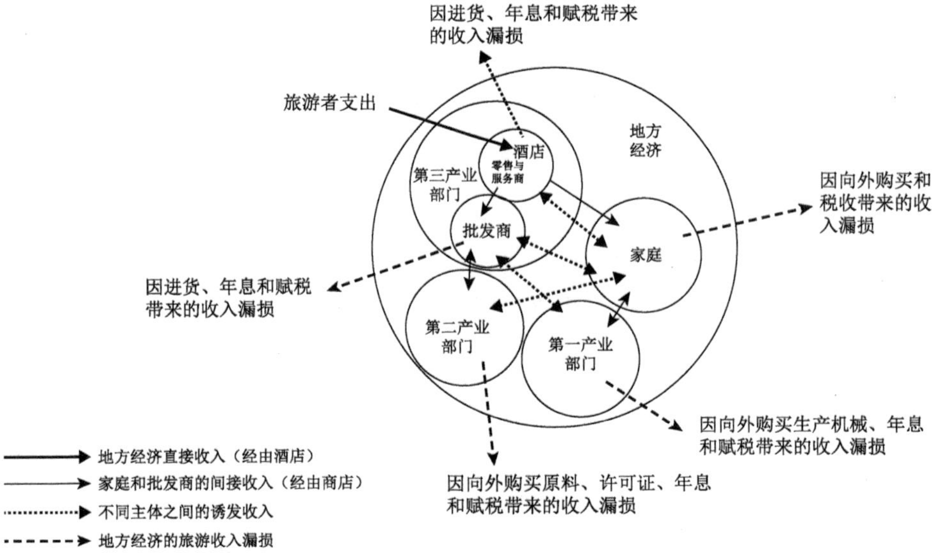

图3-8 旅游者支出对区域的经济影响

资料来源:张骁鸣,保继刚.旅游区域经济影响评价研究述评[J].桂林旅游高等专科学校学报,2004(2):38-45.

① Telfer, D. J. and G . W all. Strengthening backward economic linkages: local food purchasing by three Indonesian hotels[J]. Tourism Geogra-phies,2000,2(4):421-447.

这里，试用中间投入率分析旅游产业对其他产业的波及效应。中间投入率是各产业部门的中间投入和总投入之比，反映了该产业的生产要素来源的分布，即各产业在自己的生产活动中为生产单位产出的产品需要从其他产业购进的原料在其总投入中所占的比重①。根据投入产出恒等式：总投入=中间投入+折旧+净产值+总产值，中间投入率=中间投入/总投入量。由于产品附加值率+中间投入率=1，因此，某产业的中间投入率越高，其产品附加值率就会越低；反之则越高。以广东省为例，通过计算（表3-1），可得广东省旅游产业的中间投入率较高，需要从其他产业中获得的中间投入较大，对其他供应产业的发展起到从前面拉动作用，与其他产业的后向关联度较高（表3-1）。广东旅游产业的中间需求率小，而中间投入率高，说明该产业在生产过程中需要其他产业提供产品的数量较大。由此可见，广东省旅游产业属于最终需求型产业，与上游产业有着较强的产业关联性②。

表3-1 广东省各产业的中间投入系数

部门	中间投入系数	部门	中间投入系数
农业	0.418	房地产	0.269
采掘业	0.422	金融保险业	0.361
工业	0.738	租赁商务服务	0.609
电力煤气及水供应	0.511	旅游业	0.658
建筑业	0.766	技术社会服务	0.509
交通运输、仓储业	0.516	科学教育	0.403
邮政通信	0.600	卫生社会福利	0.501
信息、软件	0.439	文化体育娱乐	0.534
批发、零售	0.459	公共管理社会组织	0.492
住宿、餐饮	0.595		

资料来源：广东省投入产出表，转引自：陶志英.广东旅游经济对经济发展的效应研究[D]：[硕士学位论文].广州：暨南大学，2007：32-33.

① 唐留雄.现代旅游产业经济学[M].广州：广东旅游出版社，2001：100.

② 陶志英.广东旅游经济对经济发展的效应研究[D]：[硕士学位论文].广州：暨南大学，2007：32-33.

（三）旅游产业的就业拉动效应

旅游产业是为游客提供直接劳动服务的劳动密集型行业。旅游产业的从业门槛相对较低，这就为各层次的人才就业提供了广阔的空间。同时，旅游产业是以游客的流动和消费为基础的综合性产业，与其他产业具有较强的关联性。旅游产业的良性发展将带动大批相关产业的发展，也会为社会提供更多的就业机会。旅游产业产生的就业机会可以分为以下两种①：一种是直接的就业机会，它是由旅游者的直接消费产生的，包括各类旅游企业中的就业人数，如景区、商店和酒吧的工作人数等；另一种是间接的就业机会，它是由于旅游业发展而引起的其他相关行业的发展而产生的就业机会，如旅游业的发展为航空业、城市交通运输业及食品加工业等带来的就业岗位。根据加拿大学者 S.史密斯的系统模型理论，旅游业收入每增加 3 万美元，就将增加 1 个直接就业机会和 2.5 个间接就业机会。世界旅游组织研究报告也指出，旅游业每增加 1 个从业人员，相关行业就增加 5 个就业机会。自 1996 年开始，旅游业已经成为世界上提供就业岗位最多的产业。

国内学者张晨(2004)建立了旅游产业带动区域就业的理论模型，他假设某地区旅游业发展迅速，为当地提供了大量的就业机会，使当地就业人数大大增加②。如图 3-9 所示，初始状态下，某地区劳动的需求曲线 AB 与供给曲线 L_1L_1' 相交于 E_1 点，决定的均衡工资为 OW_1；由于旅游业的带动，该地区就业机会、就业岗位增加，大大提高了当地劳动供给量，即在过去原就业职工量的基础上增加了许多新的就业职工，使劳动力的供给曲线由 L_1L_1' 移到 L_2L_2'，从而均衡工资由 OW_1 降到 OW_2。

在旅游业尚未启动、劳动供给量尚未提高之前，均衡劳动使用量为 OL_1，该地区总产值为这 OL_1 个工人边际产出之和，即图中面积 OAE_1L_1 所代表的数额。由于工资总额为 $OW_1E_1L_1$，故该地区资本所有者得到面积为 W_1AE_1($OAE_1L_1-OW_1E_1L_1$)量的收入。该地劳动供给量提高之后，均衡劳动使用量为 OL_2，地区总产值为这 OL_2 个工人边际产出之和，即图中面积 OAE_2L_2 所代表的数额。此时工资总额为 $OW_2E_2L_2$，该地区资本所有者将得到面积为 W_2AE_2 量的收入。与旅游业尚未启动、劳动供给量尚未提高之前的 W_1AE_1 量相比，增加了 $W_2W_1E_1E_2$ 量的收入。该地区原就业职工损失了 $W_1W_2CE_1$ 量的收入，而资本所有者增加了 $W_2W_1E_1E_2$ 量的收入，

① 陈宁.辽宁省旅游经济效应分析及对策研究[D]:[硕士学位论文].大连:东北财经大学,2007:11-12.

② 张晨.体育旅游对地区经济的带动作用[J].经济论坛,2004(11):43-44.

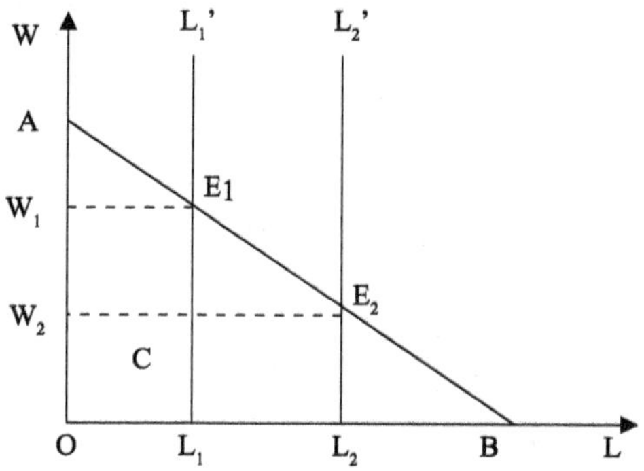

图 3-9　旅游产业发展的就业效应

资料来源：张晨.体育旅游对地区经济的带动作用[J].经济论坛，2004(11)：43-44.

显然 $W_2W_1E_1E_2 > W_1W_2CE_1$，即资本所有者的资本总收入的增加量超过了该地区原就业职工工资额的损失量，其差额为 CE_1E_2。因此，我们可以得出这样的结论，旅游产业的兴旺，使旅游地区劳动就业量提高，增加了旅游地区的经济收益，推动了当地经济的发展，因此说对该地区整体发展是十分有利的①。

世界旅游理事会(WTTC)与牛津经济研究院共同发布的2017年度经济影响报告显示，旅游业在2016年增长了3.3%，并连续6年引领世界经济。旅游产业在2016年共创造2.92亿个就业岗位，占全球所有就业岗位的1/10。也就是说，全球每10个就业岗位中就有1个是由旅游业创造的。报告预计，未来10年，旅游业将以平均每年3.9%的速度增长。到2027年旅游业将占世界GDP的11%以上，总共雇佣3.8亿名员工，有1/4的就业岗位将由旅游业提供②。可见，旅游产业在拉动就业方面的效应将随着经济社会的发展和自身产业规模的扩大越来越显著。

第三节　旅游产业的生态环境效应

一、旅游产业对生态环境的影响机制

旅游产业发展与旅游地生态环境系统是一对矛盾的统一体，二者相互联系、相

① 张晨.体育旅游对地区经济的带动作用[J].经济论坛，2004(11)：43-44.

② http://www.dyhjw.com/gold/20170407-51443.html.

互制约。因此,对于旅游产业影响生态环境机制模式的分析以及对旅游产业产生的生态环境问题的解释是研究和认识旅游产业区域生态环境效应的重要前提和基础。

(一)旅游产业对生态环境影响的机制模式

从旅游产业对旅游地生态环境影响机制构成上看,包括影响方式(作用方式)和影响途径(作用途径)。旅游产业对旅游地生态环境的影响方式主要是通过旅游活动的践踏、旅游工程建设、植物采摘与折损、废弃污染物排放、游客的喧闹、旅游风味餐饮和特色旅游商品的制作等对旅游地生态环境因子(包括地貌、土壤、植被、水体、大气和动物等)产生干扰和胁迫作用①。

旅游产业对旅游地生态环境的影响途径是通过以上影响方式致使旅游地地貌破坏、水土流失、土壤板结、植物损伤、水体富营养化、大气质量下降等。基于以上方式和途径最终促使旅游地生态环境退化,进而使旅游地整体生态环境系统受到破坏。

从旅游产业对生态环境影响的整体角度出发,旅游生产和旅游活动对旅游地生态环境系统中的每一因子的影响机制都是一个复杂的过程,并且对于每个因子的影响机制均具有一定的关联性,由此形成旅游产业影响旅游地生态环境的系统体系。旅游产业对旅游地生态环境影响的机制模式见图 3-10。

(二)旅游生态环境问题的经济学解释

关于旅游产业发展对生态环境产生影响的原因,我们从旅游地生态环境的基本属性和旅游产业的本质两个方面入手进行分析。

一般认为,旅游地的生态环境具有公共物品属性,其消费上的无排他性及供给上的非竞争性,易产生搭便车现象。使用却不付费,这正说明了旅游地生态环境本身特有的外部效应性。对于理性的经济人来说,既然不付出成本却能得到收益,则必然导致人们对生态环境物品的过度使用,最终会超过社会允许的合理程度,环境污染便应运而生②。

而从旅游产业本质上看,旅游产业是一项以市场为导向、以获得经济效益为目的的产业。在发展旅游业的过程中,经营商常常过分追求经济效益而忽视对生态

① 吕君,刘丽梅.草原旅游发展的生态环境影响研究[J].干旱区资源与环境,2005(3):110-114.

② 孙春燕,陈耀辉.环境污染的经济学分析[J].荆州师范专科学校学报,1998(4):30-32.

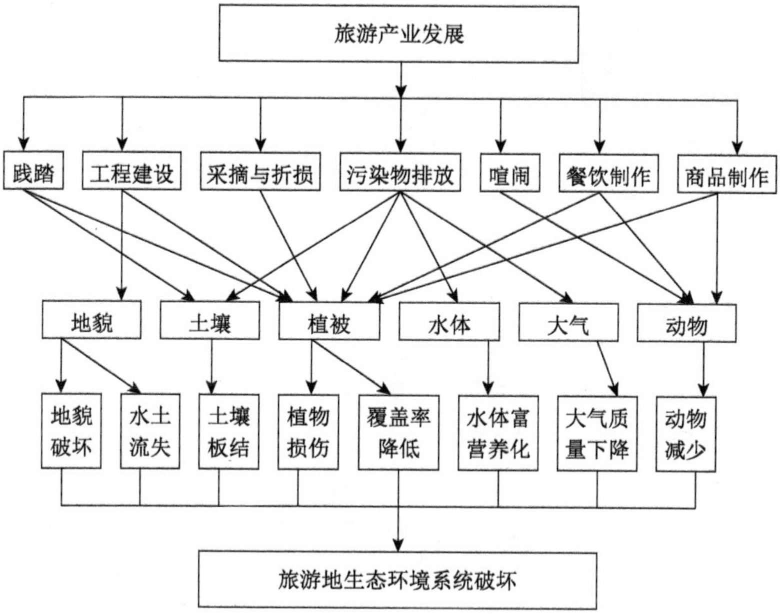

图 3-10　旅游产业发展对生态环境影响机制模式

资料来源：吕君，刘丽梅.草原旅游发展的生态环境影响研究[J].干旱区资源与环境，2005(3)：110-114.经作者改绘

环境的保护使旅游景区所面临的环境问题越来越突出，一旦超过旅游区生态环境容量阈值线，并且又不辅以人工治理，则旅游区生态系统会遭到不可恢复的破坏①。同时，旅游产业的发展必将使得旅游者人数增加，环境容量扩大，从而对环境产生负影响，即随着旅游者人数的增大，环境效益 $Y_E=f(C_E)$ 逐渐减少。当旅游者人数较少时，对环境的负影响较小，$f(C_E)$ 下降的速度较慢；当旅游者人数增大时，对环境的负影响也随之逐渐增大，$f(C_E)$ 下降的速度将逐渐加快，环境衰退愈来愈明显；当旅游者人数的增长超过环境承载力时，旅游生态环境严重衰退，$f(C_E)$ 急剧下降（图 3-11）②。

由此可见，旅游产业的经济本质和旅游地生态环境的外部效应性决定了旅游产业对生态环境的破坏。进一步分析发现，旅游产业发展过程中生态环境问题的产生与旅游经营商的经济利益具有密切关联。作为旅游经营商，开发旅游的目的

① 吴志才.旅游生态环境问题的经济学分析和对策初探[J].经济地理，2005(3)：411-413.

② 李春茂，周新年，高瑞加.生态旅游环境效应研究[J].福建林业科技，2000(4)：38-41.

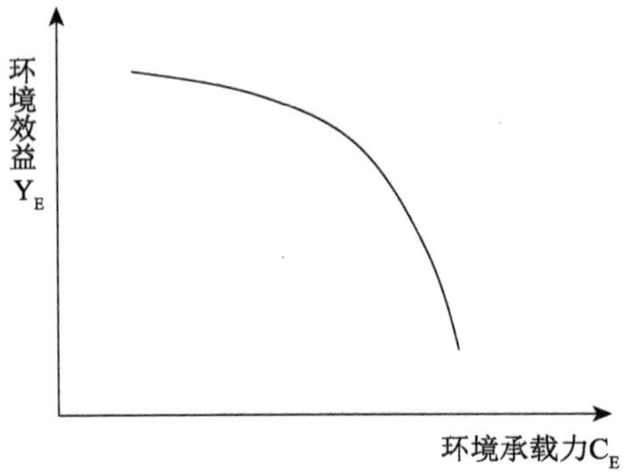

图 3-11　环境承载力对环境效益的负效应

资料来源：李春茂，周新年，高瑞加.生态旅游环境效应研究[J].福建林业科技，2000(4)：38-41.

就是追求效益最大而成本最少，从而获取更多的利润，而游客越多其所获得的经济效益越大。由于旅游地的生态环境属于公共物品的范畴，私人对其的损耗和破坏带来的后果皆由社会分担，因而会刺激个别利益主体过度利用，以谋求自身利益的最大化。事实证明，由于环境损害造成的社会成本要大于私人成本，经营商一般不会主动选择对旅游区污染进行治理。因为，污染物的治理要花费人力、物力从而增加私人成本。也就是说，旅游经营者在开发过程中以破坏资源环境为代价来换取高额的经济利润，但却缺乏生态环境保护的内在驱动力。于是，旅游经营商将污染物直接排入环境系统中，即将污染治理所需的成本转嫁给社会，造成旅游生态环境污染的不断恶化，这种生态环境损害行为具有很强的负外部性①。

关于旅游产业发展对生态环境产生影响的成因，吴志才（2005）建立了反映旅游产业发展过程中生态环境社会损失产生的理论模型。如图 3-12 所示，Sp 表示边际私人成本曲线，Ss 表示边际社会成本曲线，DD_1为需求曲线。最佳点是需求曲线 DD_1与社会边际曲线 Ss 的交点 E，反映了最佳旅游环境容量为 Q_S，资源价格为 P_S。而在旅游市场运作中，由于实际对旅游景区进行管理的是旅游经营商，因此为了获取最大利润，即吸引更多的顾客，他们会将资源价格下调为 P_P，让游客认为划算而使旅游人数增加到 Q_P②。实际上，这时的旅游活动对社会来说造成了外部不经济。因为当价格为 P_S时，产生的社会总收益是 D_1OQ_SE；若价格为 P_P时，虽然私

① 吴志才，彭华.旅游生态环境容量的经济学探讨[J].云南地理环境研究，2003(1)：69-74.

② 徐期勇，葛姣菊，李后强.旅游环境问题的经济学透视[J].重庆环境科学，2000(5)：15-17.

人总收益为 $D_1OQ_PE_1$，较 P_S时增加了 $Q_SEE_1Q_P$，但其成本却增加了 AEQ_SQ_P，因此引起环境不公平，并对社会造成了 E_1AE 的社会损失。因此，从社会资源有效配置的角度来看，效率降低，即给社会带来了外部不经济性①。

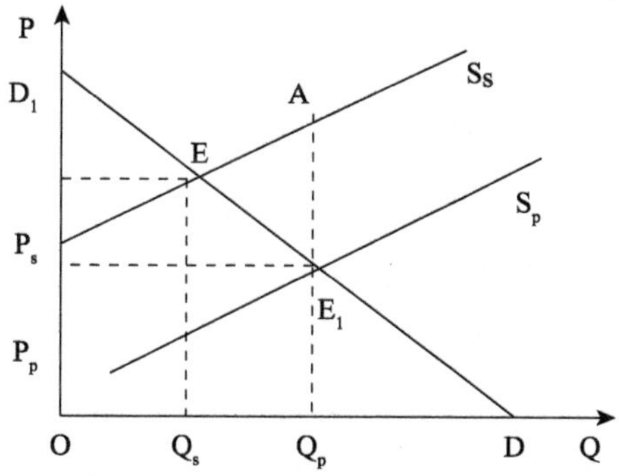

图 3-12　生态环境成本与社会费用模型

资料来源：吴志才.旅游生态环境问题的经济学分析和对策初探[J].经济地理，2005(3)：411-413.

上述分析表明，由于外部性影响，市场机制并不能使生态环境质量在旅游产业发展过程中得到充分的保障而出现“市场失灵”，这是旅游产业发展过程中生态环境问题产生的经济根源。由于私人成本对社会成本的偏离，私人的最优经济活动水平也必然偏离社会的最优状态，其现实表现就是旅游产业发展过程中生态环境污染产品生产过多导致生态环境遭到破坏。

二、旅游产业的区域生态环境效应

旅游产业的发展既对旅游地生态环境具有破坏作用，也对旅游地生态环境保护和建设具有一定的促进作用。因此，分析旅游产业对区域生态环境的影响应从正效应和负效应两个方面进行。其中，正效应包括联动效应和支撑效应，负效应包括干扰效应和胁迫效应。

（一）旅游开发对生态环境的联动效应

旅游产业的发展对区域生态环境具有联动效应，通过开发和开展旅游，将促进某些具有一定的科研价值和旅游价值的自然原生地区的保护。如果没有开展旅游

① 吴志才.旅游生态环境问题的经济学分析和对策初探[J].经济地理，2005(3)：411-413.

产业,这些自然原生地区有可能被开发用作他途而导致环境退化①。旅游产业的发展对于那些资源有限、通过保护自然原生地区获取经济利益的国家或地区,其重要作用更是不可替代的。在东部非洲的坦桑尼亚,其旅游业每年为国家带来了大量的外汇收入,并提供了众多就业机会,而旅游收入几乎全部来自观赏野生动物。坦桑尼亚政府充分认识到旅游收入来源主要依靠野生动物资源,对保护野生动物制定了一系列有效措施,在全国建有10个国家动物公园、11个野生动物保护区、40个“控制区”,为野生动物的栖息繁衍创造了良好条件②。

总的来看,随着旅游业的兴起,自然环境和其动植物群体在很多方面正以它们自身的优势展现出作为旅游资源的巨大经济价值。与旅游产业相关的收益和就业状况,已经直接与政府对保护区的政策相联系③。具体来说,旅游开发能促使当地政府采取有效措施为游客创造一个清洁的生态环境,包括保护本地区优美洁净的自然风光和珍稀动植物资源;控制大气、水及噪声污染;设计出符合生态环境美学原则的建筑景观;大力发展城市绿化建设,改进地区景观,增建公园;加强城市污染的清理,以及排污、回收设施的建设等,旨在通过一系列措施的制定实施来促进旅游地生态环境的改善和保护④。在旅游产业可持续发展的理论指导下,我国的武夷山风景旅游区关闭了污染水源、混浊空气的造纸厂,拆迁了与旅游区自然环境不协调的武夷大酒店,并制定了其他改善环境质量的相关措施,有效地促进了区域生态环境的保护及其功能优化⑤。

(二)旅游产业对生态环境的支撑效应

旅游产业的发展对生态环境的支撑作用主要体现在两个方面:为旅游地生态环境保护提供经济支撑和意识支撑。

单从旅游产业的经济效益看,旅游特别是生态旅游是一种低投入、高产出的行业,它能给旅游区带来较高的经济效益和丰富的资金积累,而这些资金中的一部分就可作为旅游区保护和改善生态环境所需资金的主要来源。将旅游收入中一定比例的资金反馈到保护环境中,并使当地居民通过旅游业的发展改善生活,从而认识

---

① 李春茂,周新年,高瑞加.生态旅游环境效应研究[J].福建林业科技,2000(4):38-41.
② 韩杰.现代世界旅游地理学[M].青岛:青岛出版社,1997:300-303.
③ 王军.试论生态旅游对环境产生的效益与成本[J].企业经济,2006(6):85-87.
④ 张海鹰,高玉芝.论旅游开发对区域生态环境的影响[J].高师理科学刊,2003(1):60-62.
⑤ 李春茂,周新年,高瑞加.生态旅游环境效应研究[J].福建林业科技,2000(4):38-41.

到维护良好生态环境的重要性，提高自觉保护环境的意识，这种以旅游养生态的做法是旅游产业发展的重要的内涵之一①。

旅游开发有助于增加对自然景观、野生动植物、历史遗迹以及建筑的保护费用。由于生态旅游区多数是保护区，其资金由政府提供资助，普遍存在经费不足的问题。因此，生态旅游带来的门票收入或其他园内设施的收入是维持和扩展保护区管理的重要经费来源，有些国家的部分保护区甚至绝对依赖于此，如加拿大国家公园②。由此可见，旅游业的发展、经济和社会效益的提高会为改善生态环境积累资金，提高生态环境建设和保护的力度，为区域环境的改善注入新动力，进而促进旅游与生态环境保护的协调发展。

另一方面，旅游产业对生态环境的支撑作用还体现在促进居民的生态环境保护意识上。旅游业的发展使人们普遍认识到这些自然资源会带来很高的经济效益，优越的区域环境质量已成为强大的旅游吸引力。因此，为了发展旅游业，人们比以往更注意生态环境和改善环境质量③，使环境保护意识在旅游者和当地居民中得以树立并日益强化。旅游可以通过让当地居民，尤其是年轻一代看到游客们对环境保护的浓厚兴趣，从而提高环保意识，转变当地居民的不合理资源利用方式，激发其保护生态环境的积极性，从而促进旅游区生态环境的优化④。在生态旅游开展较为成功的区域人们对国家公园、保护区的支持率在逐渐增加，对偷猎、毁林及其他破坏生态环境行为的反对力度在日益加大。

以云南省迪庆州为例，随着生态旅游在迪庆州首府中甸县的开展，使当地的藏族居民对自然环境的保护意识由从前的不感兴趣、不关心发生转变，意识到正是那些在他们眼中平凡无奇的自然环境景观会引来大批游客，并为其带来不曾有过的巨大经济收益。如此一来，保护自然生态环境就成为一种自觉意识，从而为旅游区生态环境的保护提供了支撑⑤（表 3-2）。

---

① 张海鹰，高玉芝.论旅游开发对区域生态环境的影响[J].高师理科学刊，2003(1)：60-62.

② 王军.试论生态旅游对环境产生的效益与成本[J].企业经济，2006(6)：85-87.

③ 张海鹰，高玉芝.论旅游开发对区域生态环境的影响[J].高师理科学刊，2003(1)：60-62.

④ 李志飞，牛海卫.旅游开发在区域社会经济发展中的联动效应及开发模式研究[J].科技进步与对策，2001(2)：52-53.

⑤ 李春茂，周新年，高瑞加.生态旅游环境效应研究[J].福建林业科技，2000(4)：38-41.

表 3-2　旅游产业对生态环境的正效应

联动效应	支撑效应
1.保护旅游地优美洁净的自然风光和珍稀动植物资源,控制大气、水及噪声污染等措施,促进对生态环境的保护	1.为旅游区自然生态环境保护提供资金、经费支撑
2.通过改进地区景观,扩大绿化,增建公园,促进已被破坏的环境的修复	2.旅游产业发展促使民众生态环境保护意识的增强,进而为生态环境保护提供支撑

资料来源:李春茂,周新年,高瑞加.生态旅游环境效应研究[J].福建林业科技,2000(4):38-41.

(三)旅游建设对生态环境的干扰效应

旅游产业的发展必然要求在旅游地进行各类建设,主要包括旅游基础设施(道路、旅游线路、水、电、通信设施等)和旅游服务设施(如观景设施、休息设施、住宿餐饮设施等)的建设,从而为旅游交通运输和旅游商业服务、游憩服务等提供支撑条件。但是旅游设施建设会促使旅游地生态环境格局以及生态环境系统发生改变,进而对旅游地生态环境产生干扰或破坏,造成旅游产业开发与生态景观环境的不协调。旅游设施建设对生态环境的干扰作用主要包括对植被、大气环境、水环境、土壤、动物活动等产生影响(表 3-3)。

随着旅游资源的开发,保护区内大型工程设施建设占用了大量土地,切断了地表原生界面,改变了水分运输方向,损毁了原生植被,必然会带来环境破坏。如现在到长白山天池是车辆直接开到天池脚下,车辆流量较大,生态破坏问题已经显现。旅游设施建设对旅游区大气环境质量的影响主要体现在车船等排放的尾气、废气和旅游服务设施排气等方面,宾馆饭店对大气的污染物主要是燃烧煤、煤气和液化气产生的各类有毒气体和烟尘等,对旅游地大气质量影响大①;旅游区内宾馆、饭店、商场、茶社排放的废水、废物等也会污染水环境,特别是水上游乐活动对水体的污染更是极为严重。据我国人与生物圈委员会的调查资料显示,在已开展了生态旅游的自然保护区中,44%的存在垃圾公害,12%的出现水污染,11%的有噪声污染,3%的有空气污染②。

---

① 李玉文,王新鹏.生态旅游对环境的影响及控制对策[J].东北林业大学学报,2007(6):63-65.

② 桑景拴.生态旅游的负面影响及应对措施浅析[J].中南林业调查规划,2005(3).

旅游基础设施和景点建设中常见的遇山开路、遇水搭桥、就地采石等现象，破坏了生态环境景观的完整性，导致地表水土流失和侵蚀。如旅游道路等设施会加剧山体滑坡、泥石流等灾害频发，地下溶洞等旅游景点开发也有可能导致山体崩塌①。在欧洲的阿尔卑斯地区，大量的冬季体育设施的兴建已成为发生泥石流、雪崩的重大隐患。1987 年 6 月，奥地利北部蒂罗尔地区发生的泥石流在 3 个星期内造成 60 人死亡、7 000 人无家可归，以及 50 个城镇、村庄、度假中心被毁。事故调查结果发现正是由于不合理地兴建旅游设施和环境退化造成了这次灾难②。

同时，旅游基础设施、服务设施、景点建设碎化了动物的生存环境。施工噪声和旅游交通工具噪声使动物受惊吓或改变生活地点，造成景区动物急剧减少。如在四川卧龙自然保护区内，从木江坪到巴郎山向阳坪的区内公路沿线，既是保护试验区的中心轴线，也是保护区与外界联系的过境线。由于这一过境公路从保护区的中心地带穿过，把封闭性很强的保护区分割成了两部分，横隔了各种动物类群间基因的正常交流③。

表 3-3 旅游设施建设对生态环境的干扰效应

干扰因子	主要干扰表现
对植被的影响	切断了地表原生界面，改变了水分运输方向，损毁了原生植被
对大气环境的影响	主要体现在车船等排放的尾气、废气和旅游服务设施排气等方面，宾馆饭店对大气的污染物主要是燃烧煤、煤气和液化气产生的各类有毒气体和烟尘等，对旅游地大气质量影响大
对水环境的影响	旅游区内宾馆、饭店、商场、茶社排放的废水、废物等也会污染水环境，特别是水上游乐活动对水体的污染更为严重
对土壤的影响	破坏了生态环境景观的完整性，导致地表水土流失和侵蚀。如旅游道路等设施会加剧山体滑坡、泥石流等灾害频发
对动物的影响	旅游基础设施、服务设施、景点建设碎化了动物的生境。施工噪声和旅游交通工具噪声惊扰了动物生活，使动物受惊吓或改变生活地点，造成景区动物急剧减少

① 李霞，莫创荣，黄鹄.靖西县旅游开发的生态环境保护探讨[J].广西师范学院学报(自然科学版)，2004(3)：55-59.

② Edw ard Inskeep.Tourism Planning[M].New York：Publicby Van Nostr and Reinhold，1995：342-347.

③ 黄顺红，朱创业.卧龙自然保护区旅游开发对生态环境的影响及其保护[J].西南民族大学学报(人文社科版)，2004 (7)：140-142.

（四）旅游活动对生态环境的胁迫效应

随着旅游活动的开展，进入旅游区的游客和相关服务人员不断增多，必然对旅游地的生态环境产生一定的压力和威胁，即旅游活动的开展将对生态环境的建设产生胁迫效应。在一定时间，一定生态旅游区的游客数量过多，必然会造成环境污染和破坏，促使环境迅速恶化。旅游活动对旅游地生态环境的胁迫效应主要包括对植被、土壤、动物等方面的影响和废弃物污染等（表 3-4）。

表 3-4　旅游活动对生态环境的胁迫效应

影响类别	主要胁迫表现
对植被的影响	践踏影响群落种类组成，降低原有种群的多度和活力。践踏植被，使一些地面裸露荒芜，土地板结，影响树木生长，降低植被生长量和覆盖面积
对土壤的影响	践踏使土壤裸露，土壤板结程度增加，水分渗透能力降低；另外，游客扔掉的废弃物使土壤结构发生变化，从而使土壤生物活动减少
对动物的影响	游客进入生态旅游区旅游，必然会有观赏、拍摄、饮食、便溺等，游客发出声、光等的无序行动，侵犯了野生动物的生存空间，会使野生动物内分泌紊乱，外在压力增大，免疫力、繁殖力等生命力衰退
废弃物污染	旅游者随意丢弃食品包装纸、塑料袋、果皮等，会造成大量固体废弃物污染，影响旅游区景观和环境卫生，严重污染环境，各种污染物产出剧增，环境污染源增加，超过生态环境承受能力，使景区大气质量、水体质量及土壤质量急剧下降

旅游开发后，游客人数逐年增加，旅游者的行为对保护区生态系统的影响主要表现为践踏、采摘、用火及旅游垃圾堆放等的干扰和胁迫作用。践踏影响群落种类组成，降低原有种群的多度和活力，如在保护区内过分践踏草地致使野草死亡。旅游者蜂拥而至，践踏植被，使一些地面裸露荒芜，降低植被生长量和覆盖面积。如四川卧龙保护区进行旅游开发后，对生态环境的践踏等现象最为突出。目前的 3 条主要旅游线路，均存在有游客践踏植被的痕迹，旅游线路上土壤裸露，原有植被消失，土壤板结程度增加，水分渗透力降低，增加了地面径流的机会，雨水冲刷后常

形成水土流失①。

旅游活动的开展将引起土壤性质的变化。旅游活动对土壤影响的主要途径是践踏和废弃物抛弃。游客扔掉的难降解的废弃物等,易使土壤结构发生变化,从而使土壤生物活动减少,特别是喝过的饮料汁溅洒到土壤里使局部土壤的酸碱度发生变化。这些影响会造成土壤理化性质的改变,并引起植被和景观的变化,进而对旅游地生态环境系统的平衡产生不利影响(图 3-13)②。

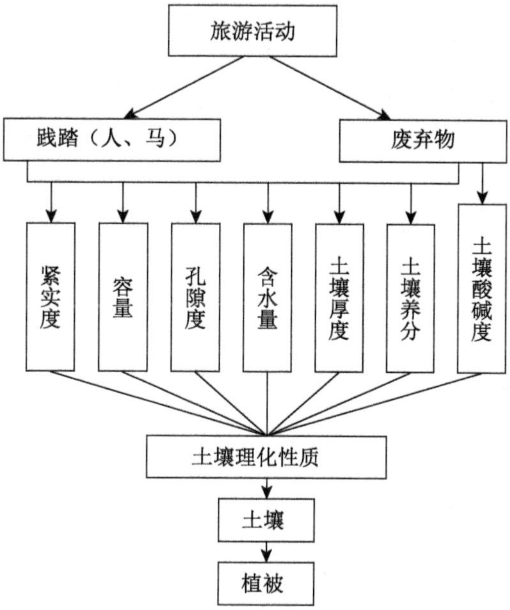

图 3-13　旅游活动对土壤-植被性质的影响

资料来源:王金亮,王平,鲁芬.碧塔海景区旅游活动对湿地生态环境影响研究[J].地理科学进展,2004(5):101-108.

旅游者过度地利用脆弱的自然环境会对旅游区内的动物产生重要影响。游客进入生态旅游区旅游发出声、光等的无序行动,侵犯了野生动物的生存空间,会使野生动物内分泌紊乱,外在压力增大,免疫力、繁殖力等生命力衰退,如旅游者随意

① 黄顺红,朱创业.卧龙自然保护区旅游开发对生态环境的影响及其保护[J].西南民族大学学报(人文社科版),2004(7):140-142.

② 王金亮,王平,鲁芬.碧塔海景区旅游活动对湿地生态环境影响研究[J].地理科学进展,2004(5):101-108.

拍照和喂食野生动物会极大地改变动物的生活习性。浙江天目山国家级自然保护区由于开展旅游活动，各类游人大量进入，鸟类等野生动物不同程度地减少，原有分布的鸳鸯、夜鹭早已绝迹①。

旅游活动的开展对旅游区造成的废弃物污染现象也日益突出。在游憩的过程中，旅游者随意丢弃食品包装纸、塑料袋、饮料筒、啤酒瓶、果皮等会造成大量固体废弃物污染，影响旅游区景观和环境卫生。游客丢弃的塑料袋、易拉罐、塑料瓶等，含有难降解有机物，使土壤结构发生变化。此外，旅游景点生活污水和生活垃圾的数量急剧增加在旅游区已经是不争的事实，游客和管理人员在旅游饭店、宾馆等产生的废水和废弃物相当可观，由此造成了旅游区的生态环境污染。

第四节　旅游产业的社会文化效应

一、旅游产业社会文化效应的影响因素

由于旅游产业以及社会文化发展均具有关联度高、影响面广等特征，因此，导致旅游产业社会文化效应的影响因素也具有复杂性，但从根本上看，最重要的影响还是“人”的影响，即旅游者、当地居民、旅游从业者对旅游产业社会文化效应的影响。本文从旅游者、旅游地居民、旅游从业者相互作用的视角分析旅游产业的社会文化效应，具体包括进入旅游地的游客量、旅游者的逗留时间、旅游地居民的参与程度以及旅游从业者来源等方面。

（一）进入旅游地的游客量

旅游者进入旅游地从事旅游活动，不可避免地要与当地社会文化环境发生关联。旅游者的衣食住行必须通过旅游地环境系统来维持和保证，旅游者游娱活动也要求旅游地能够以充足的物质实体和精神文化氛围来支撑。这种基于满足旅游者需求的旅游地行为，无疑将改变旅游地社会文化环境的物态格局。同时，旅游者的主动意识也使他们在介入旅游地之始，便开始了对当地社会文化环境的扰动

① 张荣京.生态旅游对生态环境影响评价[J].江西林业科技，2004(6).

过程①。

从动态过程来看，旅游者数量的大小对旅游社会文化效应的影响在旅游地发展的不同阶段会有不同的表现。

在旅游发展的初始阶段，对当地居民而言，旅游具有增加收入的机会，居民对旅游者的到来比较热情。因游客较少，居民和游客只有局部的交流。

当旅游地发展到成长期时，发展旅游成为旅游地居民获利的目标，因游客数量逐渐增多，与游客的沟通与融合较为正式，并渐趋冷淡，这一时期游客对目的地居民的影响增大、程度加深。

到了旅游地发展的成熟阶段，旅游者与旅游地居民的对比关系发生了变化。游客越来越多，旅游地的社会基础设施等难以满足游客量的大幅度增长，道路拥塞现象突出，生活拥挤现象严重，使当地居民感到生活越来越不便利。此外，旅游的开发使当地的生态环境逐渐恶化，居民原有的生活方式被迫改变，导致当地居民对旅游者抵触情绪逐渐显性化，旅游业对社会文化的负面影响产生。

当旅游地发展到衰退与复兴期时，其发展趋势有两种情况和可能：一是当地居民对旅游者的抵触、对抗情绪公开化，原有的社会文化环境不复存在，冷漠便由此而演变成恼怒；二是旅游地可能再度吸引游客，但此时的旅游地社会文化与早期吸引旅游者的社会文化环境已有明显的差异。游客数量对旅游产业的社会文化效应的影响过程见表 3-5。

表 3-5　游客量对旅游产业社会文化效应的影响

旅游地发展阶段	旅游者数量	目的地居民反应	对社会文化效应的影响
开发期	较少	愉快	旅游的发展使人们感到振奋，和游客相处有局部的交流和增加收入的机会
成长期	较多	缺乏情感	随着该产业的扩展，发展旅游成为目的地居民获利的目标。与游客逐渐进行较正式的沟通与融合，游客对目的地居民的影响增大、程度加深
成熟期	很多	激怒	基础设施没有相应发展，旅游地环境恶化，原有的生活方式被改变，抵触情绪逐渐产生，旅游的社会文化负面影响产生

① 杨俭波. 旅游地社会文化环境变迁机制试研究[J].旅游学刊，2001(6)：70-74.

续表

旅游地发展阶段	旅游者数量	目的地居民反应	对社会文化效应的影响
衰退与复兴期	较少或较多	对抗	有两种可能:一是当地居民的抵触、对抗情绪公开化,赖以生存的社会文化环境不复存在;二是旅游地可能再度吸引游客,但这与早期吸引旅游者的社会文化环境具有明显差异

资料来源:李星明.旅游者对发展中国家的旅游地社会文化影响研究[J].华中师范大学学报(自然科学版),2002(2):254-256.

(二)旅游者的逗留时间

现代旅游活动已经发展成为一种社会现象,大量旅游者的不断来访,其规模之大、历时之长,不可避免地会对当地的社会和文化产生一定的影响,在某些情况还会产生相当大的影响。除了游客数量的影响外,旅游者在旅游地的停留时间也会对旅游地社会文化产生重要影响。

关于旅游者在旅游地停留时间对社会文化的影响有两种情况(表3-6):一种是逗留时间较短的影响;另一种是逗留时间较长的影响。

一般来说,由于旅游具有暂时性的特点,游客与旅游地各主体接触的深度总是有限的。因旅游时间有限,旅游者游览旅游景点、与当地居民交流、在当地购物等活动较为短暂,故在消费上表现出大方与阔绰,其与当地居民的关系变成了纯粹的商业利益关系。人际交往、文化交流、好客、微笑,甚至互相帮助都成了要用金钱换取的行为。尽管交流时间短,但旅游者对旅游地社会文化仍会产生重要影响。对某种类型的旅游地而言,往往吸引的是同质的旅游者,虽然某一旅游者可能只到该目的地一次,且旅游时间较短,但对旅游地居民而言,接踵而至的同质旅游者具有同样的影响效果①。当大量旅游者持续不断地来到旅游地时,他们对目的地的影响的时间可以看作是同质旅游者旅游时间的累加,从而使旅游者对旅游地社会文化产生深远的影响。

当旅游者在旅游地逗留时间较长时,他们游览的景点以及旅游相关活动增多,通过购物、娱乐等行为使旅游者与当地居民的交流和接触不断增多,与当地居民接

① 李星明.旅游者对发展中国家的旅游地社会文化影响研究[J].华中师范大学学报(自然科学版),2002(2):254-256.

触面明显扩大。他们不但会与直接为其服务的旅游从业者发生以商业目的为主的接触，也会与当地居民发生不带任何商业动机的日常性接触。旅游者在旅游目的地开展长期活动过程中，会以其有意和无意的行为对与其直接或间接接触的当地居民产生示范效应。因为，旅游者在旅游地的旅行一般不存在惴惴不安的惶恐心态，反而表现出明显的优越感；而旅游地居民却体现出一定的羡慕和盲从心态，其突出表现就是对旅游者的举止言行、穿着打扮、生活方式等进行曲意的迎合、追求和模仿①。同时，旅游者的消费潜移默化地影响着旅游地社会文化的改变。旅游者对异域文化和生活方式等表现出的浓厚兴趣，促使旅游地有意识地挖掘开发和重整相关的社会文化旅游资源，使旅游地的文物、古迹得到修复，传统文艺得到复兴和保护，以及出现新的文化形式，由此对旅游地社会文化的发展产生影响，从而体现出旅游产业对旅游地社会文化变迁的作用。

表 3-6　旅游者逗留时间对旅游产业社会文化效应的影响

旅游者停留时间	与当地居民的接触形式	旅游者与居民的关系	旅游者的影响性质	对社会文化效应的影响
短	商业性接触多	利益关系	容易产生负面的影响	旅游者畸形化消费、不道德行为等对旅游地居民会产生不良影响
长	日常性接触多	相对协调	一般具有正面的影响	促进旅游地文物、古迹得到修复，传统文艺得到复兴和保护以及新文化形式出现

资料来源：邓敏.民族旅游目的地社会文化影响因素研究[D]：[硕士学位论文].西安：西北大学，2007：20-24

（三）旅游地居民的参与程度

由于旅游发展本身要求旅游者与当地居民的协调与配合，因此，旅游者与当地居民都是旅游业发展的重要影响主体。从这个意义上来说，旅游产业的区域社会文化效应不单是旅游者作用的结果，同时也受到当地居民因素的影响，如旅游地居民的感知、态度和参与程度等。

① 杨俭波，乔纪纲.动因与机制——对旅游地社会文化环境变迁理论的研究[J].热带地理，2003（1）：75-79.

旅游地居民在旅游业的发展中扮演着重要的角色，他们既是旅游业带来的经济繁荣和社区进步的受益者，又是旅游带来的各种负面效应，如交通拥挤、社会治安混乱等的受害者。一般说来，旅游地居民在参与旅游的过程中，通常向游客展现出最本真的地方文化。因此，通过与代表地方文化的主体人群的日常性接触，有助于游客加深对旅游地全景的认识。当地的居民作为与游客接触的主体人群，他们对于外来文化的态度，以及参与旅游活动的程度，都会影响到旅游地新的旅游文化的形成。因此，居民的参与对于旅游产业的发展具有重要的影响。

具体说来，在旅游开发过程中，居民参与的重要作用主要体现在以下几方面①：第一，居民参与是旅游开发的基础。在旅游开展过程中，如果居民不配合，就会直接影响到旅游产品的开发。第二，居民参与是提供高质量旅游产品的前提。在旅游吸引系统中，居民是其中的一个重要组成部分，其素质的高低、对旅游开发的态度都直接影响旅游产品的质量。若居民参与旅游程度高，与游客的关系比较融洽，将促进旅游地形成良好的社会文化氛围；反之，则不利于社会文化环境的改善。第三，居民参与有利于强化旅游乘数效应。居民参与旅游开发，可减少外地人进入的机会，会相应减少旅游漏损量，从而提高旅游乘数效应。可见，在旅游产业发展过程中，当地居民的参与程度对旅游产业发展以及社会文化环境变迁具有重要作用。

需要注意的是，旅游地发展差异的存在致使旅游地居民参与旅游发展的程度也有所不同，有的地区参与程度高一些，有的地区参与程度低一些，这对旅游地社会文化的发展具有一定的影响。邓敏（2007）认为，参与程度高的居民对旅游产业的发展一般持肯定的态度，并且对旅游给他们带来的负面影响也大多持宽容的态度，旅游地表现出的社会文化冲突并不尖锐；而对于参与程度较低的居民，由于他们也承受着旅游给当地带来的负面效应，故对当地旅游发展持反对态度，甚至产生与旅游者对抗的心理，最终促使旅游地社会文化环境恶化②。这充分反映出旅游地居民参与旅游的程度对于旅游产业社会文化效应具有重要的影响，具体见表3-7。

---

① 黄芳.传统民居旅游开发中居民参与问题思考[J].旅游学刊，2002(5)：54-57.

② 邓敏.民族旅游目的地社会文化影响因素研究[D]：[硕士学位论文].西安：西北大学，2007：28-30.

表 3-7 旅游地居民参与程度对旅游产业社会文化效应的影响

旅游地居民的参与程度	居民对旅游发展的态度	对社会文化效应的影响效应性质	对社会文化效应的影响
高	支持	正面效应	促进形成和谐的社会文化环境
低	反对	负面效应	导致社会文化环境不断恶化

资料来源:邓敏.民族旅游目的地社会文化影响因素研究[D]:[硕士学位论文].西安:西北大学,2007:28-30.

(四)旅游从业者来源

旅游地的旅游从业者主要包括业主、开发商和经营者。从经济效益的角度考虑,业主、开发商和经营者在从事旅游经营与管理时,都会以追求利润效益最大化为根本原则。对于旅游从业者而言,这种对旅游者数量和消费额最大化追求的倾向,使其开发产品的对象往往不是一般的民众,而是具有高消费能力的当地和外来中产阶层。地方文化、地方意象在被商品化的效应下,只要有利可图,就可能成为被大量复制的对象①。这种产品开发活动和特征将引起旅游地消费模式的变化,改变旅游地社会的观念意识,进而对旅游地社会文化以及旅游业社会文化效应产生影响。

从来源上看,旅游地的旅游从业者一般包括当地的从业者和外地的从业者(表3-8)。两种来源从业者所处社会文化环境的不同,使其在旅游地的经营表现、心理变化等亦有所不同,进而导致他们对旅游地社会文化的影响程度、影响方式和影响效果也存在一定的差异性。一般来说,当地旅游从业者主要出于追求经济收益的目的从事旅游经营活动,他们对地方社会文化的认同感较高,扮演着向游客展现地方社会文化特色的角色,在促进旅游地社会文化环境的良性发展方面发挥着积极作用。而外来从业者一般对旅游地民族文化的了解比较肤浅,在经济利益的驱动下,他们对旅游地社会文化特色的展现是商业展示。相对于当地原生居民来说,外来从业人员是旅游地的介入者,他们展现的是其原住地的文化。因不可避免地要与当地原生居民接触,他们自身固有的文化资本和本地的社会文化会发生交流、对话或冲突②,进而影响着旅游地的社会文化变迁和发展。

---

① 宗晓莲.旅游地空间商品化的形式与影响研究[J].旅游学刊,2005(4):30-36.

② 邓敏.民族旅游目的地社会文化影响因素研究[D]:[硕士学位论文].西安:西北大学,2007:28-31.

表 3-8 旅游从业者来源对旅游产业社会文化效应的影响

旅游从业者来源	从业者对旅游地社会文化认同感	体现的文化特色	对社会文化效应的影响
本地	较高	旅游地	促进旅游地社会文化环境的良性发展
外地	较低	客源地	与旅游地社会文化进行交流、对话甚至是冲突

资料来源:邓敏.民族旅游目的地社会文化影响因素研究[D]:[硕士学位论文].西安:西北大学,2007:28-30.

二、旅游产业的区域社会文化效应

从本质上看,旅游是一种高层次的社会文化活动,旅游产业的发展与社会文化发展具有非常紧密的联系,二者相互影响、相互作用。从旅游产业对区域社会文化的效应来看,主要包括社会发展的引导效应、区域文化的重构效应、旅游者的示范效应以及社会文化的阻滞效应等方面。

(一)社会发展的引导效应

关于旅游产业对社会的影响,Saveriades(2000)认为,旅游改变了目的地的社会特征,而这些改变的方向(积极或者消极)和大小都依赖于旅游地对旅游活动的承载能力。Saveriades 在对塞浦路斯的 3 个旅游社区(包括旅游业较为发达和不发达的地区)进行对比研究后,建构了一个旅游承载力与社会影响之间关系的模型(图 3-14)①。该模型表明,旅游产业对社会的影响方向或程度效果具有不确定性,而旅游地对旅游产业活动的承载力是决定旅游产业社会影响的重要因素。因此,认识旅游地对旅游产业活动的承载力是分析旅游产业社会文化效应的重要基础。

从旅游产业发展的一般规律来看,在旅游地对旅游活动承载力范围内,旅游产业的发展对提高旅游地的收入、改善社会基础设施条件、提高社会文化生活质量以及丰富社会文化活动内容等方面都具有积极的引导效应。随着旅游产业促使当地经济收入的增加,旅游地会加快进行各类设施的建设,由此将促进旅游地基础设施、生活服务设施和其他便利旅游者的服务设施在数量和质量上不断改善,这在客

① Saveriades A. Establishing the social tourism carrying capacity for the tourist resorts of the east coast of the Republic of Cyprus[J].Tourism Management, 2000,21(2):147-156.

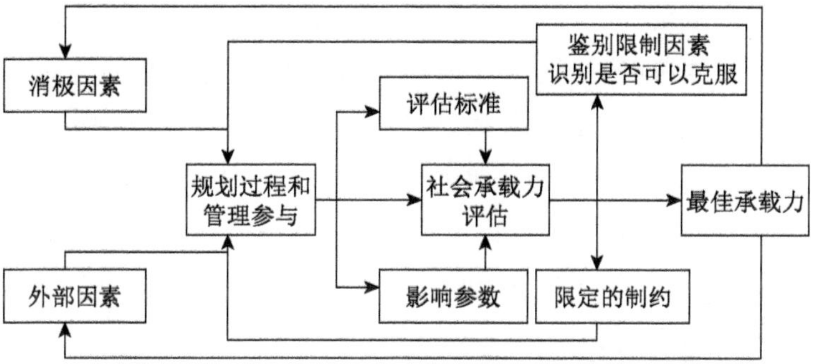

图 3-14 Saveriades 的承载力与旅游社会影响模型

资料来源：孙九霞，马涛.旅游对目的地社会文化影响研究新进展与框架[J].求索，2009(6)：72-74.

观上也将促进当地居民的社会生活环境的改善。同时，医疗卫生条件的改进和完善，也为当地居民提供了更好的医疗服务。当地生活环境的整体改善，提高了居民的生活质量。

由此可见，旅游对接待地社会生活方面的引导效应是显而易见的，旅游业的发展不但改变了当地居民的生活方式，而且还改变着当地社会的结构。随着旅游开发的深入，旅游地居民的商品意识、竞争意识增强，安于现状、不思进取的价值观受到冲击①。当地人的经济观念越来越强烈，原来不受经济法则制约的生活领域逐渐变得商业化和商品化，原有社会组织基础的瓦解，使得社会分层结构也相应地发生变异②，从而促进新的社会阶层的出现（如中产阶层）。同时，旅游产业的发展对旅游地妇女的社会地位变化亦产生较大影响。妇女们抓住旅游开发带来的就业机会，积极进行“角色再造”，在当地的旅游服务业中占据了大量岗位，改变了她们在家庭经济中的“附庸”地位③。

以广西桂林的阳朔县为例，由于客观上旅游者的到访人数是相对有限的，使当地与适量进入的旅游者的关系得以建立在开放、平等和友好的基础之上。在开发旅游业之前，居住在阳朔的少数民族居民主要从事农业生产。随着旅游业的兴起，

① 蒋艳，李祝舜.论旅游对欠发达民族地区的影响[J].广西民族学院学报（哲学社会科学版），2003（增刊）：126-129.

② 周霄.人类学视野——论旅游的本质及其社会文化影响[J].湖北大学学报（哲学社会科学版），2003(5)：114-116.

③ 周霄.民俗旅游的人类学探析[J].湖北民族学院学报（哲学社会科学版），2002(5)：10-13.

他们开始从事家庭旅馆接待、开设旅游纪念品商铺、提供某一旅游景点，甚至整个景区的导游服务等旅游产业活动。旅游地居民从传统的农业生产中解放出来，与游客、旅行社、从事旅游服务的外乡人、政府与旅游管理组织、交通运输部门等有了更密切的联系。由此促进旅游地居民的生产角色开始由个体家庭单纯的自给自足的劳动者，逐步向市场经营的主体转变，使原来建立在家庭、血缘宗族、地缘基础上的社会关系受到冲击，并伴随着少数民族居民生活方式与观念的变迁①。

（二）区域文化的重构效应

旅游业的发展有利于旅游地社会文化的优化以及重构。从全球范围来看，随着旅游业的蓬勃发展及旅游产业经济优势的凸显，许多国家和地区都逐渐对自己的民族传统文化采取了系统的保护、挖掘和利用措施，以使本国、本地区的旅游业更具特色和魅力。因此，一些原先几乎被人们遗忘了的传统习俗和文化活动得到开发和恢复，如某些传统工艺受工业化产品和西方消费口味的冲击，正濒临绝迹，旅游业则帮助它们起死回生。传统的音乐、舞蹈、戏剧等受到重视和发掘，几近湮灭的文物古迹得到维护、整修甚至重建。因此，世界旅游组织指出，具有文化价值和旅游价值的东西，旅游有能力保护、拯救和复兴它们②。

在旅游发展过程中，接待地的居民要与各种各样的国内外游客进行社会文化的交流和碰撞，在与外来文化的接触中往往也会唤起对自我民族的认知，加强他们对于自身身份表述的关注。当旅游地居民觉得自身已不再是被动的"旅游受众"而成为旅游过程中的重要主体时，他们则会开始积极寻求对自己民族身份的定义。在这一过程中，现代旅游推动着民族传统文化的复兴和民族身份、民族精神的再建构并得以不断的展现③。

同时，在旅游业迅猛发展的特定情势下，每一个民族都会紧紧抓住这一难得的契机展示自己、张扬自己，以是其中的一分子而感到自豪和骄傲，并借机重新树立自我形象，强化民族认同，从而促进社会文化环境的变化与重构④。通过对旅游地社会文化环境的重构，可以展示该旅游地民族自身文化的智慧和创造力，重新唤醒

---

① 马文斌，史兹国.旅游对少数民族地区的社会文化影响研究[J].改革与战略，2008(S1)：147-149.

② 李维云，张跃西，魏鸿雁.旅游对接待地社会文化的影响初探[J].甘肃农业，2005(11)：100.

③ 骆红斌，芦爱英.论现代旅游的社会文化影响[J].浙江工业大学学报(社会科学版)，2009(2)：142-147.

④ 叶玉洁.旅游对目的地居民社会文化的影响[J].合作经济与科技，2008(21)：16-18.

民族成员的历史记忆，增强内聚力和自信心以及民族自豪感。同时，还能使得主流文化群体的游客在民族旅游中获得对该民族文化新的认知和再认识，使该民族文化在不同程度上重新得到肯定和新的评价。

以云南丽江纳西族为例，纳西族历来就有着体现其内在力量的强烈的民族认同感，有"纳若"（纳西人）和"纳西若命"（纳西儿女）的共同心理，自识性强，常常以"阿根纳西"（我们纳西）自称①。随着旅游，特别是民族旅游的发展，则更加唤起了纳西人对本民族文化的热爱与再认同，引起了民族意识与民族旅游的互动。种种已经或正在消失的象征着民族精神的文化事象由于日益得到海内外，尤其是本民族的热切关注，而得以苏生和再现，从而增强了自我民族认同的内趋力②。

（三）旅游者的示范效应

旅游产业的发展过程实际上也是客源地文化与旅游地文化的交融过程。当两种文化接触时，旅游者带来的强势文化与当地相对弱势的文化接触，当地弱势文化会更多地受到旅游者强势文化的影响。旅游者以其自身的意识形态和生活方式介入旅游接待地社会中，引起接待地居民的思想变化，从而产生各种影响，这种作用称为示范效应。示范效应是旅游对接待地社会文化发生影响的主要途径③。

在旅游活动中，旅游者在食、住、行、游、购、娱方面表现出较高水平的需求和消费，以及客观上具有的社会、经济优势，使其在整个旅游过程中表现出明显的优越感。这些外来旅游者不可避免地会将自己的生活方式、价值标准和道德观念带到旅游目的地，从而对目的地社会产生示范效应。旅游者的这种示范效应促使旅游地居民对旅游者的言谈举止、穿着打扮、生活方式等进行曲意的迎合、追求和模仿④，从而自觉、不自觉地会将旅游者的行为方式、价值观念融入到自身的行为、思想中，表现出对旅游者一定的羡慕和盲从心态。长此以往，示范效应的模仿行为会从微观转向宏观，放大成一种社会意识⑤。

---

① 郭大烈，和志武.纳西族史[M].成都：四川民族出版社，1994.

② 张波.论旅游对接待地社会文化的积极影响——以云南丽江为例[J].云南民族大学学报（哲学社会科学版），2004（4）：68-71.

③ 李经龙，郑淑婧，周秉根.旅游对旅游目的地社会文化影响研究[J].地域研究与开发，2003（6）：80-84.

④ 李星明.旅游者对发展中国家的旅游地社会文化影响研究[J].华中师范大学学报（自然科学版），2002（2）：254-256.

⑤ 王妙，孙亚平.旅游对接待地的社会文化影响[J].天津商学院学报，2001（4）：35-37.

一般说来，旅游者对当地文化的冲击首先从青年人开始。Murphy（1985）认为，受示范效应影响最大的是年轻人①。年轻人注意到了年轻旅游者的自由和优越的物质生活，并千方百计地去争取同样的享受，故他们往往到商界、旅游部门或政府机关寻找工作以获取高额报酬，来追求先进地区的生活方式②。这种影响可能进一步激发当地人奋发向上的精神和增强追求财富的开创意识，促进旅游地原生居民传统思想观念的转变，增强旅游地开放观念和现代化意识，进而影响当地社会文化环境的变迁③。当然，也有另外一种情形发生，即一旦当地居民不能通过合法手段满足他们的愿望时，犯罪及居民与游客的紧张感就可能上升④。

实际上，关于旅游产业对居民示范效应的研究应当纳入到整体的社会文化环境之中。从理论上看，在旅游产业发展的过程中，旅游者及其所携带的文化对旅游地社会文化的变迁和居民心理的变化都起到示范作用。旅游发展首先对居民心理产生示范效应，导致居民心理发生变化。其中大部分走向现代化，不可避免地也会有小部分发生变异，产生守旧心理或其他抵触心理，从而阻碍旅游地社会文化环境的变化。同时，旅游产业的发展从一开始就对当地社会文化的物质层面进行冲击，而随着物质层面文化变化的不断深化，必然促使制度层面和精神层面文化的变化，最终导致整个社会文化的变迁。社会文化的变迁，反过来又会促使守旧和抵触型居民的心理产生变化。由此可见，旅游地社会文化变迁与居民心理变化之间是一个连续的互动过程（图 3-15）⑤。

（四）社会文化的阻滞效应

旅游产业发展对接待地社会文化的影响是一把双刃剑，一方面它在促进目的地社会文化发展和创新等方面起着积极的作用，另一方面也会给旅游地社会文化的发展带来一系列的阻滞效应，主要体现在以下方面：

第一，旅游产业的发展对旅游地传统文化产生冲击。随着旅游的发展，在异质

---

① Murphy.Tourism：a community approach［M］.London：Routledge，1985：113.

② 保继刚，楚义芳.旅游地理学［M］.北京：高等教育出版社，1999：216-224.

③ 李星明.旅游者对发展中国家的旅游地社会文化影响研究［J］.华中师范大学学报（自然科学版），2002（2）：254-256.

④ 世界旅游组织.关于旅游对精神价值交流及对各国人民之间更好的相互了解的贡献的研究［R］.马德里，1979.

⑤ 蒋艳，李祝舜.论旅游对欠发达民族地区的影响［J］.广西民族学院学报（哲学社会科学版），2003（增刊）：126-129.

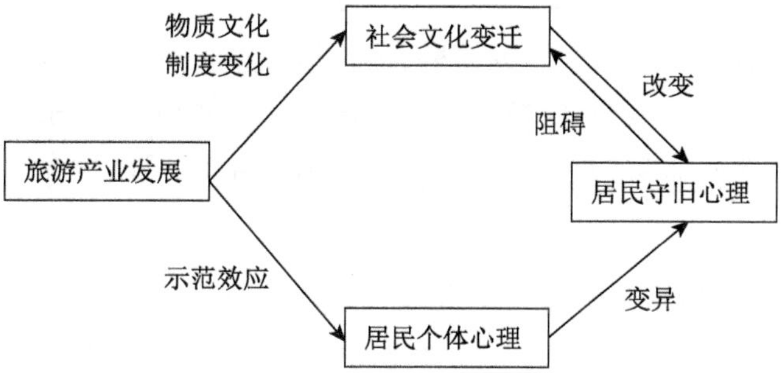

图 3-15　旅游产业发展、社会文化变迁、居民个体心理变化三者的互动机制

资料来源：蒋艳，李祝舜.论旅游对欠发达民族地区的影响[J].广西民族学院学报（哲学社会科学版），2003（增刊）：126-129.

文化的冲击下，接待地的社会文化发生了改变。如少数民族的语言、服饰、风俗、建筑、饮食习惯等虽都拥有自己的特色，但在外来文化的影响下，其固有的特色正在逐渐被同化，甚至被扭曲。以民族语言为例，在因旅游等所引发或加速的文化一体化进程中，作为一种民族文化重要载体的民族语言的功能正在不断地被减弱，并逐渐走向消亡。张波的研究表明，在云南的丽江城区和坝区，讲本民族语言的人越来越少，约 70%的当地居民，尤其是年轻人已不再说纳西语，即使是在那些操母语的青年人中，大量的传统文化词汇也正在消失①。

第二，旅游产业发展导致社会文化环境的破坏。旅游产业的发展不可避免地会对旅游地社会文化环境产生负面影响，主要包括对社会文化环境的破坏、对接待地历史文化遗产的损害等方面。如在丽江古城仅仅 3.8 平方千米的狭小区域内就围聚了 1 600 多户商家，门市林立，人声嘈杂，破坏了原有的宁静与古朴。此外，古城居民祥和恬静的传统生活方式也因受到严重冲击而逐渐失去了独特的文化魅力②。

第三，旅游产业的发展引发了一系列社会道德问题。随着旅游业的发展，旅游者及其文化的冲击促成或加剧了接待地社会问题的产生。一方面，旅游地在发展旅游过程中因受到外来社会生活方式和思想意识的影响，使当地的传统道德观念

① 张波.论旅游对接待地社会文化的积极影响——以云南丽江为例[J].云南民族大学学报（哲学社会科学版），2004（4）：68-71.

② 张波.旅游对接待地社会文化的消极影响[J].云南师范大学学报，2004（2）：125-130.

发生裂变和扭曲，传统道德标准下降。另一方面，旅游者的高消费以示范的形式引起了接待地的消费欲望，出现社会心理失衡，引起抢劫、偷窃、欺诈等犯罪行为。同时旅游业的发展也为色情、赌博等提供了便利条件，一部分妇女为获得就业机会和高收入而投入色情行业，改变了人们的价值观和道德观，而赌博更会严重破坏社会秩序①。

这里需要说明的是，尽管旅游产业发展对旅游地社会文化具有一定的负面影响，但是从总体上看，旅游产业对社会文化的影响还是利大于弊的。这一结论得到了学术界以及国际旅游组织的广泛认同。

第五节　旅游产业的区域空间效应

一、旅游产业区域空间效应的形成机制

旅游产业对区域发展的空间效应受多种因素的影响和制约，从空间区位选择等角度考虑，旅游资源分布、旅游客源市场区位、聚集与扩散机制、旅游交通通达性等因素是影响旅游产业空间效应的主要因素，这些因素共同作用于旅游产业空间开发以及旅游空间布局，彼此关联，相互整合，构成旅游产业空间效应的形成机制（图 3-16）。

（一）旅游资源分布

旅游产业在发展的最初阶段呈现出较强的资源依赖性，旅游资源的分布直接制约着旅游产业的布局以及旅游产业对区域空间发展的作用。自然条件和自然资源的不可移动性，导致传统意义上的旅游产业布局多围绕旅游资源展开。此种情况下，拥有全国乃至世界吸引力的核心旅游资源就会吸引相关的旅游企业形成空间聚集现象，如我国旅游资源主要分布在北京、上海、杭州、南京、成都、西安、桂林等著名旅游城市和远离城市的一些著名旅游景区，如黄山、张家界、九寨沟、峨眉山、云南丽江、长江三峡、长白山等。

---

① 田敏.民族社区社会文化变迁的旅游效应再认识[J].中南民族大学学报（人文社会科学版），2003(5)：40-44.

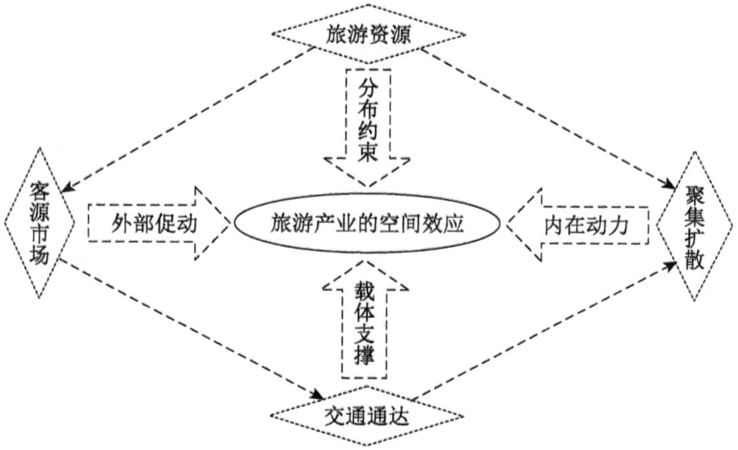

图 3-16 旅游产业空间效应的形成机制模式

在城市层面,城市旅游资源分布或集中或分散。在城市中集中分布的旅游资源便于开发,会成为城市旅游开发的优先区域,反映在空间上就是增长极的潜力空间。总体上看,城市旅游资源往往呈圈层态势分布,以旅游城市为例,市中心的核心层旅游资源多为文物古迹、休闲娱乐设施和现代城市建筑景观,城郊接合部的中间层旅游资源多为人造景点、主题公园、农家乐、渔家乐等,外围层的旅游资源多为自然风光、生态园区、民族风情等。受此影响,城市旅游产业的布局也呈现出圈层分布特征(图 3-17)①。

旅游资源分布对旅游产业空间效应的影响主要体现在:旅游资源区位往往就是旅游企业区位,旅游景区(点)型旅游企业需要依托旅游资源来开发核心旅游产品,进而促进旅游空间开发;旅游资源空间布局状况直接影响到旅游企业空间布局状况。一般来讲,旅游资源的空间结构可能呈现出带状、圈状、"点—轴"状、星云状等不同形态。旅游资源的聚集会带来旅游产业的聚集,旅游资源的空间形态对旅游企业空间布局形态产生重要影响,进而影响区域整体空间结构②。

---

① 杨国良.论旅游产业空间布局[J].四川师范大学学报(自然科学版),2002(1):94-98.

② 卞显红.旅游企业空间区位选择影响因素分析[J].商业时代,2008(35):86-87.

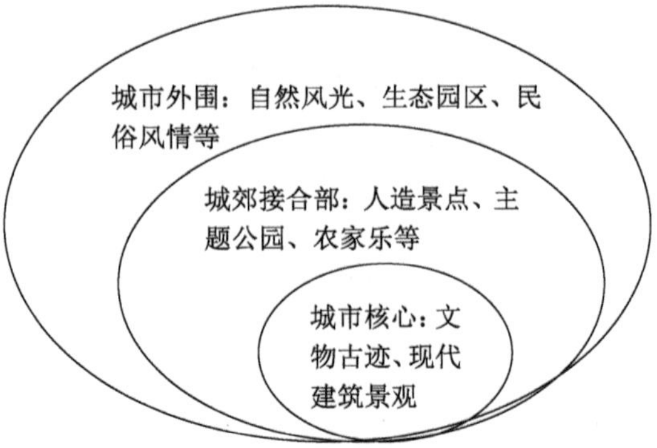

图 3-17　城市旅游资源的圈层分布

资料来源：杨国良.论旅游产业空间布局[J].四川师范大学学报(自然科学版)，2002(1)：94-98.

(二)旅游客源市场区位

旅游客源市场是旅游产业发展的前提和基础，进而影响着旅游产业的空间布局及其空间效应。一般说来，旅游企业区位越接近客源市场就越好。旅游者出游遵循距离衰减规律，越接近旅游客源市场的区位旅游者的到访就会越多。旅游客源市场范围的大小直接决定着旅游产业规模的大小。受财力、时间、距离的影响，旅游者的出游半径不可能无限延伸，总是以居住地为中心，呈现出由近及远递减的特征。受此影响，近客源地的旅游资源往往会率先得到开发，使旅游产业的布局与旅游者的出游半径构成某种对应关系。这种对应关系在中小尺度范围内表现得尤为明显。吴必虎的(2001)研究表明，中国城市居民旅游和休闲出游市场，随距离的增加而衰减。80%的出游市场集中在距城市 500 公里以内的范围内。由旅游中心城市出发的非本市居民的目的地选择范围主要集中在距城市 250 公里的半径范围内①。旅游客源市场范围的分布特征必然对旅游产业的空间布局与旅游空间开发产生引导作用，进而对旅游产业的空间效应产生深刻甚至是决定性的影响。

同时，旅游企业的客源市场区位将直接影响到旅游产业的布局及其空间效应。一般情况下，如果以国际旅游市场为主要客源定位，则星级饭店、国际旅行社等旅游企业宜布局在国际性大中城市，这些城市往往是出入境口岸城市，或具有国际航班连接的主要国际客源市场，旅游产业的发展将进一步促进旅游中心城市的发展。

① 吴必虎.区域旅游规划原理[M].北京：中国旅游出版社，2001.

如深圳市作为新发展的特区城市，其本身的旅游资源并不丰富，但却云集了近 10 个主题公园，原因在于，它对港澳台市场来说近水楼台，客源区位优越。如果以当地休闲市场为主要客源定位，则可以布局在居民聚集区、城郊交错地带等①，从而促进旅游功能区的培育和开发。由此可见，不同类型的客源市场区位，对旅游产业的布局及其空间效应的发挥具有不同的影响。

（三）聚集与扩散机制

聚集与扩散是旅游产业空间配置的两种形式。

旅游产业的投入产出性质决定了在其生产经营活动中必须力求以最小的成本获得最大的经济效益。为了实现区位成本的最小化，旅游产业的空间布局多位于景色优美、客流量大的旅游区和旅游城市，形成旅游产业的空间聚集，而众多旅游企业和部门在旅游城市、旅游区等优势区位的聚集又常常形成旅游产业集群。

产业集群的形成为旅游产业带来了巨大的空间聚集效益，主要表现在：①可以降低交易成本，共塑特定区位的旅游形象；又可以进行旅游合作，如旅游市场联合营销等，减少旅游企业经营成本。②旅游产业内部各企业通过产品的互补来满足旅游者的多样化的需求，通过分工合作提高旅游产品的生产效率。③旅游者的出游行为具有多目的性，可能会同时选择数个旅游产品或同时光顾数家旅游企业，客源共享有利于减少旅游企业营销成本，又可通过共塑旅游企业形象吸引更多的旅游者获得互补性效益。④产业聚集可以促使旅游企业共享旅游设施，尤其是旅游交通基础设施，使其不需要单独对旅游区域的基础设施进行专项投资，进而节约成本。此外，通过产业内部各企业、部门之间的信息交流与合作，便于相互交流旅游信息和旅游市场信息，有利于加快旅游产品创新，提高经营管理水平，可以实现整体竞争力的提高。

当聚集发展到一定程度时，就出现了聚集不经济。此时企业和要素就会为避免聚集不经济而从聚集地迁移出去，即发生所谓的扩散现象，即优先开发区带动落后地区旅游业的发展。如在大九寨旅游区内，相对而言，九寨沟、黄龙为核心区，若尔盖、红原为边缘区，由于扩散机制的作用，旅游者、要素以一定的速度由核心区流向边缘区，从而带动了边缘区的旅游发展②。

---

① 卞显红.旅游企业空间区位选择影响因素分析［J］.商业时代，2008（35）：86-87.

② 樊信友.论区域旅游产业空间布局的形成机制——以九寨沟为例［J］.特区经济，2008（11）：158-159.

（四）旅游交通通达性

旅游交通通达因素是旅游企业空间选择、旅游产业布局的重要影响因素之一。如果城市旅游核心区与边缘区有城市轨道交通、高速公路或城市交通干道等快速交通方式可达，则旅游企业便可以把原本在核心区的布局转移到在边缘区的布局。城市旅游空间聚集区一般都具有较好的旅游可达性，游客可以便捷地抵达。因此，旅游企业区位选择多偏向在城市旅游空间聚集区布局，进而促进旅游空间布局优化与旅游空间结构的调整①。

从经济学角度来看，旅游企业的区位成本表现为服务企业的运输成本和旅游者购买旅游产品所花的运输费用。前者包括旅游设施材料运费，生活必需品、旅游商品、旅游垃圾处理所产生的运输费用；后者是指旅游者前往旅游目的地进行旅游消费在交通运输方面的费用。旅游者的交通费用虽然不直接表现为旅游企业的成本，但这笔费用的高低制约着旅游产品是否能卖出，间接反映了旅游企业的区位成本。根据经济学成本-效益原则，旅游企业应选择在区位成本最低的地方，或近旅游目的地，或近旅游中心城市②。也就是说，旅游景点的开发建设和旅游产业的布局离不开旅游交通的可达程度。随着自驾车旅游的兴起，交通通达性较高的景区迅速成为旅游产业聚集的首选之地，如在杭州市通往黄山的交通干道上，沿途的富阳、桐庐、建德、淳安各县市的旅游产业都得到了快速发展，初步形成了旅游产业轴带。

从旅游产业发展一般规律来看，旅游产业的空间布局主要向旅游资源富集及旅游交通设施便利的区域聚集，具体旅游景点空间布局主要聚集于高速公路、国道及铁路等主要交通干线附近，这主要与旅游景点的开发建设离不开交通设施建设有关③。旅游资源区位优势者会屏蔽区位劣势者，这就是旅游的区位屏蔽现象。许春晓（2001）认为，区位屏蔽与交通线路和交通区位密切相关，具体区域屏蔽有 3 种情形④：一是全阻挡型屏蔽，指特定旅游地的主要客源市场的交通线前方均有其他旅游地存在的现象，典型图式如图 3-18（图 1.），虽然说不是所有的游客都会被挡在外围旅游地，但其不利势态是明显的；二是并列型屏蔽，指特定旅游地与某一

① 卞显红.旅游企业空间区位选择影响因素分析[J].商业时代，2008（35）：86-87.

② 杨国良.论旅游产业空间布局[J].四川师范大学学报（自然科学版），2002（1）：94-98.

③ 卞显红.城市旅游空间规划布局的影响因素分析[J].地域研究与开发，2003（3）：93-96.

④ 许春晓.旅游地屏蔽现象研究[J].北京第二外国语学院学报，2001（1）：71-80.

旅游地分享主要客源市场的现象，典型图式如图 3-18（图 2.）；三是略强型屏蔽，指特定旅游地与某几个旅游地分享主要客源市场时，处于交通的有利位置上的现象，如图 3-18（图 3.）。由此可见，旅游交通条件和交通通达性对旅游资源开发、旅游产业布局以及旅游空间布局体系的形成均具有重要的影响。

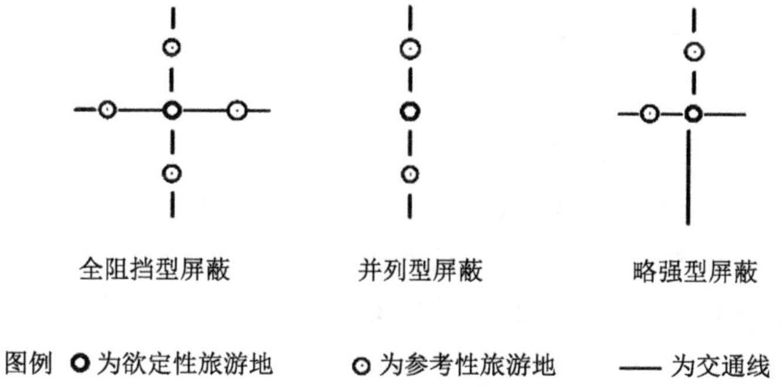

图 3-18　旅游区域屏蔽类型图示

资料来源：许春晓.旅游地屏蔽现象研究[J].北京第二外国语学院学报，2001（1）：71-80.

二、旅游产业发展的空间效应

空间聚集性是旅游产业发展布局的重要特征，而旅游产业或企业的空间聚集必将引起旅游空间结构的变化，进而对城市或区域空间开发或空间结构调整产生影响。总体来看，旅游产业发展的空间效应主要表现在促进城市空间结构调整、推进城市空间拓展以及带动区域空间结构演化等方面。

（一）城市空间结构调整效应

从旅游产业发展规律来看，旅游产业的空间布局一般以旅游资源或旅游城市为核心而产生和发展。当旅游产业以旅游城市为核心展开时，城市便是旅游产业布局的极点和核心，其外围则星罗棋布般地分布着次一级旅游吸引物以及旅游服务产业的聚集体。从单中心城市的城市内部来看，城市空间的成长某种程度上表现为产业空间的成长与调整。当城市旅游产业结构升级，生产要素成本和报酬率发生变化时，竞租能力差和单位效益低的旅游产业就会因土地价格、劳动力成本的上升而失去城市区位聚集效益，不得不向城市外围地区转移。旅游产业的“空间排异”导致了旅游产业空间分布演化的差异性，而这种空间分布总是与旅游用地布局密切相关①，进而深刻地影响着城市内部空间单元开发以及城市空间结构的变化。

从城市旅游产业发展与土地利用布局的一般关系来看，城市旅游产业的区位选择和空间分布都是通过对聚集利益和城市地租水平的衡量而做出的，具体的数量关系分别表现在旅游产业各行业具有各自不同的投标租金函数。如图 3-19 所示，城市游憩商业、旅行社业以及中高档饭店业等行业一般生产每单位产品所占用的土地较少，而且对位置的敏感性最强。因此，这类城市旅游产业的土地租金曲线陡峭，且多位于城市旅游产业发展的核心区。一般城市旅游饭店、城市休闲游憩产业等旅游产业的土地租金曲线比较陡峭，这类产业的布局一般在城市次级旅游区域内，也就是位于城市旅游核心区和边缘区之间。相比较而言，城市自然游憩区、主题公园、旅游度假区及其相关服务业等旅游产业对土地的需求量较大，对空间的需求较为敏感。因此，这些城市旅游产业的土地租金曲线比较平缓，故占据离市中心更远的土地。

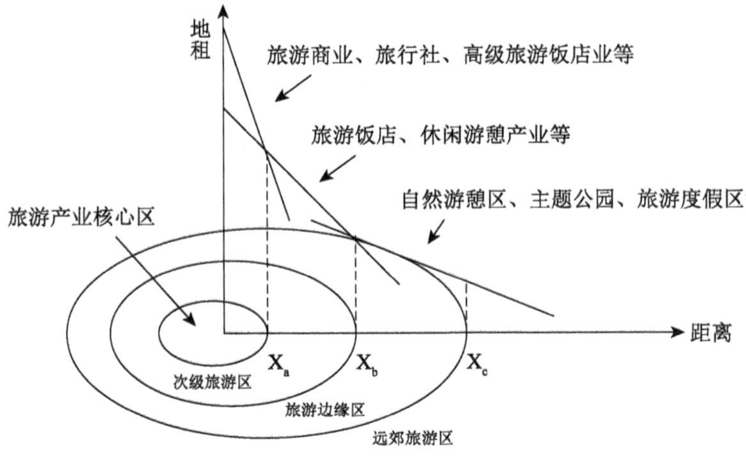

图 3-19　城市旅游产业竞租函数与土地利用模式

资料来源：卞显红.城市旅游空间结构形成机制分析：以长江三角洲为例[D]：[博士学位论文]. 南京：南京师范大学，2007.经作者改绘。

总体来看，不同旅游产业的布局以及在土地空间上的分布构成了城市旅游产业的整体空间结构。城市旅游产业空间结构是城市组成要素和旅游产业组成要素

① 冯先宁.城市经济聚散论[D]：[博士学位论文].成都：四川大学，2004：55-56.

在空间上的分布状况，是旅游产业各部门在地理空间的格局以及相互竞争、相互补充的空间经济关系，它的调整与城市空间结构演变之间存在着密切的联系。旅游产业的空间特征在很大程度上影响并作用于城市的旅游功能和生产效率。而旅游产业的发展是城市旅游空间布局的原动力。旅游产业空间的扩展和空间结构优化是城市旅游经济实力增强的重要体现。从城市旅游空间结构演变的内在机制来看，可以认为是旅游产业发展重心的转移带来的空间结构的相应变化①。旅游功能作为城市功能的重要方面，特别是对于旅游城市来说，旅游产业作为城市产业的重要组成部分，其结构调整与变化对城市产业结构调整具有重要带动作用，进而对城市空间成长和结构演化产生影响。

这里，试以杭州市为例分析旅游产业发展对城市空间结构变化的影响。杭州市发展旅游产业的资源基础是西湖。长期以来，杭州市旅游资源的开发、旅游景点的建设一直围绕西湖这一核心，景点、景区的分布也集中在湖的周围。目前，西湖地区已经成为杭州市城市发展的重要功能区，对于杭州市的空间开发和城市空间结构形成都发挥了重要的影响（图 3-20）。依托西湖的影响力，杭州市已成为国际著名的旅游城市，推动了杭州市旅游产业的快速发展。相关旅游服务业的快速发展，不仅促进了城市经济的发展和产业结构的升级，也促进了城市空间结构的优化与调整。同时，杭州市新一轮城市规划中提出的“城市东扩，旅游西进，沿江开发，跨江发展”战略，将带动杭州市环西湖游憩活动圈和环湘湖游憩活动圈、西部旅游区三大旅游核心的形成，使杭州市以西湖风景区为核心的单核旅游空间结构向多中心的旅游结构演化，从而也将对杭州市未来城市空间结构的优化产生深刻的影响。②

（二）城市空间拓展效应

对于旅游景区位于大城市外围边缘的区域而言，随着旅游产业的发展，由于旅游产业聚集效益和规模效益的存在，通过技术外部性和市场外部性，会使城市盈利能力增加，近而导致新的资本生成和区域经济增长，这种增长反过来又会进一步促进人口和产业向具有规模效应的大城市集中。同时，对于大城市周边的旅游区来说，由于其旅游资源的吸引力，吸引着大量的旅游客源和旅游从业者。随着旅游产

① 郑嫱婷.杭州城市旅游空间结构的演变及优化分析[D]：[硕士学位论文].芜湖：安徽师范大学，2006：33-34.

② 郑嫱婷.杭州城市旅游空间结构的演变及优化分析[D]：[硕士学位论文].芜湖：安徽师范大学，2006：37-38.

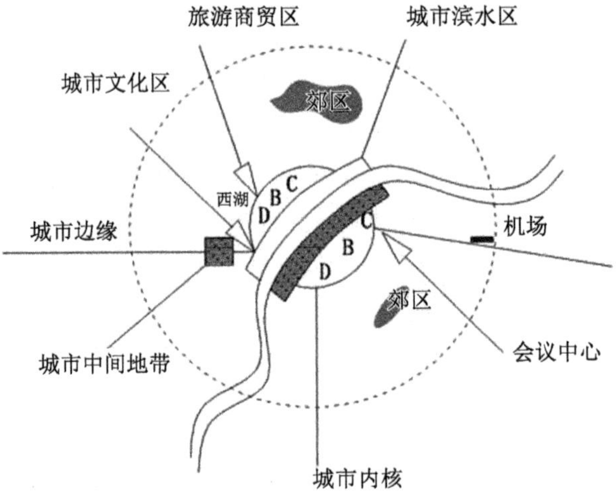

图 3-20　西湖与杭州市空间发展的关系

资料来源:郑嫱婷.杭州城市旅游空间结构的演变及优化分析[D]:[硕士学位论文].芜湖:安徽师范大学,2006:37-38.

业的扩张以及城市对休闲旅游产品的需求,城市周边风景优美的地区将成为城市扩张的方向,从而对大城市起到分流的作用,促进城市间的人口平衡①。大城市近郊旅游区空间的形成和变化是旅游区所在区域内各种社会力量相互作用的物质空间的反映。拥有资源或影响的力量在相互作用之后的合力的物化、近郊旅游区与城市发展的空间演化关系最终表现为城市空间的扩展和结构重构。

大城市近郊旅游区空间演变周期表明,旅游区的空间退化率与城市发展水平之间存在一种倒"U"形的关系(图 3-21)②。在城市快速发展阶段,城市空间扩展在一定程度上对近郊旅游区空间形成了挤占效应。随着城市的进一步发展,为适应休闲经济的发展和满足人们生活质量不断提高的需要,在城市经济发展到一定水平以后,近郊旅游区的空间得以恢复、优化。而且,旅游开发地区本身构成城市空间的重要组成部分。旅游开发地区由于其特有的环境优势,会带来旅游地产的

---

① 石龙.旅游产业聚集与城市化互动机制研究[J].桂林旅游高等专科学校学报,2007(4):493-497.

② 刘少湃.大城市近郊风景旅游区空间优化研究[D]:[硕士学位论文].上海:上海师范大学,2005:33-34.

介入。随着居住人口的扩张及相应配套设施的建立，旅游区具备了城市雏形，促进了城市的空间扩展。伴随着旅游产业链的建立，旅游产业开发地区本身成为城市在地域空间上新的资源聚集中心、产业增长中心、信息中心、技术中心和创新中心，成为城市新的空间增长点①。因此，城市空间扩展的不可逆性决定了近郊旅游区在城市空间区位变化中必然经历一个由边缘→核心的演变过程。

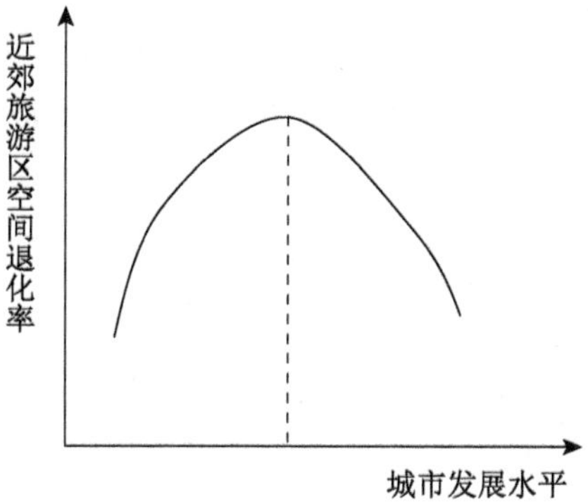

图 3-21　近郊旅游区空间发育与城市发展关系

资料来源：刘少湃.大城市近郊风景旅游区空间优化研究[D]：[硕士学位论文].上海：上海师范大学，2005：33-34.

随着城郊旅游区的发展，核心旅游吸引物及其配套旅游服务设施得以开发和建设，聚集效应愈来愈明显，逐步形成了以核心旅游吸引物为中心、旅游要素齐全的主旅游功能区，这是吸引旅游者的核心动力。同时，因城市建设的加快和城市型旅游目的地概念的强化，在城市中心和周边范围内还将会出现其他人造旅游吸引物，不知名的自然旅游吸引物也将得以开发和建设。围绕这些旅游吸引物形成的旅游功能区（主题公园、游憩商业区等）将使城市型旅游地空间呈现多旅游功能区模式，增强了旅游地的综合吸引力②，如深圳华侨城集团开发的“锦绣中华”、中华民俗文化村、“世界之窗”和欢乐谷等主题公园，上海的环球影城、梦幻乐园，武汉的水族馆和地球村等均位于其城市的边缘地带③。由于城市的快速扩展，原有的城郊旅游地将逐渐演变为城市内部的游憩地，郊野公园将逐步成为人们休闲娱乐

① 石龙.旅游产业聚集与城市化互动机制研究[J].桂林旅游高等专科学校学报，2007(4)：493-497.

② 孙苗.城市型旅游目的地空间结构研究——以温州为例[D]：[硕士学位论文].杭州：浙江大学，2008：19-20.

③ 张立明，赵黎明.城郊旅游开发的影响因素与空间格局[J].商业研究，2006(6)：181-184.

的主要空间。郊区旅游功能区的建设和发展作为城市发展的重要组成部分,对城市空间发展将产生重要的影响。

(三)区域空间结构演化效应

空间聚集是旅游产业发展的重要规律性特征,但旅游产业的空间聚集效应并不是无限扩大的。当旅游产业出现聚集不经济时,旅游(企业)产业将由旅游聚集区向边缘区或非聚集区转移,由此促进旅游空间布局的调整。为了分析旅游(企业)产业布局对区域空间结构的影响,卞显红和沙润(2008)建立了旅游企业在旅游空间选址的成本与利润模型。他们认为,由于聚集带来的旅游用地紧张而导致土地成本升高,使旅游企业在旅游空间聚集区产生聚集不经济,进而使聚集区投资建设比在非聚集区相同规模的旅游企业需要付出更多的土地成本,导致其经营期的固定成本增加,由"固定成本1"升高到"固定成本2"。假定在聚集区与非聚集区的变动成本仍然相同。图3-22表明,该旅游企业在聚集区布局的盈亏平衡点(N)向右移至(N^*),但在"固定成本2"时仍然低于在非聚集区布局的盈亏平衡点(P),旅游企业仍然有在聚集区聚集的动机。但当固定成本达到一定程度时盈亏平衡点就会移至P点的右边,这时旅游企业在非聚集区的布局就具有一定优势,产生旅游扩散动力,并倾向在非聚集区布局①。这将促进旅游边缘地区或非聚集区的旅游开发建设,推动旅游空间布局的调整,进而影响区域空间开发布局以及空间结构演化。

当旅游空间聚集区出现聚集不经济等情况时,城市旅游企业则偏向选择在城市旅游边缘区或者沿旅游交通通道、旅游发展轴线布局。据点开发、沿旅游交通轴线扩散布局是旅游企业空间布局的重要特征。依托旅游交通轴线的建设,将促进城市旅游增长极对周边地区旅游景点开发建设的带动,同时交通体系的完善也将促进沿线地区景点的开发和项目建设,形成旅游节点(重点旅游区和旅游景点),进而促进旅游点轴结构的发育和完善(图3-23)。

在旅游产业以点-轴扩散布局过程中,由于旅游活动是以旅游线路的形式实现的,因此,重要旅游景点必将带动沿线旅游景点的开发。如对于九环线(成都到九寨沟环线的简称)而言,九寨沟和黄龙是"点",九环西线和九环东线就是"轴"。根据旅游产业的点-轴布局模式,九寨沟和黄龙首先发展起来,成为区域旅游的中心,然

① 卞显红,沙润.长江三角洲城市旅游空间结构形成的产业机理——基于旅游企业空间区位选择视角[J].人文地理,2008(6):106-112.

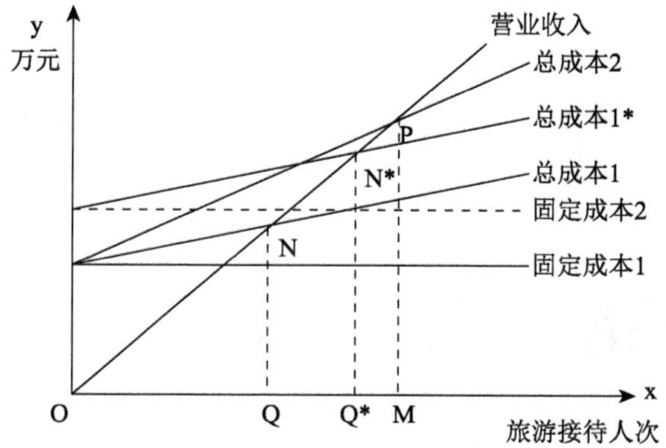

图 3-22　旅游企业在聚集区与非聚集区布局的利润分析

资料来源：卞显红，沙润.长江三角洲城市旅游空间结构形成的产业机理——基于旅游企业空间区位选择视角[J].人文地理，2008(6)：106-112.

后再带动轴线旅游景点的开发。牟尼沟、叠溪海子、松坪沟、九顶山和报恩寺就是在"点"的带动下发展起来的①。总体来看，沿旅游交通轴线布局往往会形成"点-轴"及多中心的旅游空间结构，从而对城市空间开发以及区域空间结构的调整产生影响。

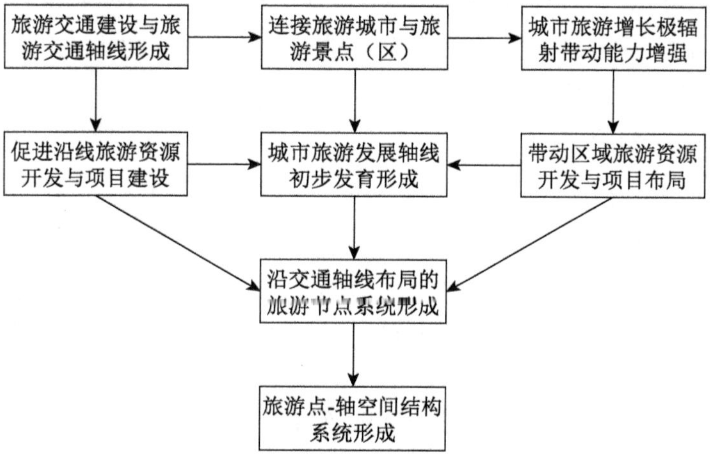

图 3-23　城市旅游"点-轴"空间结构演化机理

资料来源：卞显红.城市旅游空间结构形成机制分析——以长江三角洲为例[D]：[博士学位论文].南京：南京师范大学，2007：114-115. 经作者改绘

① 樊信友.论区域旅游产业空间布局的形成机制——以九寨沟为例[J].特区经济，2008(11)：158-159.

第四章

旅游产业区域效应的评价与调控

第一节　旅游产业区域效应的时空演化

从理论上看,旅游产业以及旅游地的发展具有生命周期演化规律。生命周期理论认为,任何一个旅游地都有一个由发现、成长到成熟、衰落的过程。巴特勒将旅游地的演进过程划分为探查阶段、参与阶段、发展阶段、巩固阶段、停滞阶段、衰落或复苏阶段 6 个阶段。这一阶段划分在学术界具有一定的认可度。在不同的旅游发展阶段,旅游产业的发展也将呈现出不同的特征,进而导致旅游产业的区域效应也呈现出阶段演化的特征。

尽管由于不同旅游目的地的发展基础与资源条件各不相同,社会经济支撑条件也多有差异,导致不同旅游目的地的区域效应因旅游产业发展情况的不同而有所不同,但总体来看,旅游产业的区域效应在不同旅游地均呈现出一个基本的演化规律,即一般经历形成、强化、稳定以及衰退(复苏)4 个演化阶段。

一、旅游产业区域效应的形成阶段

在旅游产业发展的初始阶段,由于可进入性和基础设施较差,游客的到来主要是受旅游目的地自然或文化吸引物的吸引,旅游地只有零散的游客,本地居民的参与少,旅游商业行为有限,旅游收入少,增长率低。实际上,这一阶段旅游产业尚未真正形成,旅游对当地经济、环境、社会文化、空间影响力十分有限。同时,旅游地经济、空间、社会文化以及生态环境间的相互影响亦较小(图 4-1)。

随着旅游资源的开发以及旅游目的地的发展，旅游者数量开始持续增加，有组织的旅游活动开始出现，旅游逐渐变得有规律。本地居民开始为旅游者提供一些简单的旅游服务、相关基础设施和服务设施。该阶段，旅游市场范围已基本可以被界定出来，旅游季节特征开始呈现，形成一定的旅游市场和旅游的淡、旺季①。

这一时期，旅游产业逐渐成长和发育，对区域发展的效应主要有如下特点：①旅游收入开始增长，尽管收入增长率变化不是很大，但旅游产业的区域经济效应已开始显现。②从空间上看，此时的旅游活动还只在旅游景区和交通要道开展，旅游产业的空间效应尚不明显。③游客数量相对有限，旅游者与当地居民的交流和沟通较少，旅游产业的社会文化效应较弱。④旅游资源开发范围较小，规模有限，对旅游地生态环境的影响程度也不是很大。⑤由于地域空间、社会文化、生态环境的变迁比较缓慢，而且变化又具有滞后性②，故旅游产业对旅游地的空间效应、社会文化效应和生态环境效应都较弱。总之，该时期旅游产业对区域发展的影响主要体现为以经济效应为主，即旅游产业的发展促进了旅游地的经济发展，但影响强度还不是很大。

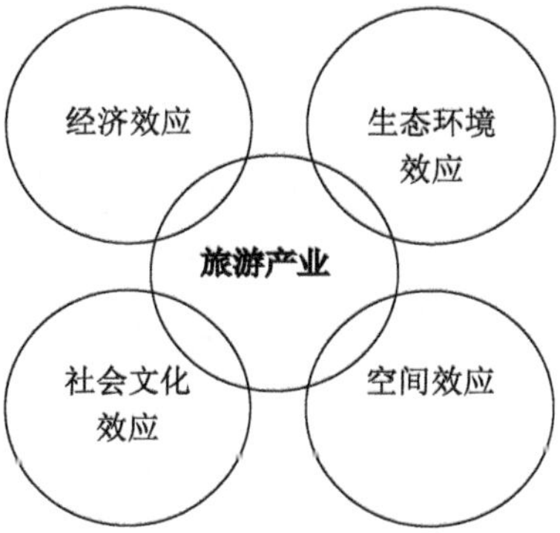

图 4-1　区域效应形成阶段的旅游产业效应

资料来源：李勇.吉林省旅游产业区域影响力研究[D]：[博士学位论文].长春：东北师范大学，2008. 经作者改绘

① 李勇.吉林省旅游产业区域影响力研究[D]：[博士学位论文].长春：东北师范大学，2008：50-54.

② 肖佑兴.旅游目的地的旅游效应及其调适对策[D]：[硕士学位论文].昆明：云南师范大学，2002：42-45.

以我国旅游产业发展为例,在改革开放初期至20世纪90年代中期是我国旅游产业发展的初始阶段。各地方政府为发展旅游经济,在投入大量资金开发旅游资源、进行旅游地建设的同时,也通过吸引外来开发商的投资带动当地经济的发展。因此,这一时期旅游产业发展的区域效应自然以经济效应为主。在环境效应方面,因进入旅游地旅游的人数较少,旅游活动对区域环境造成的影响并不显著,而旅游地为发展旅游产业不断完善的基础设施建设,却为当地居民的生活提供了便利。在社会文化效应方面,由于各地旅游及相关产业的发展为当地提供了大量的就业机会,对解决当地由于改革而产生的下岗、失业问题有一定的帮助,促进了社会的稳定。此时,因进入旅游地的旅游者相对较少,虽然旅游产业对旅游地社会文化的影响已经存在,但由于其影响力度不大,使社会文化环境的原生性得以保存,基本上不存在大范围的异化变迁现象。由于旅游区空间发育不足,致使旅游产业的空间效应不明显。

二、旅游产业区域效应的强化阶段

随着旅游产业的发展,旅游市场迅速形成并开始扩展,出现了稳定的客源市场,游客量保持持续的高增长,外来投资骤增,大规模、现代化的旅游设施不断完善和提高,旅游地自然面貌的改变较为显著,旅游地形象和知名度逐渐扩大。总体来看,这一时期,旅游基础设施和服务设施均达到了一定的水平,旅行社业、旅游商业等相关产业发展较快,旅游产业发展水平迅速提高,旅游产业的区域效应均得到了不同程度的强化,经济效应、空间效应、社会文化效应和生态环境效应之间的相互作用也得到增强(图4-2)。需要注意的是,尽管旅游产业对区域发展的各类效应总体上以正向影响为主,但随着游客量的增多,旅游产业对旅游地社会文化、生态环境的负向影响逐渐开始显现。

从旅游产业对旅游地的具体效应来看,随着旅游收入明显增多,其增长率也呈现上升趋势,旅游就业、旅游对税收的贡献率逐年提高,对相关行业的带动作用明显增强,进而促进了旅游地的经济增长。在此背景之下,旅游产业在地区经济中的地位不断提升,各地政府一般都将旅游产业视为第三产业的重点,加大扶持力度,使旅游产业的区域经济效应进一步强化。从旅游对社会文化的影响来看,这一时期,随着旅游经济的发展,促进了当地居民的就业,特别是旅游地居民的生活水平和生活质量有了较大的提高。由于有了较强的经济基础,旅游地为进一步发展旅游产业,会加大旅游生态环境的投入建设力度,从而不断改善旅游地的整体发展环境[①]。因此,总的来看,该时期旅游产业对区域发展的生态环境影响仍以正向影响为主。由于游客量快速增长,游客与当地居民的联系、交流以及间接接触不断增多,游客对旅游地居民的个人行为、生活方式、道德观念、语言等方面的变化产生的影响不断增强。与此同时,一些负面影响亦开始出现,如当地社会治安恶化、个人行为异化、自然面貌的改变显著、旅游设施过度利用和旅游环境开始恶化等。随着旅游业的发展,旅游产业对区域的影响除了在原有景区内和交通线上扩展和延伸外,还可能扩散到新的景区及其他交通线上,进而促进了旅游空间布局结构的调整和优化,使旅游产业的区域空间效应不断增强[②]。

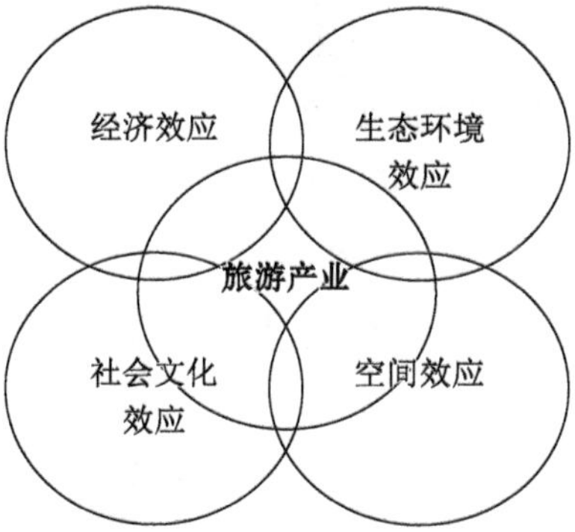

图 4-2　区域效应强化阶段的旅游产业效应

资料来源:李勇.吉林省旅游产业区域影响力研究[D]:[博士学位论文].长春:东北师范大学,2008.经作者改绘

20 世纪 90 年代中期以来,我国旅游产业迅速发展,在国民经济中的地位不断提高,成为国民经济新的增长点,仅国内旅游收入即由 1998 年的 2 391.2 亿元增加到 2008 年的 8 749 亿元。在这一时期内,旅游产业的区域经济效应非常明显,主要表现为促进经济增长、带动相关产业的发展、增加就业机会、增加外汇收入、平衡地区差异等方面。生态环境效应方面,旅游开发商对旅游资源的过度开发所引起的负面生态环境效应开始显现出来,如旅游产业对环境的破坏以及对自然景观和人

① 张红珍.旅游发展与环境效应问题研究[D]:[硕士学位论文].昆明:昆明理工大学,2005:37-40.

② 肖佑兴.旅游目的地的旅游效应及其调适对策[D]:[硕士学位论文].昆明:云南师范大学,2002:42-45.

文景观的污染等。社会文化效应方面，随着旅游产业的深入发展，旅游者数量的增长迅速，深刻影响着旅游地居民的生活，对旅游地的社会文化环境造成一定的冲击。空间效应方面，旅游产业的发展促进了旅游地功能的提升，一些旅游地或旅游城市成为区域发展的重要增长点，对区域空间开发和空间结构调整的作用日益增大。

三、旅游产业区域效应的稳定阶段

随着旅游产业发展进入成熟阶段，尽管旅游目的地游客的增长幅度已有所下降，但总量仍在继续增长并逐渐达到最大，部分旅游目的地的游客数量甚至超过常住居民数量。在此背景之下，旅游地社会经济活动与旅游业紧密联系在一起，旅游环境容量逐渐趋于饱和或超过饱和，旅游设施的使用亦出现饱和状态，自然和人文吸引物被人造设施所取代。受此影响，旅游地在游客中的良好形象已不复存在，旅游市场很大程度上依赖于重游游客、会议游客等，保持游客规模需要付出大量的努力。旅游收入继续增长，但增长幅度开始下降。旅游地居民对大量游客的到来及其产生的各种干扰产生反感①。这些都是旅游产业发展成熟阶段的重要表现特征。

这一时期，在旅游产业区域效应强化的基础上，旅游产业的区域效应进入到稳定阶段。虽然，旅游活动在带来大量的积极效应的同时也导致了不少的负面效应，但旅游产业的区域总体效应已经达到最大值，且以积极（正向）效应为主。同时，经济效应、生态环境效应、社会文化效应和空间效应之间的相互作用和联系也达到了最大，并逐渐融为一个统一的系统（图 4-3）。

该阶段旅游产业对区域发展的效应主要体现在以下几方面：经济效应方面，旅游产业的发展与旅游地的社会经济联系达到最大化，旅游产业的强关联性得到了充分的发挥；旅游产业对区域就业的带动能力特别明显；旅游资源的开发发挥了最大的经济效益。总体来看，旅游产业的经济效应处于高位运行阶段。

这一时期，随着旅游的发展以及游客的增加，旅游环境承载力达到饱和状态，旅游地的环境问题不断加剧。虽然旅游产业的生态环境正效应达到最大，但负效应也十分突出②。

---

① 温健斌.旅游对乔家堡村的社会文化影响研究[D]：[硕士学位论文].秦皇岛：燕山大学，2008：26-27.

② 李勇.吉林省旅游产业区域影响力研究[D]：[博士学位论文].长春：东北师范大学，2008：50-54.

随着游客量达到饱和状态，旅游地居民的收入也达到了一定的极限，对于居民生活质量提高的促进作用达到最大。与此同时，旅游者对旅游地居民的社会文化影响和干扰亦达到了一个高临界状态，游客与当地居民之间开始出现冲突。由于旅游的发展，旅游者对旅游地文化的发展以及文化变迁的影响也渐趋复杂化。

空间效应方面，旅游产业的区域影响逐渐扩散到旅游区域，旅游地功能不断提升，促使旅游地或旅游城市成为区域空间发展的重要节点，有些节点还发挥着区域产业和空间的增长极作用，通过增长极以及轴带辐射的带动促进区域全面发展。

图 4-3　区域效应稳定阶段的旅游产业效应

资料来源：李勇.吉林省旅游产业区域影响力研究[D]：[博士学位论文].长春：东北师范大学，2008. 经作者改绘

需要明确的是，从旅游产业区域效应演化过程的一般规律来看，当旅游产业对区域发展的效应达到最大化时，同时也到了一个临界点，即从这一阶段开始，随着旅游产业的进一步发展，旅游产业的区域效应将逐步开始下降。

目前，我国旅游产业发展整体处于快速发展时期，旅游产业的区域效应处于由强化向稳定转化阶段。由于各地区旅游发展差异的客观存在，致使不同旅游地的发展阶段呈现出不同的特点。总的来看，我国目前有一批旅游目的地已经处于超负荷运转的状态，旅游产业的区域效应已经趋于稳定。如黄山等一些开发较早和发展比较成熟的旅游地已经出现了游客量饱和的状况，旅游产业在给这些地区带来经济效益的同时，对旅游目的地日常生活、社会文化、生态环境的负面影响开始不断突出和显性化。特别是在春节、“十一”等旅游黄金周时期，国内主要旅游目的地均出现人满为患的局面，造成了旅游设施的过度利用，使旅游产业带来的负面效应日益突出。

四、旅游产业区域效应衰退(复苏)阶段

旅游产业发展达到鼎盛期之后便进入了衰退阶段,旅游地市场开始衰落,旅游者数量逐渐减少。此时的旅游地,无论是吸引的范围,还是吸引的游客量,已不能与新的旅游地相竞争。旅游目的地只能依靠邻近地区的一日游和周末游的旅游者来支撑。随着旅游产业的衰退,旅游地的旅游设施逐渐被其他设施取代,如旅游饭店可能变成公寓或疗养院等。这一时期,由于旅游产业区域效应衰退的趋势已经非常明显,其发展趋势主要有两种情况或可能:

一是旅游产业区域效应沿着旅游地衰退轨迹而逐渐减弱,旅游地的游客量迅速减少,最终可能使原来的旅游功能完全丧失,致使旅游产业的区域效应渐趋于零。具体来看,处在衰退期的旅游产业,其对于区域发展的经济影响、生态环境影响、社会文化影响以及空间影响都自然地伴随着旅游产业的衰落而衰退,且各效应之间的相互作用关系和影响亦趋近于零(图 4-4)。

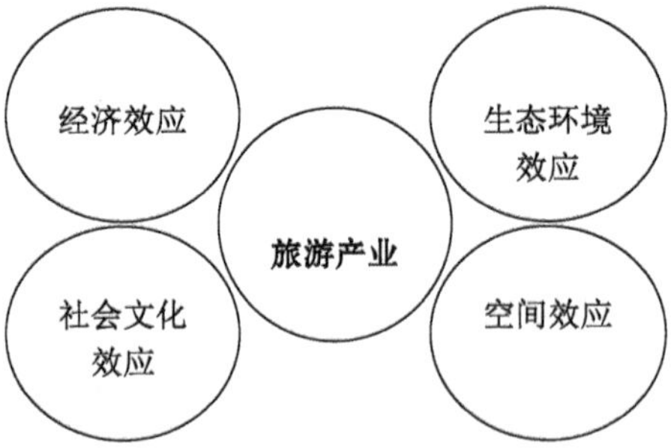

图 4-4 区域效应衰退阶段的旅游产业效应

资料来源:李勇.吉林省旅游产业区域影响力研究[D]:[博士学位论文].长春:东北师范大学,2008. 经作者改绘

二是随着旅游地进入复苏阶段,旅游产业的区域效应也随之进入复苏阶段。旅游目的地为了获得新的发展可能使用全新的、具有吸引力的旅游吸引物取代原有的旅游吸引物,通过开发新的旅游资源以吸引游客,使旅游地进入复苏阶段①。随着旅游地进入复苏阶段,旅游产业的区域效应也将从衰落中复苏,从而进入一个

① 保继刚,楚义芳.旅游地理学[M].北京:高等教育出版社.1999:106-107.

新的发展周期①。伴随着旅游产业进入新的发展周期，其对旅游地的经济、生态环境、社会文化以及空间效应也进入到新的发展周期，再一次经历成长、成熟、衰落的过程（图 4-5）。

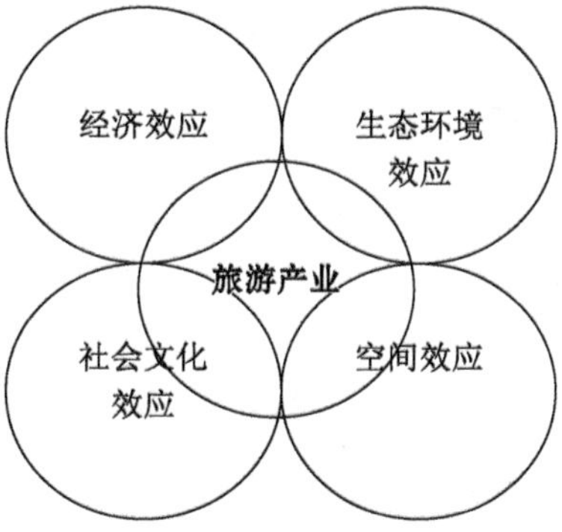

图 4-5　区域效应复苏阶段的旅游产业效应

资料来源：李勇.吉林省旅游产业区域影响力研究[D]：[博士学位论文].长春：东北师范大学，2008. 经作者改绘

按照旅游地以及旅游产业区域效应的生命周期规律，未来我国旅游产业的发展必将经历发展衰退或复苏这一阶段。为促进我国旅游产业的持续健康发展，最大化地发挥旅游产业的区域效应，特别是积极效应，抑制负面效应，需要各旅游地、各级政府做好旅游区规划，科学发展，促使旅游产业的经济、生态环境、社会文化以及空间效应相互协调，均衡发展，形成快速、持续、健康发展的格局。

第二节　旅游产业区域效应的评价体系

一、旅游产业区域效应的评价方法

旅游产业区域效应的评价是指用某种方法对旅游产业所产生效应的正负、大小等进行评估。旅游产业区域效应的评价是旅游产业区域效应研究中的重要内

① 温健斌.旅游对乔家堡村的社会文化影响研究[D]：[硕士学位论文].秦皇岛：燕山大学，2008：26-27.

容,而评价方法的选择则是进行旅游产业区域效应评价与研究的基础。

(一)旅游产业区域效应评价的目的

从产业和区域相结合的角度来研究旅游产业的区域综合效应,是一种比较独特的研究视角。它有助于人们科学而准确地认识旅游产业在经济发展中的真实地位与贡献,有助于人们深入分析促进旅游产业发展的各项影响因素,从而准确地制定出科学的旅游产业发展对策,促进旅游产业的发展并提高旅游产业的经济、空间、社会文化以及生态环境效益。

旅游产业的区域经济、空间、社会文化以及生态环境影响评价体系在本质上是旅游目的地管理的控制手段。通过建立旅游产业区域效应的评价体系,并对旅游目的地所产生的旅游综合效应进行评价,可以为旅游目的地的战略管理提供分析和决策支持,提供借鉴意义和理论依据。对于指标评价出的结论,一方面,作为战略管理的反馈信息,依据它可以调整和修正旅游地战略的实施计划;另一方面,作为战略管理系统的输出信息,它可以发挥多种功能,如为管理者进行战略分析、重新对旅游目的地进行规划、调整旅游地产业结构等①。同时,旅游产业区域效应评价体系的构建也能为我国其他地区的旅游产业区域效应研究提供思维模式、研究方法、实践操作等方面的借鉴。

(二)旅游产业区域效应评价的方法选择

旅游产业区域效应评价方法的选择,因具体效应的内容和类型的不同而有所不同。

就旅游产业的区域经济效应而言,已有的对旅游产业区域效应的评价多采用数学模型进行量化研究,结果较为准确,如不少学者运用经济学方法具体计算了旅游收入乘数效应、投入产出比、旅游卫星账户、产出系数、就业系数等。也有学者认为,评价旅游产业的区域经济影响的主要方法有旅游政策与预测模型(TPF)和收入流转分析(ISA)(张骁鸣,保继刚,2004)②。

目前,学术界关于旅游产业区域空间效应的研究尚处于起步阶段,基本为定性分析,定量难度较大。对旅游产业社会效应的评价是旅游效应评价的一个难点,因

---

① 李莉.旅游目的地经济影响评价体系的构建和实证研究[D]:[硕士学位论文].杭州:浙江工商大学,2006:24-27.

② 张骁鸣,保继刚.旅游区域经济影响评价研究述评[J].桂林旅游高等专科学校学报,2004(2):38-45.

为社会效应涉及的因素较为复杂,难以量化,特别是对于某些民族文化浓郁的地区,许多旅游社会效应都带有争议性。因此,社会效应的评价一般采用定性分析的方法,结果相对来说较为模糊。旅游对社会文化影响的定量研究主要通过社会承载力的测量和对目的地居民旅游感知的衡量。而旅游产业对生态环境效应的评价一般采用定性与定量相结合的方法,如通过计算旅游环境容量、环境质量综合指数、生态环境影响评估等方法分析旅游产业对旅游地的环境影响。

总体来看,目前学术界对于旅游产业的经济、社会、环境等影响的评价与分析多为定性描述,定量法应用不足。且许多研究都存在方法论上的缺陷(Crompton J. L.,Mckay S. L.,1994)①,即使是定量评价也多为旅游对经济、社会、环境影响的单一方面的评价,缺乏旅游产业区域效应综合评价的技术方法体系,而对综合效应进行定量化分析的则更为少见②。因此,建立具有广泛应用和借鉴价值的旅游产业区域效应综合评价方法应是学术界需要亟待解决的重要问题。

基于此,本文拟用定量的方法建立旅游产业的区域效应综合评价指标体系,进而对旅游产业的区域经济效应、生态环境效应、社会文化效应和生态环境效应进行综合分析与评价,以科学地认知旅游产业对区域的影响。

二、旅游产业区域效应评价指标体系的构建

(一)指标体系建立的原则

建立一个科学、可行而又简单实用的评价指标体系是旅游产业区域效应综合评价的核心。由于旅游产业区域效应的评价是一项复杂的系统工程,包含了经济、社会、生态环境、空间等诸多因素,因此,在确定指标体系时,要兼顾指标的可采集性、客观性和代表性,既要反映旅游产业区域效应的综合水平,又要注重从经济、生态环境、社会文化、空间4个层面来全面考察旅游产业的区域效应。因此,在指标体系选取过程中要遵循以下基本原则:

1.科学性原则

旅游产业区域效应评价必须建立在科学分析的基础之上,要客观真实地反映

① Crompton J. L., Mckay S. L. Measuring the Economic Impact of Festivals and Events: Some Myths, Misapplications [J]. Festival Management & Event Tourism,1994,2(1):33-34.

② 张瑞梅,唐善茂.广西龙胜龙脊景区旅游综合效应评价[J].桂林旅游高等专科学校学报,2008(1):60-65.

与评价指标的关联性和旅游产业发展的内在机制。因此，所选指标本身应具有较强的社会经济意义，对区域旅游产业发展要具有较大影响力。同时，评价指标还应具有普遍的统计意义，具有统一标准的计算口径，以便于对区域旅游产业发展潜力进行时间上和空间上的比较。

2.综合性原则

旅游产业区域效应的评价指标应当综合考虑经济、生态环境、社会文化、空间等各方面的关联性，对各因素之间的关系进行系统、综合的描述，使指标体系具有层次性和不重复性，以全面反映旅游产业区域效应的各个方面。

3.可操作性原则

由于对旅游产业区域效应的评价是建立在问卷调查的基础之上，故所选取的指标应与人们的生活密切相关，且易于人们的感知和评价，即指标的选取要具有可操作性，易于获取与计算，并便于进行定性或定量分析，这是保证旅游产业区域效应评价有效开展的前提。

4.代表性原则

由于旅游产业区域效应评价涉及的内容与层面较多，且指标之间相互联系和制约，一个指标与几个指标，或一组指标与另一组指标反映的特征几乎是等价的，故指标之间存在一定的替代性。因此，必须根据旅游产业的特点选取一些最具有代表性的指标以突出重点，抓住关键。

5.相关性原则

与一般的旅游效应评价所不同的是，旅游产业区域效应的评价具有“产业”与“区域”的限定性，故在指标的选取上应尽量选择与“产业”和“区域”密切相关的旅游指标，而不是仅与旅游相关的指标，以科学地认知和评价旅游产业的区域效应。

（二）评价指标体系的建立

根据上述构建旅游产业区域效应评价指标体系的原则，结合旅游产业区域效应的特征和作用机制，本文在借鉴肖佑兴和明庆忠（2003）①、谢彦君（2004）②等研究成果的基础上，将评价指标体系构建为 3 个层次，即目标层 A（旅游产业的区域效应）、准则层 B（4 项指标，分别为旅游产业的经济效应、生态环境效应、社会文化

① 肖佑兴，明庆忠.旅游综合效应评价的一种方法——以白水台为例[J].生态学杂志，2003（6）：152-156.

② 谢彦君.基础旅游学（第二版）[M].北京：中国旅游出版社，2004：318-362.

效应以及空间效应)、因子层C(24项指标)(如表4-1所示)。通过上述指标体系的构建,以为评价旅游产业的区域效应奠定基础。

表4-1 旅游产业区域效应评价指标体系

目标层A	准则层B	因子层C
旅游产业区域效应评价TIRE	经济效应 $TIRE_1$	增加地区经济收入 $TIRE_{11}$
		促进产业结构调整 $TIRE_{12}$
		增加外汇收入 $TIRE_{13}$
		增加政府税收 $TIRE_{14}$
		增加居民经济收入 $TIRE_{15}$
		增加居民就业机会 $TIRE_{16}$
	生态环境效应 $TIRE_2$	控制环境承载力 $TIRE_{21}$
		增加环境保护资金 $TIRE_{22}$
		增强居民环境保护意识 $TIRE_{23}$
		促进生态环境修复 $TIRE_{24}$
		促进自然原生地区保护 $TIRE_{25}$
		缓解生态环境污染 $TIRE_{26}$
	社会文化效应 $TIRE_3$	改善社会生活环境 $TIRE_{31}$
		弱化旅游道德行为 $TIRE_{32}$
		破坏地方文化遗产 $TIRE_{33}$
		促进社会文化交流 $TIRE_{34}$
		加快社会文化变迁 $TIRE_{35}$
		促进社会文化传承 $TIRE_{36}$
	空间效应 $TIRE_4$	加快区域空间拓展 $TIRE_{41}$
		优化区域空间结构 $TIRE_{42}$
		推进空间结构演化 $TIRE_{43}$
		促进区域空间整合 $TIRE_{44}$
		推进空间功能转化 $TIRE_{45}$
		提升空间溢出效应 $TIRE_{46}$

资料来源:①肖佑兴,明庆忠.旅游综合效应评价的一种方法——以白水台为例[J].生态学杂志,2003(6):152-156. ②谢彦君.基础旅游学(第二版)[M].北京:中国旅游出版社,2004:318-362.

三、旅游产业区域效应的评价思路与模型选择

（一）指标权重的确定

旅游产业区域效应评价属于多指标综合评价，而指标间相对重要性及下级指标对上级指标直至总目标的贡献程度又各不相同，因此，需要确定评价指标的权重。指标权重的准确性直接影响评价结果的合理性，而指标权重的大小则代表了个体相应评价指标对评价目标的作用程度。综合比较各种评价方法，借鉴尹子民和张凤新（2004）①的研究思路，本文采用主客观相结合的方法来确定各评价指标的权重，即分别采用G1法和层次分析法（AHP）确定准则层和因子层各因子的主观权重，采用熵值法和标准离差法确定准则层和因子层各因子的客观权重，然后再利用相对熵理论确定各指标的组合权重。

1.G1法主观权重

G1法是一种先对评价指标进行定性排序，然后再进行定量赋值（即在相邻指标间依次比较判断）的主观赋权方法。这种方法对于评价指标无论是否变化，都不会引起指标间的相对重要性程度的优劣排序的改变。具体步骤如下：

①确定评价指标的序关系。旅游产业区域效应G1权重的确定分为准则层与因子层，首先确定各准则层的G1权重，再确定各因子层的G1权重。以因子层为例，这里用 $TIRE_{1i}$ 表示旅游产业经济效应下的第 i 个指标，若 $TIRE_{1i}$ 相对于某评价准则（或目标）的重要性程度大于（或不小于）$TIRE_{1j}$ 时，则记为 $TIRE_{1i} > TIRE_{1j}$。若评价指标 $TIRE_{11}, TIRE_{12}, \cdots TIRE_{1m}$ 相对于某评价准则（或目标）具有关系式 $TIRE^{1*} > TIRE^{2*} > \cdots > TIRE^{m*}$ 时，则称评价指标 $TIRE_{11}, TIRE_{12}, \cdots TIRE_{1m}$ 之间按“>”确立了序关系。这里 $TIRE_{1i}{}^{*}$ 表示旅游产业经济效应 $\{TIRE_{1i}\}$ 按序关系“>”排定顺序后的第 i 个评价指标（$i = 1, 2, \cdots, m$）。

②确定相邻指标的重要性程度。假定旅游产业经济效应的第 k 个指标为 $TIRE_{1k}$，则与其相邻的指标为 $TIRE_{1k+1}$，专家根据指标的重要性程度确定 $r_k = TIRE_{1k}/TIRE_{1k+1}$。一般 r_k 的取值在1~2之间（取1.1、1.2、1.3、1.4、1.5、1.6、1.7、1.8、1.9），根据指标之间的相对重要性差异选择相应的取值，值越大，表示指标之间相对重要性差异越大。

---

① 尹子民，张凤新.企业竞争力评价与可持续发展战略研究[M].沈阳：东北大学出版社，2004：121-124.

③根据专家给出的 r_k，确定旅游产业经济效应第 m 个指标的权重为：

$$w_m = \left(1 + \sum_{k=2}^{m} \prod_{i=k}^{m} r_i\right)^{-1}$$

④由权重 w_m 可得第 $m-1$，$m-2$，…，3，2 个指标的权重值：

$w_{k-1} = r_k w_k$ ，$k = m$ ，$m-1$，$m-2$，…，3，2

其中，w_{k-1} 为第 $k-1$ 个旅游产业经济效应评价指标的 G1 法权重；r_k 为专家给出的指标重要性值；w_k 为旅游产业经济效应第 k 个评价指标的 G1 法权重。同理，计算其他各项指标权重。

2.AHP 法主观权重

层次分析法(the Analytic Hierarehy Process)简称 AHP，是美国著名运筹学家 T.L.Saaty于 1977 年提出的，它是一种定性和定量结合的决策方法，AHP 把复杂的问题分解为各个组成因素，通过两两比较方式确定层次中诸因素的相对重要性，然后通过综合判断以决定诸因素相对重要性的顺序。应用步骤如下：

①假定旅游产业经济效应的某指标为 $TIRE_{ij}^1$，构造判断矩阵 $TIRE^1$，采用 1-9 等级 9 个标度和它们的倒数，对因素集中各评价因素之间相对重要性两两比较，并标定不同等级的重要性所对应的标度。判断矩阵的一般表达形式为：

$$TIRE^1 = (TIRE_{ij}^1)_{n\times n} = \begin{bmatrix} TIRE_{11}^1 & TIRE_{12}^1 & TIRE_{13}^1 & \cdots & TIRE_{1n}^1 \\ TIRE_{21}^1 & TIRE_{22}^1 & TIRE_{23}^1 & \cdots & TIRE_{2n}^1 \\ TIRE_{31}^1 & TIRE_{32}^1 & TIRE_{33}^1 & \cdots & TIRE_{3n}^1 \\ \vdots & \vdots & \vdots & \vdots & \vdots \\ TIRE_{n1}^1 & TIRE_{n2}^1 & TIRE_{n3}^1 & \cdots & TIRE_{nn}^1 \end{bmatrix}$$

式中，$TIRE_{ij}^1$ 表示旅游产业经济效应的第 i 个因素对第 j 个因素的重要性程度，衡量标准用 1-9 标度法。

表 4-2　9 标度及含义

标度	含义
1	两个元素相比，具有同等重要性
3	两个元素相比，前者比后者略微重要
5	两个元素相比，前者比后者明显重要

续表

标度	含义
7	两个元素相比,前者比后者强烈重要
9	两个元素相比,前者比后者极度重要
2、4、6、8	相邻两程度的中间

资料来源:王小云,蓝少华.档案信息质量评价之指标权重分析及运用——基于层次分析法[J].档案学通讯,2010(1):41-45.

②权重的计算,根据判断矩阵用最大特征根法计算权向量 T 和最大特征根 λ_{max},其具体步骤如下:

计算判断矩阵 $TIRE^1$ 每一行元素的乘积:

$$M_{ij}^1 = \prod_{j=1}^{n} TIRE_{ij}^1 \ (\mathrm{i}=1,2,\cdots,\mathrm{n})$$

计算 M_i 的 n 次方根:

$$\overline{W_{\mathrm{ij}}^1} = \sqrt[n]{M_{ij}^1} \ (\mathrm{i}=1,2,\cdots,\mathrm{n})$$

对 $\overline{W_{\mathrm{i}}}$ 归一化处理,得到旅游产业经济效应指标权重:

$$W_{ij}^1 = \frac{\overline{W_{\mathrm{ij}}^1}}{\sum_{\mathrm{j}=1}^{\mathrm{n}} \overline{W_{\mathrm{ij}}^1}} \ (\mathrm{i}=1,2,\cdots,\mathrm{n})$$

计算判断矩阵 $TIRE^1$ 的最大特征根:

$$\lambda_{max} = \frac{1}{n}\sum_{j=1}^{n} \frac{\sum_{j=1}^{n} TIRE_{ij}^1 W^1{}_j}{W^1{}_i}$$

③判断矩阵的一致性检验。

计算一致性指标:

$$CI = \frac{\lambda_{max} - n}{n-1}$$

其中,λ_{max} 为判断矩阵 $TIRE^1$ 的最大特征根,n 为 $TIRE$ 的阶数,它是衡量不一致程度的数量标准。

计算判断矩阵 $TIRE$ 的随机一致性指标 RI 。

对于 1-9 阶判断矩阵,RI 值如下所示:

表 4-3　随机一致性参数 RI 指标

n	1	2	3	4	5	6	7	8	9
RI	0.00	0.00	0.58	0.90	1.12	1.24	1.32	1.41	1.46

资料来源：王小云，蓝少华.档案信息质量评价之指标权重分析及运用——基于层次分析法[J]. 档案学通讯，2010(1)：41-45.

计算随机一致性比率：

$$CR = \frac{CI}{RI}$$

当 $CR<0.1$ 时，可以认为判断矩阵具有满意的一致性。否则，就必须重新进行两两比较以调整判断矩阵中的元素，直至判断矩阵具有满意的一致性为止。这时从判断矩阵中计算出的最大特征根所对应的特征向量经标准化后，才可以作为层次分析的排序权值 T。同理，计算其他各项指标权重。

3.熵值法客观权重

熵值法的主要原理是设有 m 个待评方案、n 项评价指标（本文中 m 代表专家类别，n 代表旅游产业区域效应评价的 24 项指标），每项评价指标用 $TIRE_{ij}$ 来表示，由 24 项指标的不同评价数据形成原始指标数据矩阵 $TIRE = (TIRE_{ij})_{m\times n}$，对于某项指标 $TIRE_{ij}$，指标值 $TIRE_{ij}$ 的差距越大，则该指标在综合评价中所起的作用越大；如果某项指标的指标值 $TIRE_{ij}$ 全部相等，则该指标在综合评级中不起作用。具体步骤如下：

①计算指标 $TIRE_{ij}$ 的比重 P_{ij}，其中，$P_{ij} = TIRE_{ij}/\sum_{i=1}^{m} TIRE_{ij}$。

②计算第 j 项指标的熵值 e_j，其中 $e_j = -k\sum_{i=1}^{m} P_{ij}\ln P_{ij}$，其中 $k = (\frac{1}{\ln m})$，可以证明 $e_j \in [0,1]$，k 为调节系数。

③计算第 j 项指标的差异性系数 g_i，其中计算公式为 $g_i = 1 - e_j$，g_i 值越大，则指标 $TIRE_j$ 在综合评价中的重要性就越强。

④计算指标 $TIRE_j$ 的权重 w_j，计算公式为 $TIRE_j = \frac{g_i}{\sum_{j=1}^{n} g_i} = \frac{1-e_j}{\sum_{j=1}^{n}(1-e_j)}$，其中 $j=1,2,3\cdots,n$。

4.标准离差法客观权重

标准离差法确定权重是一种依据指标数据的标准差大小确定该指标权重大小的客观赋权方法。某个指标的标准差越大,表明其指标值的变异程度越大,提供的信息量就越大,在综合评价中所起的作用越大,该指标的权重也应该越大;反之,则其权重也应该越小。利用标准离差法计算各指标的权重公式为:

$$u_i = TIRE_i / \sum_{i=1}^{n} TIRE_i$$

其中,u_i 为第 i 个指标对目标层的标准离差权重;$TIRE_i$ 为第 i 个指标数据的标准差。

5.于相对熵的组合权重确定

综合以上 4 种赋权方法给出的主观和客观指标权重信息,引入相对熵优化理论进行组合赋权。

记规范化后的评价矩阵为 $X = [x_{ki}]_{n*m}$。该组合赋权方法的思路是建立在对多种主客观赋权方法进行组合的基础上,对 p 种赋权方法计算得出的权重结果 $u_j = [u_{c1}, u_{c2}, \cdots, u_{jm}]$,$(j = 1,2,\cdots,p)$ 进行组合,在这方法当中,包括通过两类赋权方法即主观赋权法和客观赋权法计算得到的权重,根据这 p 个权重结果得出矩阵 $U = [u_{jk}]_{p*m}$,并将这矩阵结果作为第 j 种赋权方法下所得权向量中第 k 个指标的权重。

$$U = \begin{bmatrix} u_1 \\ u_2 \\ \cdots \\ u_p \end{bmatrix} = \begin{bmatrix} u_{11} u_{12} u_{13} \cdots u_{1m} \\ u_{21} u_{22} u_{23} \cdots u_{2m} \\ \cdots \\ u_{p1} u_{p2} u_{p3} \cdots u_{pm} \end{bmatrix}_{p \times m}$$

该组合赋权方法通过在改进的理想解方法基础上引入离差函数,在主客观赋权方法的指导下,保证计算得出的评价结果的偏差应越小越好,从而构建了加权最小二乘法优化模型,以此来确定指标的权重:

$$\min \sum_{j=1}^{p} \sum_{i=1}^{n} \sum_{k=1}^{m} a_j \left[(w_k - u_{jk}) r_{ki} \right]^2$$

$$s.t. \sum_{k=1}^{m} w_k = 1, w_k > 0 (k \in M)$$

在这当中,$w_k (k \in M)$ 为组合赋权后的组合权重,$u_j = [u_{c1}, u_{c2}, \cdots, u_{jm}]$,$(j =$

$1,2,\cdots,p$）为 p 种赋权法计算得出的权重结果 $\sum_{k=1}^{m} u_{jk}=1$，其中，$a_j(j=1,2,3\cdots,p)$ 为 p 种赋权方法的权系数，也就是权重结果的可信度，$a_j \sum_{j=1}^{p} a_{jk}=1$。

考虑到了指标的分值对主、客观权重在组合赋权中所占比例的作用。

构造拉格朗日函数：

$$L(w,\lambda)=\sum_{j=1}^{p}\sum_{i=1}^{n}\sum_{k=1}^{m} a_j\left[(w_k-u_{jk})x_{ij}\right]^2+2\lambda\left(\sum_{k=1}^{m} w_k-1\right)$$

对上式两边求偏导，由极值存在的必要条件可得模型的最优解：

$$w=\sum_{j=1}^{p} a_j u_{jk} \qquad (k\in M)$$

由上式可知，得到组合权重的关键在于确定指标权重的可信度 a_j，当指标权重的可信度确定以后，就可以按照此可信度对各种不同赋权方法计算出的权重加权平均。

对于可信度 a_j 的确定，这里引入相对熵优化原理，首先对各种赋权方法计算得出的权重结果进行集结得到集结权重，然后，重点在于计算各赋权结果与集结权重间的贴近度，以此贴近度的计算结果来度量各赋权结果的可信度。

运用相对熵优化理论计算可信度的前提条件是先引详细阐述离散形式的相对熵定义及其主要性质，具体情况如下所示：

设 $x_i,y_i\geqslant 0(i=1,2,3,\cdots,n)$ 且 $1=\sum_{i=1}^{n} x_i\geqslant\sum_{i=1}^{n} y_i$，则称 $h(x,y)=\sum_{i=1}^{n} x_i\ln\frac{x_i}{y_i}$ 为 x 相对于 y 的相对熵，其主要性质为：

① $\sum_{i=1}^{n} x_i\ln\frac{x_i}{y_i}\geqslant 0$

② $\sum_{i=1}^{n} x_i\ln\frac{x_i}{y_i}=0$ 的充分必要条件是，对所有的 i，$x_i=y_i$

通过以上相对熵主要性质的阐述我们可以看出，当 x，y 为两个离散分布时，相对熵能够作为二者符合程度的一个度量函数。

通过上文的假设条件可知，u_j 满足归一化条件，因而把它当作一个离散分布的形式，针对由 p 种赋权方法计算得出的指标权重结果所形成的矩阵形式 $u_j=[u_{c1},u_{c2},\cdots,u_{jm}]$，$(j=1,2,\cdots,p)$，本文运用以下方法来确定第 j 个赋权结果的可信度 a_j。

运用贴近度来定义任意两个权重结果量 $u_i, u_j(i,j=1,2,\cdots,p)$ 之间的相对熵 $h(u_i,u_j)$（即贴近度），通过文献阅读可以得知，贴近度的公式如下所示：

$$h(u_i,u_j)=\sum_{l=1}^{m}u_{il}\ln\frac{u_{il}}{u_{jl}}$$

任意两种赋权方法得到的权重向量之间的相对熵越趋近于0，则它们之间的一致性程度越高。即相对熵越小，两个权向量的贴近度越大。上式表示的相对熵来度量的各赋权结果之间的一致性程度更加准确，避免了目前度量和验证一致性常用方法的局限。

通过对相对熵概念和性质的阐述可知，$h(u_i,u_j)=0$，当且仅当 $\forall l\in M, \exists u_{il}=u_{jl}$。因此，运用相对熵 $h(u_i,u_j)$ 能够测算多种不同赋权方法所计算得出权重结果 u_i, u_j 的一致程度。由上文阐述的原理作指导，对各种赋权结果进行集结得到集结权重 $d=(d_1,d_2,d_3,\cdots,d_m)$ 的问题就较为容易地转化为简单的数学规划问题，具体表达情况如下所示：

$$\min H(d)=\sum_{j=1}^{p}\sum_{k=1}^{m}d_k\ln\frac{d_k}{d_{jl}}$$

$$s.t.\sum_{k=1}^{m}d_k=1, d_k>0(k\in M)$$

$$d_k^*=\frac{\prod_{j=1}^{p}(u_{jk})^{\frac{1}{p}}}{\sum_{k=1}^{m}\prod_{j=1}^{p}(u_{jk})^{\frac{1}{p}}}\quad k=1,2,3,\cdots,m$$

计算每一赋权结果与集结权重 $d^*=(d_1^*,d_2^*,d_3^*,\cdots,d_m^*)$ 的贴近度 $h(u_i, d^*)(j=1,2,3,\cdots,p)$，通过运用贴近度的计算结果，能够进一步计算各赋权结果的可信度。如果第 j 个赋权结果与集结权向量之间的贴近度越大，就说明这种赋权结果在组合赋权中发挥的作用就越大，由此可得，这种赋权结果的可信度能够简单地表示成如下公式：

$$a_j=\frac{h(u_j,d^*)}{\sum_{j=1}^{p}h(u_j,d^*)}\quad j=1,2,3,\cdots,p$$

第 j 个赋权结果与集结权重的贴近度越大时，这种赋权结果在组合赋权中发挥的作用便越大。确定 a_j 即确定第 j 个权向量的可信度，a_j 即为可信度的量化表示。

通过以上步骤，将计算得到的各赋权结果的可信度 $a_j(j=1,2,3,\cdots,p)$ 代入公式 $w=\sum_{j=1}^{p}a_j u_{jk}$ 中，便能够得到各个具体指标的组合权重 $w_k(k\in M)$ 。

（二）评价思路与模型选择

基于上文对旅游产业区域效应各评价指标权重的确定，本文在通过发放问卷获得调查数据和借鉴肖佑兴与明庆忠（2003）研究成果的基础上①，构建旅游产业区域效应定量评价模型，以对旅游产业的区域效应进行定量综合评价。

1.旅游产业的区域效应

对问卷调查数据进行标准化处理，得到每一个指标标准化后的数据 $TIRE_{ij}$ ，其中旅游产业经济效应、生态环境效应、社会文化效应、空间效应标准化后的数据可以表示为 $TIRE_{ij}$（$i=1,2,3,4;j=1,2,3,4,5,6$），对应的因子层权重可以表示为 W_{ij}（$i=1,2,3,4;j=1,2,3,4,5,6$），对应的准则层权重可以表示为 W_i（$i=1,2,3,4$），则旅游产业的经济效应、生态环境效应、社会文化效应、空间效应可以表示为：

$$TIRE_i=\sum_{\substack{i=1\\j=1}}^{\substack{n\\m}}TIRE_{ij}W_{ij}\ (i=1,2,3,4;j=1,2,3,4,5,6)$$

式中，$TIRE_i$ 表示第 i 项效应的效应值，$TIRE_{ij}$ 表示第 i 项效应所对应的第 j 项指标标准化后的值，W_{ij} 表示第 i 项效应所对应的第 j 项指标权重。

2.旅游产业的综合效应

由计算所得到的旅游产业的经济效应、生态环境效应、社会文化效应、空间效应可计算旅游产业的综合效应，计算方法如下：

$$TIRE=\sum_{i=1}^{n}TIRE_iW_i\ (i=1,2,3,4;j=1,2,3,4,5,6)$$

式中，$TIRE$ 表示旅游产业的综合效应，$TIRE_i$ 表示第 i 项旅游产业效应，W_i 表示第 i 项效应所对应的权重。

将依据上述方法计算所得效应分值按照一定的标准进行划分，评价标准如表 4-4 所示：

① 肖佑兴，明庆忠.旅游综合效应评价的一种方法——以白水台为例[J].生态学杂志，2003(6)：152-156.

表 4-4　效应评价水平参照标准

效用值	5.00 以上	4.25～5.00	3.50～4.25	3.00～3.50	2.00～3.00	2.00 以下
评价水平	极高	非常高	较高	一般	较低	非常低

资料来源：杨力平.大连旅游产业区域效应综合评价[J].大连民族学院学报，2008，10(2)：178-183.

第三节　旅游产业区域效应的调控

一、旅游产业区域效应调控的内涵

（一）旅游产业区域效应调控的概念界定

调控一词包含协调、控制两个层面，协调是调控的方法，控制是调控的手段。调控是根据系统运行的状态、水平、阶段等现状特征，采用各种手段和方法，按照系统运动的客观规律，对系统进行有计划、有目的地影响和干预，使之走向有序、合理、稳定的过程。一般而言，调控是人为主观干预系统的过程①。

旅游产业的区域效应是一个复杂的系统，从具体的旅游区或旅游地域层面看，各旅游地的演化过程一方面不断与外部环境进行物质要素的交换，另一方面各旅游地域系统的子系统，如经济子系统、空间子系统、社会文化子系统以及生态环境子系统又具有相互作用和相互联系的关系。旅游产业区域效应的变化过程就是在旅游产业与旅游地域系统以及各旅游地域内部子系统之间的作用下进行的。并且，旅游产业区域效应的变化是在受到旅游地域系统内部要素以及外部条件的共同影响的条件下发生的。因此，可以通过对旅游产业区域效应的变化过程施加一定的外部条件和进行适当的干预，使各旅游地域向着人们期望的方向发展，并体现旅游产业区域效应变化的一般规律。

正是从这个意义上来说，旅游产业区域效应的调控是对旅游产业区域效应系统的各要素因子进行协调与控制的过程。在旅游产业的区域效应系统变化过程中，根据不同旅游地旅游产业发展与区域发展要素（经济、空间、社会文化以及生态

① 曹传新.大都市区形成演化机理与调控研究[D]：[博士学位论文].长春：东北师范大学，2004：139-146.

环境等）之间相互作用的状态及其形成背景，以促进各旅游地域旅游产业效率提高和提升旅游地域整体功能为目标，采用经济、规划、制度等手段，对旅游产业的区域效应系统演化进行有目的的干预，不但可以有效解决各旅游地域历史发展以及现状存在的突出问题和矛盾，还能对旅游产业区域效应的现实状态与可能的预期状态的问题进行控制与调节，进而优化旅游产业的区域效应的质量①，最终引导旅游产业的区域效应向着高级化、高效化方向演进，推进旅游产业与旅游区域之间的协调发展。

（二）旅游产业区域效应调控的概念内涵

虽然从一般意义上来说旅游产业区域效应的调控是人为的主观引导过程，但就其本质而言，这一调控同时也是一种客观规律发挥作用的过程。因此，旅游产业区域效应的调控包括两个层面的内涵。

第一，旅游产业的区域效应系统具有复杂性的特征，旅游地域系统内部各子系统（经济、空间、社会文化以及生态环境）又具有相互作用的关系，而各子系统通过要素能量的交换，促进地域系统自发地对自身发展实施调节和控制。也就是说，旅游产业的区域效应的调控在一定程度上是通过各种客观规律自发进行的，遵循旅游产业区域效应的演化规律是进行旅游产业区域效应调控的基础。

第二，由于旅游产业的区域效应演化具有动态性特征，需要在遵循旅游产业区域效应演化规律的前提下，根据旅游地域发展的历史过程与现状问题对未来发展趋势进行准确的判断，进而选择适合旅游地域自身发展特点与未来需求的调控手段、调控模式与调控路径，对旅游产业的区域效应实施有针对性的调整与引导，促进旅游产业与区域经济发展、空间培育、社会文化进步以及生态环境保护等的持续协调发展，优化并提升旅游地域的功能。

二、旅游产业区域效应的调控目标

旅游产业区域效应的调控具有一定的目标导向性。虽然这种目标导向在区域不同发展阶段或在不同的旅游地域因旅游产业区域效应及其形成机制的不同而有所差异，但总体上来看，旅游产业区域效应的调控目标主要体现在以下几方面（表4-5）：

① 刘艳军.我国产业结构演变的城市化响应研究——基于东北地区的实证分析[D]:[博士学位论文].长春:东北师范大学,2009.

（一）实现旅游地域的可持续发展

旅游地可持续发展是旅游产业发展与经济、空间、社会、生态环境协调统一的客观要求，贯穿于旅游产业与区域发展各层面（经济、空间、社会文化以及生态环境等）相互作用的全过程。旅游地域的可持续发展强调旅游地域在发展、演进过程中必须坚持走科学发展的道路。旅游地可持续发展的核心内容可以概括为以下要求①：一是旅游产业的持续发展，只有旅游产业获得可持续发展，旅游产业的区域效应才能够获得持续、健康发展；二是强化旅游产业空间的培育与开发，这是旅游产业发展的支撑载体；三是强调旅游地生态环境的保护；四是强调人类社会文化遗产的保护。因此，通过旅游地经济、空间、社会文化以及生态环境的持续发展进而促进旅游地的持续、健康发展是旅游产业区域效应调控的根本目标和决策前提。

表 4-5　旅游产业区域效应调控的目标体系

调控目标	目标属性	目标描述
实现旅游地域的可持续发展	根本目标	促进旅游产业的持续发展，强化旅游产业空间的培育与开发，强调旅游地的生态环境保护，强调人类社会文化遗产的保护
促进旅游产业区域效应最大化	最终目的	抑制或消除旅游产业对旅游区域经济、社会、环境的消极效应的发展，促进其积极效应的发展
强化旅游产业与区域发展的协调	重要目标	形成适应旅游地区域发展水平和要求的旅游产业-空间体系，使旅游产业要素在旅游地进行合理和高效化的配置，提升旅游地整体功能

资料来源：根据相关资料作者自绘

（二）促进旅游产业区域效应最大化

旅游产业是一个关联度高、牵拉力强、乘数效应明显的综合性产业群体。旅游产业的发展对区域发展具有重要的效应，包括经济效应、空间效应、社会文化效应以及生态环境效应，而追求效益最大化则是旅游产业区域效应调控的最终目的。也就是说，在旅游产业发展过程中一定要抑制或消除对区域经济、社会、环境的消极效应，促进并强化积极效应。一般来说，旅游产业的区域积极效应主要包括旅游

① 肖佑兴.旅游目的地的旅游效应及其调适对策[D]：[硕士学位论文].昆明：云南师范大学，2002.47-49.

创造的增加值对经济总量的贡献、旅游消费对居民收入的贡献、旅游对财政收入的贡献、旅游对社会就业的贡献、旅游产业对区域空间发展以及空间结构调整的引导、旅游产业对旅游地社会发展的作用、旅游产业对旅游地文化创新的促进、旅游产业对区域环境保护的支撑作用等。因此，要实现旅游产业的区域效应最大化，就必须通过旅游创造经济财富、增加就业人数和促进生态环境的有效保护。

（三）强化旅游产业与区域发展的协调

促进旅游产业与旅游地发展的有序协调是旅游产业区域效应调控的重要目标。旅游产业与区域发展的协调既是旅游地可持续发展的基础，也是旅游地整体功能提升的保障。因此，旅游产业区域效应调控的首要的目标就是促进旅游产业与旅游区域发展的有序协调。所谓促进旅游产业与旅游区域发展的有序协调，就是在旅游产业与旅游地发展的一定阶段顺应客观规律的要求，对不合理或效率低下的旅游产业结构、旅游产业布局等进行调整和完善，形成适应旅游地区域发展水平和要求的旅游产业-空间体系，使旅游产业要素在旅游地进行合理化和高效化的配置，推动旅游区域经济、空间、社会文化以及生态环境的发展，进而提升旅游地的整体功能。

三、旅游产业区域效应的调控机制

调控机制的建立是旅游产业区域效应提升的重要保障。从旅游产业与旅游区域发展的相互关系以及内外部条件来看，旅游产业区域效应的调控机制主要包括市场调控机制和政府调控机制（表4-6）。

（一）市场调控机制

市场调控机制对旅游产业区域效应的调控作用的本质在于各旅游微观经济主体活动的相互依存、相互作用、相互制约与相互协调所表现出的整体性和目的性。从这个意义上说，市场调控机制是市场经济活动的一种内在的、自动的自我调控机制。它是影响旅游产业区域效应的基础性机制，旅游产业要素的均衡配置是这种机制运作的必然结果。

市场调控机制调控旅游产业区域效应的主要经济手段和方式包括价格调控、财政税收调控、竞争调控、供求调控、交易调控、金融调控以及资源配置调控等。其发挥调控作用的规律是，通过市场调控机制制定有利于旅游产业区域效应提升要素的价格、税收、财政、金融等政策，使之快速、高效发展。否则，就制定限制政策，使之延缓发展。

市场调控机制对旅游产业区域效应的调控作用主要包括两个方面的内容：一是利用市场机制调节旅游产业的自身发展，即通过市场机制将旅游产业以及各种有开发价值的旅游资源要素、旅游设施等配置到最能发挥效益的空间实体上去运营，进而促进旅游产业区域效应的最大化；二是利用市场机制调控旅游地的发展环境，通过市场机制去改善旅游地的发展环境，推动旅游产业的合理组织，为旅游产业发展以及旅游产业区域效应的发挥创造基础和条件。这样，通过市场机制的调节作用使旅游地的旅游产业释放出潜在于区位、结构等方面的势能，促进旅游产业区域效应的有序演化和整体提升。

（二）政府调控机制

政府调控机制是旅游产业区域效应的引导性调控机制。由于影响旅游产业区域效应的因素众多，内容复杂，故旅游产业区域效应的调控若仅依靠市场是远远不够的。特别是当一些由于不确定因素而引发的区域发展问题或矛盾出现的时候，常常难以通过市场调控机制解决，即出现“市场失灵”现象。因此，现代市场经济的运行还需借助政府的行政干预手段，才能保障旅游产业区域效应向着不断强化和可持续的方向演化。当然，在市场经济运行的过程中，对旅游产业区域效应所实施的行政干预，必须是市场经营、公平竞争、政策引导、经济杠杆等综合集成后的政府宏观调控。否则，就会违背旅游产业区域效应的客观演进规律，造成适得其反的不良后果。也就是说，在对旅游产业区域效应的调控过程中，需要把市场调控机制与政府调控机制有机地结合起来，这是旅游区域健康、持续发展的必然要求。

一般说来，政府调控机制对旅游产业区域效应的调控主要包括两个方面：一是政策制度的引导；二是法律法规的规定。政策制度是旅游产业区域效应调控过程中法律法制的重要补充形式。它将法制化调控方式的引导性内容通过政府的政策制度形式表现出来，不需经过法律程序就可以实施调控，可以提高旅游产业区域效应的调控效率。从政策制度的内容来看，主要包括扶持和发展旅游的产业政策、旅游规划制度、旅游扶贫制度、旅游影响评价制度、旅游预警预报制度、调整“黄金周”制度，以及传统文化开发与文化产业发展制度、自然和文化生态补偿制度、旅游生态环境保护制度、旅游区域合作政策等。法律法规是旅游产业区域效应调控的保障性机制。旅游产业区域效应调控的法律法规主要包括各种资源、环境和文化的保护性法律法规，如生态环境保护法规、土地合理利用法规、风景名胜区管理条例、文物法等。

作为一种宏观调控机制，政府调控的方式是各经济主体出于对经济社会整体利益的认可与维护，按照政府部门的指令、指向及法律所规定的范围，对自身的经济社会活动进行调整，促进资源在旅游地内部各区域、各部门、各企业之间流动，使旅游产业要素的宏观配置趋于均衡，进而促进旅游产业对旅游地效应的发挥。

表 4-6　旅游产业区域效应的调控机制

调控机制	机制属性	机制描述
市场调控机制	基础性机制	市场调控机制对旅游产业区域效应的调控作用主要包括两个方面的内容：一是利用市场机制调节旅游产业的自身发展；二是利用市场机制调控旅游地的发展环境
政府调控机制	引导性机制	政府调控机制对旅游产业区域效应的调控主要包括两个方面：一是政策制度的引导；二是法律法规的规定

资料来源：根据相关资料作者自绘

四、旅游产业区域效应的调控策略

旅游产业区域效应的演化是一个系统的、渐进的过程，在这一过程中旅游产业与旅游地发展水平以及二者间的相互作用关系均对旅游产业区域效应的发挥产生重要的影响，并且旅游产业与旅游地之间的支撑载体也是旅游产业区域效应演化的重要因素。因此，旅游产业区域效应的调控策略需要从旅游产业、旅游地以及旅游地与旅游产业的支撑系统 3 方面进行考虑。

（一）旅游产业发展的调控策略

旅游产业的发展是一项综合的系统工程，涉及众多行业和各种社会与商业资源的开发整合。因此，通常可以从旅游企业调控、旅游产业结构调控和旅游产业集群培育等方面对旅游产业发展进行调控。

1.旅游企业的调控

旅游企业是以现代企业制度为运行机制、以先进的经营理念融入市场营销的企业组织。旅游企业的调控，一方面需要旅游企业按照“产权清晰，权责明确，政企分开，管理科学”的要求建立现代企业制度，确立旅游企业的市场主体地位；鼓励企业通过兼并、合并、相互持股等方式实现改组、改制、改造、联合，进而通过资产重组、资本运营、管理合作等举措组建跨部门、行业、所有制、地区或国家的旅游企业集团，并在旅游企业之间建立营销网络。另一方面，需要政府发挥积极的培育、扶持作用，帮助旅游企业实现规模经济效益，促进大、中、小型企业间的比例协调，以满足不同旅游者的消费需求。

在旅游企业发展过程中，旅行社的发展是重要的环节。旅行社是联结旅游客源地与旅游目的地的纽带，是将旅游产品各要素进行整合的组织者，是旅游服务提供商的重要分销渠道，同时也是旅游者接触旅游服务的便利通道。因此，为强化旅游产业对区域发展的积极效应，必须强化旅行社的核心竞争力。由于大多数旅游者都是跨地区活动，为了更方便地为旅游者服务，降低服务成本，旅行社需要实行网络化经营和布局。具体方式可采用自有门市连锁经营、特许经营和管理连锁经营等，其中，自有门市连锁经营需要投入大量资金，适合实力强的旅行社，但是扩张风险较大。特许经营和管理连锁经营需要旅行社有一定的品牌形象和品牌内涵，在此基础上投入较少资金，实行网络化运营，可以大大减少扩张风险，并提高经济效益①。

2.旅游产业结构的调整

旅游产业结构既是地区旅游经济发展状态与水平的重要标志，也是影响旅游经济发展及其区域效应的重要原因。旅游产业需求的快速增长、旅游产业发展的多部门关联性决定了旅游产业在旅游地产业结构调整中的重要地位，如在我国产业结构调整过程中，就明确要求加大对旅游业的投入，大幅度扩大产业发展规模，以使旅游产业成为区域的主导产业②。旅游产业结构的合理化有利于充分发挥区域旅游资源优势，提高经济效益，促进区域旅游业健康、可持续发展，实现旅游产业区域效应的高效发挥。

旅游产业结构的调整，首先要实现旅游核心企业的有序分工与协调。旅游业综合性强的特点决定了完整的旅游产品及服务要由旅游景点、旅行社、旅游饭店、旅游交通、餐饮等不同的互补性企业来提供。因此，必须使旅游业各部门在类型、规模、发展水平等方面协调发展，形成分工合理、竞争有序的格局。只有各行业的

---

① 张悦.旅游产业区域效应的调控与优化[J].中国集体经济，2007(12)：93-94.

② 谢春山，李诚固.试论新时期旅游产业的特征与功能定位[J].财经问题研究，2005(8)：90-93.

旅游生产能力具备一定的水平，旅游活动在行业间能够相互协调，才能做到旅游产品与服务的功能齐全、容量合理、项目配套，以满足旅游者食、住、行、游、购、娱的全方位需要。其次，旅游产业结构的调整需要充分发挥现代科技的作用。要加快旅游业与科技结合的步伐，积极开发和引进高科技旅游项目，提高旅游产品的科技含量与信息含量，以适应旅游消费者多方面的需求及产业变化的趋势。只有这样，各部门企业才能发挥自己的核心产品优势，扩大自己的经营规模，增加市场占有率，从而提高企业效率，增强整个产业的竞争力①。此外，旅游产业结构的调整要充分发挥旅游相关产业的作用。虽然目前邮电通信、娱乐部门与旅游总收入关联系数较低，贡献较小，但它们仍对旅游产业结构的调整起着重要的作用，故应将这些部门作为未来旅游产业结构调整的内容之一，以促进旅游产业结构的完善。

3.旅游产业集群的培育

旅游产业集群对区域经济发展的重要性来源于其独特的竞争优势，它能大大强化旅游产业间的资源共享、信息交流、客源输送、利益共享和风险共担的合作关系。因此，旅游产业集群化不仅是提升区域旅游业竞争力的最佳模式，也是区域旅游业可持续发展以及旅游产业区域效应增强的客观要求和必然趋势。

旅游产业布局的空间聚集性特点要求旅游产业的发展必须实现产业群体化，创造聚集效益。旅游产业在一定区域内的聚集并形成旅游产业集群不仅降低了成本，更可获得正外部效益，即某个企业的优质服务将促进其他企业的成功。产业集群成员数量越多，对客源市场的控制力越强，聚集效益就越大。同时，旅游产业集群的服务对象都是有着相似需求的旅游者，这为旅游产业内部的分工与协作提供了可能。每个企业、部门只生产或只提供全套旅游产品或服务的一部分，使生产和服务的效率大大提高。因此，旅游产业集群的形成可以形成综合实力，提高旅游产业的竞争力，进而强化旅游产业的区域效应。

旅游产业集群的培育应充分发挥政府的调控职能，创造有利于旅游产业集群化发展的环境。政府不仅要为旅游产业集群化发展创造良好的硬件环境，更要为聚集区内的企业提供良好的制度环境，消除限制集群创新的障碍，制定推动合作和创新的条例和法规，通过政府与集群各要素层之间的互动来带动整个集群的交流和互动②。同时，政府还应以现有的旅游产业集群所处产业链的层次为导向，加强

---

① 胡宇橙，钱亚妍.天津市旅游产业结构调整研究[J].经济研究导刊，2007(11)：179-182.

② 徐红罡，相阵迎.珠海旅游产业集群的案例研究[J].人文地理，2007(6)：76-80.

产业政策的引导,在招商引资时,注重引进与现有旅游产业上下相关联的企业。这样,一方面可以避免因区域内同类旅游产业扎堆出现所造成的同业错位竞争,影响旅游产业集群效应;另一方面又可以增强区域集群产业的关联性,进而增强旅游产业集群的稳定性①。

(二)旅游地区域发展的调控策略

旅游地的整体发展水平和功能是旅游产业发展的重要基础和支撑,也是旅游产业区域效应发挥的前提条件。因此,要实现旅游产业区域效应的优化,就必须强化旅游地的整体发展,具体包括整合旅游地的旅游资源、促进旅游地整体发展以及强化旅游的区域合作等方面。

1.整合旅游地旅游资源

虽然旅游资源禀赋是一个地区发展旅游业的基础,但在旅游市场竞争日趋激烈的形势下,如果还停留在以现有的资源为依托,幻想仅依靠旅游资源就能赢得旅游市场份额已无异于痴人说梦,这就要求对一定区域内的旅游资源进行整合。旅游资源整合是针对区域内现有的旅游资源对其进行更好的开发、优化与重组,从而提高旅游资源的利用效率,以实现旅游产品的深度开发,并提升区域旅游的吸引力和竞争力。

旅游资源整合的实质是通过将零散的旅游资源规划整合,形成旅游资源规模效应,充分发挥现有旅游资源的凝聚力;通过深层次、多角度的开发提高旅游资源的文化内涵与文化品位,吸引不同兴趣爱好的旅游者;针对旅游市场的需求状况开发设计形式多样、类型齐全、重点突出的旅游产品系列,以满足旅游者旅游体验的需要。

为整合旅游地的旅游资源必须建立整合开发的协调机制,从空间资源的整体性和网络关联性出发,编制旅游发展规划,实行集约化经营。区域内各行政区旅游发展规划需接受该规划的统一指导,形成一种区域性多元互动的合力,拓展旅游资源整合的广度和深度,增强旅游产业发展活力。

2.促进旅游地整体发展

要实现旅游地整体发展水平的提高,第一,必须促进旅游地的经济发展。既要调整区域经济要素的内部结构,提高产业结构效益,又要强调相关产业对旅游业的

---

① 强亦锐.我国旅游产业集群研究[J].合作经济与科技,2007(3):43-44.

供给和保障。既要通过促进交通运输、餐饮服务、房地产开发、金融保险、商品开发的规模扩张与结构优化,为旅游产业发展提供支撑,促进旅游业的发展,又要强化旅游产业对于第三产业结构升级与区域经济发展的拉动、支撑作用的充分发挥。

第二,在对旅游地开发时应做好功能区的划分与建设。对于可承受较大外界干扰的旅游娱乐区应加以合理规划,对脆弱的旅游生态区应加以保护,从而使旅游区域与周围环境产生良性互动。要清楚认识各功能区之间的关系,从相互补充、相互依存、相互排斥三个方面进行综合分析,合理布局,使各功能区都能发挥最大效应。此外,在各个功能区内也应明确核心景观与非核心景观的各自位置和各自功能,实现两者之间的互补与协调。

第三,强化对旅游地社会文化的保护和开发。要通过提高社区居民对旅游决策,特别是与当地社会发展有较大关系的旅游决策的参与意识,促进旅游产业发展的社会环境的改善。从文化发展的规律上看,要实现旅游地社会文化的持续发展必须重视传统性和现代化的均衡。要实现这种均衡,一方面要保护和弘扬实质性的传统,在推崇设施设备、思想观念和管理手段现代化的同时,不忘以传统文化作为底蕴;另一方面在继承和发扬传统的过程中必须结合现代化中的合理性内涵,将其作为传统的发展和创新,进而为文化再创造提供新动力①。

第四,要实现旅游地整体的发展,必须保护和建设可持续发展的生态环境体系。生态环境是旅游产业发展和区域效应发挥的重要基础,要采取多种措施进行保护,如迁移生态环境已经遭到破坏的资源、关闭生态环境脆弱地区等。同时还应提高污染防治技术,加强环卫管理,改善旅游环境,促进旅游产业积极效应的产生。

3.强化旅游的区域合作

旅游业以其广泛的产业关联效应和乘数效应在区域发展中发挥了重要的作用,但也伴生出许多问题,如地方保护主义倾向突出、区域性旅游资源难以得到统一规划与开发、主题公园与生态景区(点)建设出现近距离重复等等。对上述问题如果不采取有效措施加以遏止,必将会使竞争恶性化并影响到区域市场的整体秩序。因此,加强区域旅游合作是保证区域旅游持续、健康发展的必然要求。同时,上述问题的存在也对区域旅游产品的协调供给提出了更高要求,地区之间的旅游合作就变得愈发重要。区域之间的旅游合作,不但能够更好地实现旅游资源和旅

① 刘丽娟,冯麟茜.试析旅游对接待地社会文化的消极影响[J].燕山大学学报(哲学社会科学版),2007(增刊):99-100.

游产品的互补，还能实现旅游市场的拓展，为各区域旅游产业的发展注入更多活力。因此，加强区域旅游合作是促进区域旅游产业保持良好发展态势的必要基础①。

为提高区域旅游合作水平，充分发挥资源互补优势，可以考虑由政府部门建立旅游区域合作机构，以方便区域合作的展开，并相互借鉴经验，最终实现双赢。旅游企业在跨地区经营时也应考虑通过多吸纳当地人就业、投资，对当地的旅游资源进行保护等多种方式使当地社区尽可能多地获益，推动旅游地经济社会的发展。同时，合作区域中较发达的一方可通过低息或无息贷款、政府援助等途径支援欠发达地区的旅游基础设施建设和人力资源培训，以达到旅游扶贫的目的②。

（三）旅游产业支撑系统的调控策略

旅游产业支撑系统是旅游产业与旅游地联系的重要桥梁和支撑，为强化旅游产业的区域效应，必须强化旅游支撑系统的建设和调控，主要包括完善旅游市场体系和调控旅游设施建设等方面。

1.旅游市场体系的完善

旅游市场体系的培育和完善是旅游产业发展的重要基础。通过培育市场主体，建立多层次、多种类、多功能的市场体系网络，推动旅游产品开发，满足旅游者需要，是产生较好的旅游产业效应的关键之一。要完善旅游市场体系，应重点强化对旅游市场营销体系、价格体系和监管体系的建设与调控。

旅游市场营销体系的建设是旅游产业发展的重要内容。构建一个优化的市场营销体系，有利于旅游业在激烈的竞争中占有一定规模的市场份额，从而提高区域旅游业的竞争实力和经济效益。旅游地营销部门要根据市场需求状况对旅游资源进行整合，将本地区最具品质和特色的资源推介给旅游者。同时，随着特定目标市场开发的深入，旅游产品也必须不断深化，及时推出深度旅游产品，适应市场需求③，以促进旅游产业的发展。

旅游市场价格体系的完善程度是旅游产业发展的重要影响因素。要保证旅游市场价格体系的正常运转，与之有关的各种法律、法规就要先行出台。然而，旅游

① 薛莹.对区域旅游合作研究中几个基本问题的认识[J].桂林旅游高等专科学校学报，2001(2)：26-29.

② 李树民.区域旅游合作的行为模式与动力机制[J].旅游学刊，2005(3)：10.

③ 王信章.建立科学高效的旅游目的地市场营销体系的六个环节[J].旅游学刊，2008(4)：6-7.

价格管理立法的滞后大大降低了打击旅游价格违法行为的有效性，形成了对旅游产业健康发展、依法管理的制度约束。因此，要制定和完善旅游价格管理的相关政策法规，借助法律法规的制度性力量，推动旅游价格市场的健康发展。要完善和细化旅游市场价格管理的有关法律法规，用法律手段规范和约束旅游企业的市场行为①。

此外，为保障旅游市场的有序发展，必须建立旅游市场的监管体系。政府和相关管理部门要对违规企业实行市场公开谴责制度，用以监督、警示旅游企业的市场行为和引导消费者的消费选择；同时，要杜绝市场秩序混乱、旅游商品价格混乱等现象的发生，为旅游者营造健康和谐的购物环境，进而带动区域效应的良性发展。

2.旅游设施建设的调控

旅游基础设施和旅游服务设施是旅游产业发展以及旅游产业区域效应发挥的重要依托条件。随着旅游业的发展，特别是旅游市场竞争的日趋激烈，游客对旅游环境、食宿条件、交通状况、服务质量等方面提出了更高的要求。如果当地旅游服务设施建设薄弱、硬件不足、软件缺乏，则会成为制约旅游业发展的瓶颈。

为促进旅游业更好地发展，有关部门应高度重视餐饮、饭店、娱乐、休闲等服务设施的建设，形成规模适当、层次合理、多样化的旅游基础设施体系和服务设施体系。宏观统筹调控与旅游业相配套的交通、饮食、娱乐、园林、商业及文化等部门的发展，使各行业的发展能够统一协调、相互配合。

目前，我国旅游投资机制存在严重缺陷，旅游设施投资渠道不畅，限制了旅游产业区域效应发挥优势作用。要解决这一问题，需要在以下两方面进行调控与优化：一是扩大资金渠道；二是改革融资体制。从扩大资金渠道来看，可以考虑由政府出面招商引资，国家在发行债券时考虑分配一部分资金支持旅游产业发展，从旅游企业税收中或从旅游者消费中提取部分资金建立旅游产业发展基金，通过旅游协会等民间组织筹措一部分资金等。从改革融资体制来看，应建立旅游投资管理部门，专门负责旅游产业基础设施建设的政策制定以及资金筹措、评估和监督，同时负责制定相关优惠政策，努力促成区域间旅游合作，以此吸引内资和外资，开拓资金流入的外部渠道和国际渠道②，进而促进旅游设施的建设和完善，强化其对旅游产业发展和旅游产业效应的支撑作用。

---

① 张正国，吴光伟.关于我国旅游市场价格体系的思考[J].价格理论与实践，2005(10)：34-35.

② 张悦.旅游产业区域效应的调控与优化[J].中国集体经济，2007(12)：93-94.

第五章

大连市旅游产业区域效应的特征与评价

第一节 旅游产业发展的条件与特征

一、旅游产业发展的优越条件

大连市是中国北方重要的旅游城市，也是著名的海滨旅游避暑胜地和中国最佳旅游城市。近年来，依托良好的旅游资源环境条件和独特的地理区位优势，大连旅游产业发展迅速，产业辐射效果显著，区域效应不断增强。优越的旅游产业发展条件是大连旅游产业效应发挥的重要支撑。总体来看，大连市旅游产业发展的优越条件主要包括以下方面：

（一）旅游可进入性强

大连地处辽东半岛的南端，东濒黄海，西临渤海，南与山东半岛隔海相望，北依辽阔的辽、吉、黑三省腹地，与日本、韩国、朝鲜和俄罗斯远东地区相邻，具有得天独厚的国际地缘优势。同时，大连市又位于东北亚经济圈和环渤海经济圈的交汇处，既是东北地区的门户城市，也是环渤海地区的中心城市（图 5-1）。良好的区位条件使大连拥有发达的海陆空交通运输能力，同时也决定了大连市具有较强的旅游可进入性。

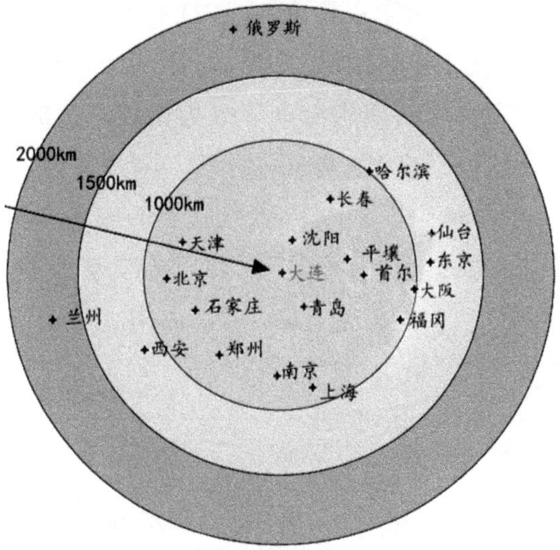

图 5-1　大连市旅游产业区位分析图

资料来源：汪媛媛.大连旅游文化研究[D]：[硕士学位论文].北京：中国地质大学，2009：11-12.

目前，大连市对外交通运输基础设施完善，已形成了海陆空相互协调的立体化、多功能、综合性的现代运输体系，是连接东北、华北和华东等地区的交通枢纽①。大连是东北地区的海上门户，大连港与世界上 160 多个国家和地区的 300 多个港口通航；大连周水子国际机场已开通航线 130 条，其中国内航线 84 条，国际和特别行政区航线 46 条，与 15 个国家、89 个国内外城市通航（其中国际、地区通航城市 39 个），成为北京之外环渤海地区开通国际航线最多的机场；依托沈大铁路、哈大铁路客运专线和沈大高速公路、丹大高速公路等交通干线，大连沟通着东北三省及内蒙东部，成为客流重要流向地区，使大连与东北其他城市间的联系得到强化，进而为旅游产业的发展奠定了基础。

（二）旅游资源禀赋的多样性

作为全国著名的旅游城市，大连有着内容丰富、类型多样，且极具竞争力和吸引力的旅游资源。在市域 1 660 个旅游资源单体中，共有 593 个达到优良级，占全部资源单体总数的 35.72%。旅游资源种类涉及 125 个基本类型，涵盖 8 个主类、

① 傅吉新，谢春山.比较优势分析：大连旅游业发展的新思路[J].辽宁税务高等专科学校学报，2006(4)：30-33.

33个亚类，各具特色。在自然旅游资源中，大连拥有滨海、地质、地貌、温泉、气候、环境、植物、动物等资源类型，其中沙滩、海洋、岛屿、山体、海蚀地质地貌等海洋旅游资源数量丰富，类型齐全，使滨海旅游资源成为旅游资源的主体。除此之外，大连还拥有丰富的古文化遗址、近代遗迹、民俗节庆、宗教、博物馆、饮食、建筑、文化艺术、主题公园等人文旅游资源。总体来看，大连市的旅游资源禀赋呈多样性特点（表5-1），量丰质优的旅游资源禀赋是大连旅游产业快速发展的基础。

表5-1　大连市旅游资源结构

资源类型	旅游景观	举例
自然旅游资源	滨海旅游资源	星海公园海滨浴场、老虎滩海滨浴场、大小付家庄海滨浴场、棒槌岛海滨浴场、金石滩海滨浴场、柏岚子海滨浴场、仙浴湾海滨浴场、棋盘磨海滨浴场、李家屯海滨浴场、乔麦山海滨浴场、三堂海滨浴场、滨海路
	动物旅游资源	蛇岛—老铁山自然保护区、大连斑海豹自然保护区、大连森林动物园、大连圣亚海洋世界、大连极地海洋馆
	植物旅游资源	大连仙人洞自然保护区、大连国家森林公园、旅顺口国家森林公园、仙人洞国家森林公园、长山群岛海岛国家森林公园、普兰店国家森林公园、金龙寺国家森林公园、天门山国家森林公园、金州大黑山生态宗教旅游区
	温泉旅游资源	普兰店安波温泉、普兰店安波鸿缘温泉山庄、普兰店俭汤温泉、旅顺老铁山温泉、旅顺天沐温泉、旅顺香格里汤泉宫、金石滩唐风温泉、庄河步云山温泉、瓦房店龙门汤温泉
	地质地貌旅游资源	冰峪沟石英岩地貌、金石滩的龟裂石、大连城山头海滨地貌自然保护区
人文旅游资源	古文化遗址旅游资源	瓦房店市古龙山洞穴遗址、长海县广鹿岛小朱山遗址、大连湾镇大嘴子文化遗址、营城子汉代壁画墓、瓦房店复州古城遗址、老铁山郭家村遗址、古代窖藏、横山书苑
	近代遗迹旅游资源	中苏友谊纪念塔、旅顺监狱旧址、东鸡冠山北堡垒、万忠墓、苏军烈士陵园、白玉山、关向应纪念馆、203高地、肃亲王府
	民俗节庆旅游资源	大连国际服装节、大连国际啤酒节、大连赏槐会、大连艺术博览会、烟花爆竹迎春会、樱花之旅、国际马拉松赛、长海国际钓鱼节、北海渔民节、龙塘海灯节

续表

资源类型	旅游景观	举例
人文旅游资源	宗教旅游资源	响水寺、胜水寺、朝阳寺、报恩寺、安山寺、观音阁、唐王殿、卑沙城、吴姑城、龙华宫、天主教堂、基督教礼拜堂、清真寺
	博物馆旅游资源	大连自然博物馆、旅顺博物馆、现代博物馆、海军博物馆、贝壳博物馆、旅顺口蛇岛自然博物馆、营城子民俗博物馆、世界和平公园
	建筑旅游资源	俄罗斯风情街、日本风情街、大连中山广场近代建筑群、日式民族建筑
	饮食旅游资源	对虾、海参、鲍鱼、扇贝、海螺、螃蟹等
	文化艺术旅游资源	贝雕画、盛道水晶玻璃制品、大连女子骑警纪念品等

资料来源:李凡. 大连市旅游资源结构分析及其开发[J]. 地理学与国土研究,1997,13(2):61-65.

(三)区域支撑能力较强

区域经济状况是发展旅游业的前提和基础,也直接决定着旅游产业的发展规模和发展水平。作为中国最具经济活力的城市之一,大连市近年来社会经济发展迅速,城市综合经济实力不断提升。据统计,2000—2015 年,大连市地区生产总值由 1 110.8 亿元迅速提高到 7 731.6 亿元,年均增长 13.8%。此外,2000—2015 年大连市人均 GDP、固定资产投资额、社会消费品零售总额和地方财政预算收入年均分别增长 12%、20.8%、13.1%和 14.3%,社会经济发展水平不断提高。社会经济的快速发展为大连市旅游产业的发展提供了强力支撑,而区域基础设施建设的不断完善、城市建设以及区域生态环境水平的不断提高,更为大连市旅游资源的开发以及游客的游览提供了良好的支撑条件。

表 5-2　大连市主要发展指标变化(2000—2015)

时间(年)	GDP(亿元)	人均 GDP(元)	固定资产投资额(亿元)	社会商品零售总额(亿元)	地方财政预算收入(亿元)
2000	1 110.8	20 255	268.5	488.7	77.6
2001	1 235.6	22 279	305.1	534.2	95.2
2002	1 406.0	25 276	367.9	591.9	98.7

续表

时间(年)	GDP(亿元)	人均 GDP(元)	固定资产投资额(亿元)	社会商品零售总额(亿元)	地方财政预算收入(亿元)
2003	1 632.6	29 206	506.9	568.5	110.5
2004	1 961.8	32 615	716.2	645.2	117.2
2005	2 150.0	38 155	1 110.5	732.0	151.4
2006	2 569.7	42 579	1 469.5	839.3	196.1
2007	3 131.0	51 630	1 930.8	983.3	268.0
2008	3 858.3	63 198	2 513.4	1 182.6	339.1
2009	4 349.5	70 781	3 113.7	1 396.7	400.2
2010	5 158.2	77 704	4 047.9	1 639.8	500.8
2011	6 150.6	91 295	4 580.1	1 924.8	651.1
2012	7 002.8	102 922	5 624.4	2 224.0	750.1
2013	7 650.8	129 455	6 478.1	2 526.5	850.2
2014	7 655.6	109 939	6 773.6	2 828.4	780.9
2015	7 731.6	110 682	4 559.3	3 087.5	579.9

资料来源:大连市 2000—2015 年统计年鉴及统计公报数据

(四)城市文化底蕴深厚

尽管大连建市的历史才有百余年,但作为一个历史文脉悠远的地区,大连历史则可追溯到6000年前的原始社会时期。大连是中国东北腹地的流域文明与海洋文明的交汇之地,并由此形成了独具特色的半岛文明和深厚久远的海洋文化。航海及造船技术的发展、各类海洋主题博物馆及展览馆的兴建、中国海军的发展、美丽的滨海故事传说、优质的海鲜特产及海鲜烹饪技术等饮食文化的发展等等,无不展现了大连作为海洋之城的文化魅力。这里不仅汉唐文化遗址颇多,中国北方游牧民族的文化遗迹也很多。辽东半岛拥有从春秋战国、两汉、三国、魏晋、隋唐乃至辽、金、元、明、清历代的璀璨文化,而且一直没有出现文化断裂的现象。从这个意义上说，大连是东北地区古代编年史最为完整的地区之一[①]。

城市面貌的形成离不开它的历史积淀，现代城市的发展特征同其悠久的历史轨迹息息相关。大连历史发展轨迹的特殊性主要体现在近代史阶段，大连是一部记载着中国近代百年历史沧桑的“博物馆”。大连的近代史经历了“俄帝”租界、“日帝”侵占、中苏共管和新中国4个不同的历史时期，使大连历史的连续性被一次次打断，城市的建设和发展被刻上了鲜明的殖民地烙印。这段历史给大连留下了丰富的帝国主义侵华遗迹和遗存，它们不仅体现在城市的格局、规划等宏观层面，而且也更多地体现在城市的建筑、街道、广场等建筑景观上[②]。

现代的大连在文化方面也有着自身的特色与优势。首先大连的广场文化发达，广场不仅数量在中国位居榜首，而且风格各异，主题鲜明。例如有中国第一、世界第三的以海军命名的广场，有历史遗留下来的大连最大、最完整、最有特色的欧式中山广场，有罗马式风格的胜利广场，还有面积达110万平方米亚洲最大的星海广场等等[③]。同时丰富多彩的节庆文化也成为大连城市文化的亮点。闻名世界的大连国际服装节、国际啤酒节，时尚现代的艺术博览会、国际烟花节，参与性强的赏槐会、樱花节、长海国际钓鱼节、龙塘海灯节等节庆活动已经成功地将大连作为一个国际化城市呈现给世界，为发展旅游创造了现代、开放、包容的社会文化环境。

（五）城市品牌影响力较大

大连享有中国“北方明珠”之美称。作为一个开放、现代、浪漫、充满朝气的滨海城市，大连时刻彰显着独特的魅力。大连城市的自身优势十分突出，被蔚蓝幽深的大海与层峦叠嶂的青山所环抱，古典与现代相得益彰的城市建筑，风格各异的步行街、风情街，沿海对外开放城市的获批等都为大连的城市品牌建设奠定了良好的基础。在经济发展的过程中大连更注重城市的环境建设、形象的塑造，将城市建设与社会、经济、环境发展有机结合，使大连城市综合竞争力不断提升，城市品牌效应不断显现。

早在1996年大连就获得国家园林城市称号；1997年被评为国家环保模范城；1998年大连市进入全国优秀旅游城市行列；1999年大连被联合国确定为亚太地区人居示范城市和环境治理先导城市；2000年有5个景区被评为AAAA级，同年大

---

① 郭栩东，汤潇．对大连旅游发展的再思考[J]．辽宁师范大学学报（社会科学版），2006（3）：42-44.

② 赵玲，佟玉权．大连城市旅游特色研究[J]．大连海事大学学报（社会科学版），2007（2）：65-67.

③ 李飞．大连市的文化旅游资源及其开发[J]．鞍山师范学院学报，2008（1）.

连城市环境建设项目荣获迪拜国际改善居住环境最佳范例称号;2001 年又成为中国历史上第一个被联合国环境规划署授予环境"全球 500 佳"城市称号的城市,同年获得"联合国人居奖"荣誉称号;2004 年,大连被评为"中国最具经济活力城市";2005 年公布的"中国宜居城市榜"中,上海名列首位,大连排在第二位;2007 年,大连又被国家旅游局和联合国世界旅游组织共同命名为中国首批 3 个"2006 中国最佳旅游城市"之一;2014 年 11 月 2 日大连荣膺"中国最具幸福感城市"称号,更提升了大连的城市知名度。

为促进旅游业的发展,早从 20 世纪 90 年代开始,大连就将"浪漫之都"确定为大连的城市旅游形象。经过多年的发展,大连浪漫的广场、绿地、喷泉,浪漫的建筑、大海、景点,以及浪漫的大型旅游活动、浪漫的大连市民等已经成为"浪漫之都"不可或缺的内容与形式,受到国内外游人的瞩目。2003 年经国家工商总局商标局批准,大连成功注册了"浪漫之都"城市旅游品牌暨 43 个相关系列产品。作为国内第一个以城市形象注册的商标,"浪漫之都"城市品牌的注册,不但具有开创先河的意义,还从更深层次诠释了大连的城市特色与人文蕴含。大连城市品牌的成功建设与不断升级不仅为大连旅游产业的发展提供了硬件保障,同时也将大连推向了国际旅游市场,推向了世界。如今"浪漫之都,时尚大连"已经成为国内外众多游客耳熟能详的城市印象。

表 5-3　大连市历年所获的城市品牌荣誉

时间	城市品牌称号
1996 年	国家园林城市、全国城镇环境综合整治优秀城
1997 年	国家环保模范城
1998 年	全国优秀旅游城市
1999 年	亚太地区人居示范城市和环境治理先导城市
2000 年	迪拜国际改善居住环境最佳范例
2001 年	中国历史上第一个被联合国环境规划署授予环境"全球 500 佳"城市称号的城市,获得"联合国人居奖"荣誉称号
2004 年	中国最具经济活力城市
2005 年	中国宜居城市榜第二位
2007 年	2006 中国最佳旅游城市
2009 年	"国际花园城市"最高奖

续表

时间	城市品牌称号
2010 年	中国十大品牌城市
2011 年	生态中国城市奖
2012 年	中国十大影响力会展城市
2013 年	国家友好城市
2014 年	中国最具幸福感城市

资料来源:大连政府网站.http://www.dl.gov.cn/main.html.

搜狐网. http://www.sohu.com/a/109961980_349596.

二、旅游产业发展的基本特征

(一)旅游收入与游客量不断增长

近年来,大连旅游产业迅速发展,产业投资逐年增多,产业的支柱地位进一步确立,产业功能进一步凸显。2015 年大连市共接待国内游客 6 828.1 万人次,比上年增长 11.8%;接待海外游客 98.50 万人次,增长 2%。实现旅游总收入 1 008.7 亿元,增长 12.8%。其中,国内旅游收入 977.2 亿元,增长 13.2%;旅游外汇收入 5.16 亿美元,增长 2.1%(表 5-4)。

从变化趋势来看,2000—2015 年大连市接待国内游客量和海外游客量分别增长了 2.91 倍和 5.78 倍,年均分别增长 29.88%和 11.95%。同期旅游总收入和旅游外汇收入分别增长 63.80%和 7.53%。由此表明,随着旅游资源的开发以及旅游产业的发展,大连市接待游客量和旅游产业收入均呈现出较快的增长趋势,由此进一步促进了旅游产业的持续、快速发展。

表 5-4 大连市历年旅游发展主要指标

年份	旅游总收入(亿元)	旅游外汇收入(亿美元)	海外游客量(万人次)	国内游客量(万人次)
2000	90.0	2.34	33.83	1 181
2001	110.7	3.04	43.33	1 300
2002	135.6	3.30	49.11	1 401

续表

年份	旅游总收入（亿元）	旅游外汇收入（亿美元）	海外游客量（万人次）	国内游客量（万人次）
2003	125.6	2.51	37.30	1 152
2004	170.1	3.50	52.00	1 600
2005	210.9	4.00	60.00	1 900
2006	260.0	4.65	70.00	2 150
2007	325.0	5.81	84.00	2 480
2008	400.8	6.58	95.00	3 000
2009	480.0	7.27	105.00	3 412
2010	550.1	8.04	116.60	3 777
2011	650.2	8.05	117.00	4 261
2012	767.2	8.90	128.80	4 943
2013	900.8	8.13	119.00	5 231
2014	993.6	4.60	96.60	5 620
2015	1008.7	5.16	98.50	6 828

资料来源：大连市 2000—2015 年统计年鉴及统计公报数据

（二）旅游企业数量、品质不断提升

截止到 2015 年底，大连市共拥有旅游景区 51 处（其中 5A 级景区 2 处）、宾馆（饭店）235 家（其中五星级 10 家）、旅行社 402 家（其中国际旅行社 52 家）。从旅游企业构成来看，旅行社和宾馆（饭店）数量占据主体地位，旅游景区所占比例较小。

旅行社是旅游业发展的桥梁和纽带，大连市旅行社数量较多，占辽宁省旅行社总数的 1/3 以上，位于全国旅游城市前列。从增长特征来看，旅行社总量从 2000 年的 181 个提升到 2015 年的 402 个，增长了 2 倍多，其中国际旅行社由 2000 年的 15 个增加到 2015 年的 52 个，增长趋势也十分明显（表 5-5）。

表 5-5 大连市旅行社基本情况(2000—2015)

年份	旅行社数(个)	其中:国际旅行社(个)	年末职工人数(人)	接待旅游人数(万人次)	国际旅游者(万人次)	国内旅游者(万人次)	本市居民出境旅游(万人次)
2000	181	15	1 600	73.3	12.8	60.5	0.70
2001	217	21	2 750	86.6	20.7	65.9	0.70
2002	240	21	3 045	92.5	15.6	76.9	1.70
2003	296	21	3 540	70.7	5.5	65.2	1.00
2004	320	28	4 200	126.7	10.1	116.6	2.45
2005	362	29	4 450	147.3	12.4	135.0	2.80
2006	373	27	4 490	163.3	10.7	152.6	4.60
2007	378	30	3 308	171.4	16.1	155.3	7.70
2008	362	26	3 180	184.8	22.0	162.8	12.9
2009	357	20	3 674	176.5	21.5	155	13.3
2010	353	20	3 516	124	33.8	90.3	15.1
2011	366	28	3 627	131.9	30.7	101.2	17.7
2012	388	33	3 923	173.9	31.1	142.8	23.7
2013	398	41	2 813	185.2	18.3	166.9	31.3
2014	398	52	2 912	156.89	12.64	144.25	38.1
2015	402	52	2 953	123.35	10.88	112.47	44.3

资料来源:大连市 2000—2015 年统计年鉴及统计公报数据

从宾馆(饭店)发展来看,从 2000 年到 2015 年大连市星级宾馆(酒店)由 74 个增加到 156 个,五星级酒店由 3 个增加到 10 个。从接待能力上看,大连市的客房总数由 2000 年的 1.48 万间、2.57 万张床位提高到 2015 年的 2.75 万间客房和 4.57 万张床位(表 5-6)。总体来看,旅游接待能力不断增强,有效地支撑了旅游业的快速发展。

表 5-6　大连市主要宾馆（酒店）基本情况（2000—2015）

年份	星级宾馆酒店（个）	五星级（个）	四星级（个）	三星级（个）	二星级（个）	一星级（个）	客房总数（万间）	床位总数（万张）
2000	74	3	7	27	33	4	1.48	2.57
2001	98	3	10	38	42	5	2	3.5
2002	107	4	10	47	41	5	1.82	3.17
2003	121	4	14	50	50	3	2.22	3.55
2004	125	5	16	60	42	2	2.25	3.65
2005	155	5	20	71	57	2	2.35	3.8
2006	159	5	19	72	60	3	2.2	3.6
2007	166	5	20	75	65	1	2.3	3.8
2008	168	6	21	73	67	1	2.42	3.95
2009	177	6	22	74	74	1	2.53	4.11
2010	184	8	22	76	77	1	2.51	4.08
2011	176	9	25	67	74	1	2.55	4.16
2012	161	8	25	62	65	1	2.64	4.3
2013	163	10	26	62	63	2	2.71	4.48
2014	166	10	26	67	61	2	2.8	4.63
2015	156	10	26	60	58	2	2.75	4.57

资料来源：大连市 2000—2015 年统计年鉴及统计公报数据

（三）旅游客源市场结构相对稳定

大连的旅游客源市场空间结构分为海外旅游市场与国内旅游市场两部分。从海外客源来看，大连的海外入境旅游客源地区主要是日本、韩国、俄罗斯及东南亚各国，其中日、韩市场优势突出（日本是最大的海外客源市场，韩国是第二大海外客源市场），二者约占大连市入境旅游人次的 54%。近几年俄罗斯市场持续高速增长，游客人次占全部入境旅游人次的 7.5%。此外，美国、德国、新加坡、马来西亚、印度等国家也是大连市入境旅游的重要客源国。

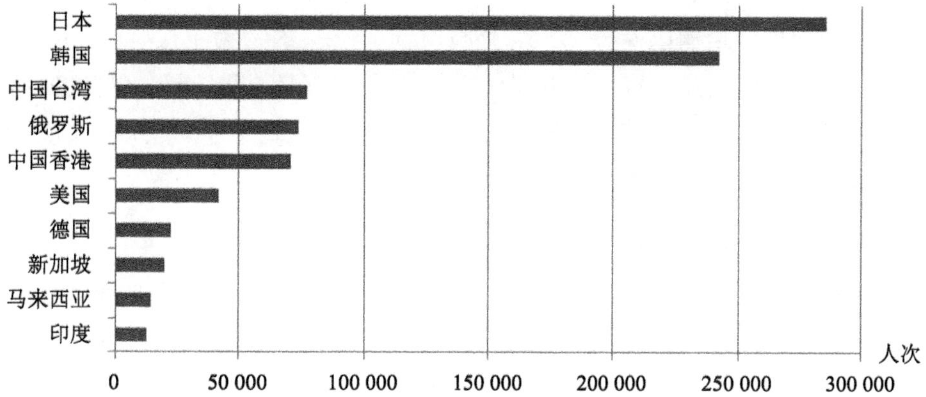

图 5-2　大连市海外游客客源构成图(2015 年)

资料来源:大连市旅游局《大连市旅游统计信息》,2015.

从国内客源来看,受距离衰减规律以及文化渊源等因素的影响,大连市国内旅游市场中的大部分客源仍集中在距离较近的区域范围内,呈现出较强的空间集中性。主要客源地分布在辽宁周边的黑、京、鲁、吉、沪、浙和江苏等地区,其次为东南沿海地区,中西部地区游客较少(表 5-7)①;从具体城市来看,大连市国内旅游客源市场主要集中在以沈阳、长春、哈尔滨为中心的东北地区一级市场和北京、青岛、上海、天津、武汉、广州等城市。

表 5-7　大连市国内旅游市场客源构成(2014 年)

地区	辽宁	黑龙江	北京	山东	吉林	上海	浙江	江苏	天津	内蒙古	总计
位次	1	2	3	4	5	6	7	8	9	10	
数量(万人)	2 208.5	536.1	422.6	354.6	337.1	181.5	146.1	140.5	126.5	123.7	4 577.3
比重(%)	39.30	9.54	7.52	6.31	6.00	3.23	2.60	2.50	2.25	2.20	81.45

资料来源:大连市旅游统计信息(大连市旅游局,2014 年)

① 王恒,李悦铮.大连市旅游市场空间结构分析与优化[J].海洋开发与管理,2009(5):119-122.

大连市国内旅游客源市场的类型结构主要以观光、度假、休闲游览为主，而海外客源市场的类型结构以商务、会议、科技交流、享受、购物为主，这就决定了其各自的时间结构。国内旅游客源市场的时间结构是时间性较强，集中在夏、秋两季；而入境旅游客源市场的时间结构则季节性不强，全年流量平稳①。总体来说，大连市入境旅游客源市场集中度较高，市场格局相对稳定。

（四）旅游产业空间布局有待优化

大连市旅游产业空间布局呈现以点带面、连点为线、面上铺开的特点，这主要是由旅游资源呈现区间大分散、区内小集中的分布特点决定的。大连旅游资源类型多样，资源总体分布较为分散（表5-8），且各类型主体资源的空间互补性较强。因此，大连旅游资源的空间分布结构相对合理。

表5-8　大连市域旅游资源空间分布

区域	五级	四级	三级	二级	一级	合计	优良率（%）	占全市比重（%）
大连总体	8	6	19	42	23	98	33.67	5.56
中山区	10	16	63	89	20	198	44.95	15.01
西岗区	5	7	14	29	4	59	44.07	4.38
沙河口区	10	8	25	36	5	84	51.19	7.25
甘井子区	2	5	35	79	38	159	26.42	7.08
旅顺口区	14	20	62	88	25	209	45.93	16.19
金州区	2	3	24	80	17	126	23.02	4.89
开发区	8	6	32	87	15	148	31.08	7.76
普兰店市	2	6	21	72	55	156	18.59	4.89
瓦房店市	4	10	53	69	19	155	43.23	11.30
庄河市	4	8	51	47	58	168	37.50	10.62
长海县	1	4	25	34	36	100	30.00	5.06
合计	70	99	424	752	315	1660	35.72	100

资料来源：马艳.区域旅游整合研究——以大连市为例[D]：[硕士学位论文].大连：辽宁师范大学，2006：20.

① 高仁华.大连国内游客构成特点[J].辽宁经济，2005(11).

但从旅游产业的空间布局来看,大连旅游企业空间布局过于集中,主要集中在中心城区、开发区及旅顺口区(表5-9)。从旅游景区布局来看,大连市现有5A级景区2个,即大连老虎滩海洋公园和金石滩国家旅游度假区;4A级景区共19个,分别是大连市森林动物园、大连市圣亚海洋世界、大连冰峪省级旅游度假区、大连现代博物馆、旅顺东鸡冠山景区、大连自然博物馆、旅顺口区白玉山景区、棒棰岛宾馆景区、旅顺日俄监狱旧址博物馆、关向应纪念馆、西郊国家森林公园、紫云花汐旅游景区、安波旅游景区、铭湖国际温泉滑雪度假区、横山北普陀主题文化公园、天门山国家森林公园、香洲田园城、世外俭汤旅游景区、七彩南山旅游景区。总体来看,与南部半岛地区相比,北三市以及长海县的大部分旅游资源尚未得到充分利用,旅游开发程度不够。

表5-9 大连市5A、4A级景区空间分布数量

(单位:个)

景区级别	大连市区	旅顺口区	金州区	高新园区	瓦房店市	普兰店市	庄河市	长海县
5A	1	0	1	0	0	0	0	0
4A	6	4	2	1	1	3	1	0

资料来源:大连旅游电子政务网.http://gov.dltour.gov.cn/index.html.

从宾馆(饭店)布局来看,目前大连市的星级饭店主要集中在中心城区及开发区内,其中中山区的星级饭店数量最多,其次为西岗区,大连10家五星级酒店中有8家位于中山区,1家位于开发区,1家位于瓦房店市。而普兰店市、瓦房店市、庄河市以及长海县的星级饭店数量少。旅游企业的分布导致旅游空间布局出现"南重北轻"、区域发展不均衡的状况①。这种空间布局不利于大连旅游产业的全面发展以及旅游产业区域效应的发挥。

第二节 旅游产业区域效应的演化轨迹

大连市建市历史较短,旅游业真正意义的发展始于1978年以后,旅游产业区

① 王恒,李悦铮.大连市旅游系统空间结构优化初探[J].国土与自然资源研究,2007(4).

域效应初步形成于20世纪80年代末期，从1990年开始大连旅游业进入了快速发展时期，旅游产业的区域效应也不断增强。总体来看，到目前为止，大连市旅游产业区域效应的演化主要经历了3个阶段，即旅游产业区域效应的形成阶段（1978—1900）、强化阶段（1991—2000）以及由强化向成熟转化阶段（2001年以后）。

一、旅游产业区域效应形成阶段

改革开放初期，中国旅游业整体处于刚刚起步阶段。大连市依据地理位置与经济发展状况将经济发展模式定位为外向型经济模式，而外向型经济模式中很重要的一个方面就是利用大连的滨海旅游资源、便利的交通条件和良好的经济基础来发展旅游业。从1978年改革开放到20世纪80年代末，大连市旅游产业的初期发展取得了一定成果。1979年到1988年上半年，累计接待入境游客超过20万人次，创汇达2.1亿元，平均年增长率分别为20%和70%；仅1985年港澳、华侨、外国人来连旅游人数就已达4.86万人，居东北各大城市之首；国内游客每年接待量约300万人次，年收入在3亿元左右，大连逐渐发展成为我国主要旅游城市①。随着旅游业的发展，旅游产业的区域效应初步形成，具体体现在以下方面：

（一）区域经济效应

1978—1990年，随着旅游产业的兴起，其对大连经济发展的支撑作用开始显现，直接表现是旅游产业对经济增长的贡献不断增大，如1987年大连市国民生产总值达119.5亿元，第三产业在国民生产总值中所占的百分比比上年上升9.5个百分点，其中旅游业的发展起到了较大的促进作用。

旅游景点的开发建设和旅游活动的开展带动了饭店、旅行社、商业服务、娱乐、商贸、交通服务、旅游商品加工等旅游相关产业的发展。受旅游业投资追求短回收期、高效益观念的影响，高收益率的饭店业成为优先投资项目。到1989年大连共有可以接待入境游客的宾馆饭店43家，拥有床位8 000张，对于旅游活动的开展起到了重要的支撑作用。

从旅游产业对城市就业的影响来看，由于旅游产业是劳动密集型产业，故这一时期旅游产业的发展解决了大连市大批劳动力的就业问题。劳动者对旅游业的行业性质认可和接受较快，加之这一时期有大量的农村劳动力快速向城市转移，使旅

① 张光兴，叶庆吉.论把大连建设成为现代化的北方海滨旅游城市[J].旅游学刊，1989(3).

游产业就业方面出现卖方市场的情况，岗位供给小于需求，如九州饭店招聘 300 人却有 4 000 人应聘①。

总体来看，由于这一时期大连的旅游产业体系和结构层次较低，产业关联度不是很高，故旅游产业发展的区域经济效应相对较弱，旅游产业优势与积极效应并未完全体现出来。

（二）区域生态环境效应

这一时期大连市旅游产业的区域生态环境效应以积极影响为主。在旅游业发展的起步阶段，为了吸引游客、发展旅游，大连市不断完善基础设施建设，修缮、整理各种历史遗迹与旅游景区，改善城市环境与区域生态环境，使大连的区域生态环境得到了明显改善。在 1989 年全国 32 个城市环境综合整治定量考核中大连综合得分第一，污染控制与环境建设指标考核名列第一，环境质量考核第四②。加之在旅游产业的形成期中，游客多以观光游览为主，逗留时间较短，因而旅游对环境产生的影响较弱。

（三）区域社会文化效应

旅游产业的发展为大连市的城市发展注入了新鲜的血液。经济的带动、就业机会的提供等积极效应促进了社会的安定，增加了当地居民的收入，使当地居民积极乐观地对待旅游产业。很多当地居民投入到旅游服务等行业中去，促进了旅游者与当地居民的交流，而旅游者的介入也促进了文化交流与社会开放。但由于这一时期大连市的旅游业尚处于起步阶段，游客量较少，故其对大连市社会文化的影响强度总体较小，在效应性质上以积极影响为主。

（四）区域空间效应

这一时期，大连市陆地、海洋和海岛旅游景点开发逐渐加强，如星海公园、老虎滩公园、自然博物馆，以及旅顺白玉山、203 高地、东鸡冠山北堡垒和苏军烈士陵园等旅游景区景点均在这一阶段开发建设形成。各景点的建设促进了大连市城市空间的开发，促进了城市建设的完善以及城市空间布局的调整。到 1990 年，大连市陆地景区景点面积达 2 510 公顷，海洋和海岛景区面积达 491.75 公顷。旅游景点

---

① 侯永盛.大连市的待业人员就业指导[J].教育与职业，1990(8).

② 孙燕.环境监测为环境管理服务 环境管理依靠环境监测——大连市环保局环境管理见成效[J].环境监测管理与技术，1990(3).

建设及旅游业发展所带动的海滨、海岛土地价格的上升促进了大连市区域空间，特别是旅游景区周边地区的开发建设。

总的来看，这一阶段大连的旅游产业主要是因其具有的经济带动作用才得以发展起来的。同时，大连市也期望通过发展旅游业来促进经济发展，为大连经济振兴提供支撑与财力支持。因此，这一阶段大连的旅游产业区域效应以经济效应为主，空间效应、社会文化效应和生态环境效应具有一定的滞后性，加之这一时期旅游产业处于起步阶段，因此，大连市旅游产业的总体效应强度较弱。

二、旅游产业区域效应强化阶段

进入20世纪90年代后，大连市旅游业已经拥有了较为扎实的积累，发展速度明显加快，产业水平大大提高。1994—1998年，中国国内旅游业总收入年均增长速度大致在10%左右，而这一时期大连国内旅游业总收入年均增长速度却保持在15%以上，远远高出全国的平均增长速度①。到2000年，大连国际旅游业接待海外旅游者达到33.84万人次，比上年增长30.2%；实现旅游总收入90亿元人民币，比上年增长21.6%（表5-10），使大连市旅游产业提升到新的发展高度，进入了迅速发展时期。随着旅游产业的快速发展，其对区域发展的作用不断加强，旅游产业的区域效应也进入到强化阶段。

表5-10　大连市旅游业发展情况（1994—2000）

指标	1994	1995	1996	1997	1998	1999	2000
国内旅游人数（万人）	109.1						1 181
国际旅游人数（万人）	11.9	13.1	16.2	20.5	20.6	26.0	33.83
国内旅游收入（亿元）	24.3	26.0	28.0	36.9	48.6	59.0	73.7
国际旅游收入（亿元）	9.6	10.8	13.3	14.1	12.8	15.0	16.3
旅游总收入（亿元）	33.9	36.8	41.3	51.0	61.4	74.0	90.0

资料来源：大连市1995—2001年统计年鉴及统计公报数据

（一）区域经济效应

随着旅游产业的快速发展，旅游产业对区域经济增长的带动能力不断增强，

---

① 课题组.2000年大连旅游业现状、目标、对策（中）[J].大连大学学报，2000(5).

1994—2000 年旅游总收入占大连市地区生产总值的比重由 6.5%迅速提高到 8.1%（图 5-3），增长非常迅速，表明旅游产业在大连市经济发展中的地位不断增强。

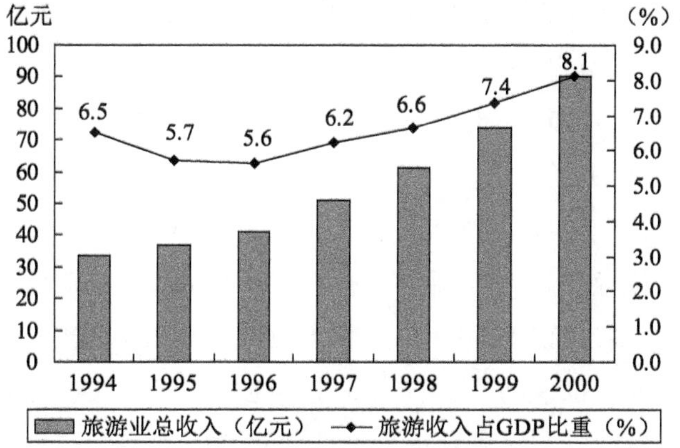

图 5-3　1994—2000 年大连市旅游总收入及占 GDP 比重变化

资料来源：1995—2001 年大连市统计年鉴数据

这一时期大连市的产业结构随着旅游业的发展也发生变化，第三产业的比重不断增加，旅游产业在第三产业中的比重不断上升。1994—2000 年大连旅游业总收入占大连市第三产业增加值的比重由 16.0%上升到 18.4%（图 5-4），而同期中国国内旅游业总收入平均仅占第三产业增加值的 13%左右，大连市明显高于全国平均水平。由此表明，旅游产业已经成为大连市第三产业发展的重要支撑动力。

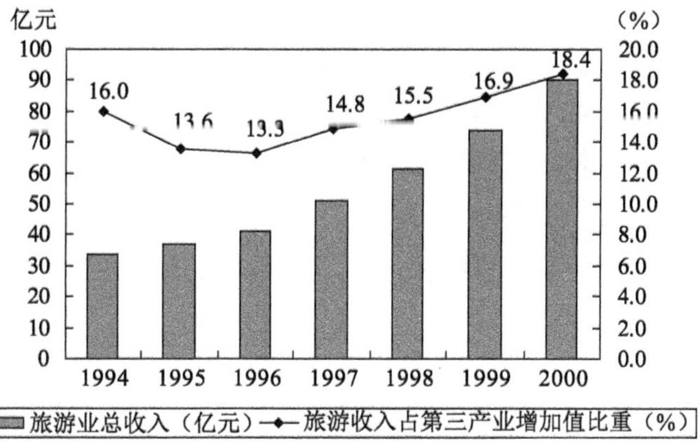

图 5-4　1994—2000 年大连市旅游总收入及占第三产业增加值比重变化

资料来源：1995—2001 年大连市统计年鉴数据

从旅游产业对就业的影响来看，旅游产业为大连劳动力市场提供了大量的就业岗位，缓解了社会就业的压力。1996 年大连拥有旅行社、涉外旅游饭店等旅游经营单位 350 家，旅游从业人员 14 万余人，占全市就业总数的 2.3%；到 1999 年旅游从业人员就已经增加到 31.8 万人，发展较为迅速①。

在外汇收入方面，1991 年大连的旅游外汇收入为 101 万元，到 2000 年，大连旅游外汇收入超过 2 亿美元。

从旅游产业关联以及对其他产业的带动作用来看，大连市旅游产业的迅速发展带动了饭店业、旅行社业、交通业等其他第三产业的发展。旅游产业的发展促进了大连市交通等基础设施的建设，旅游收入也为基础设施建设提供了财力支持。同时，旅游产业的发展也带动了商贸服务业的迅速扩张。大连先后建立了大连商场、中兴大厦、先施秋林、友谊商城等数家国内知名的大型购物商场，同时，法国的家乐福、美国的沃尔玛等世界著名超市也纷纷落户大连，使大连成为世界知名品牌商品的集散地。总的来看，这一时期旅游产业的经济带动效应与产业联动效应基本发挥出来，促进了大连市经济的迅速发展。

（二）区域生态环境效应

旅游产业的发展促进了城市生态环境与居住环境的改善。随着滨海旅游业的蓬勃发展，大连市将旅游产业定位为支柱产业之一，对旅游景点景区建设、旅游环境设施和旅游服务等软硬环境做了改善和加强。1999 年联合国授予大连“世界最佳人居环境城市”称号，表明旅游产业的发展对大连市城市环境建设起到了较大的促进作用。

同时，旅游产业的发展也给区域生态环境建设与保护带来了一定程度的负面影响。由于这一时期对旅游资源的规划、保护、开发和建设还不成熟，缺乏对旅游资源的深入研究，管理力度不够，导致景区景点建设一哄而上，盲目开发与破坏性建设旅游景区景点现象多有发生，使环境与资源遭到破坏，对区域生态环境产生了消极影响。

由于旅游产品体系不完善，旅游产品以海滨旅游为主，加之季节性较强，使得游客多集中在 5—10 月，特别是 7、8、9 三个月来大连旅游，致使浴场旅游承载力过

---

① 王卫，吴鹏.大连旅游业发展战略问题研究[J].大连大学学报，1999(3).

大，浴场沙滩污染严重，浴场水质遭到破坏，同时也给城市基础设施带来较大压力①。此外，空气、噪声污染亦较为严重，游客的不文明行为等都影响了旅游环境的可持续利用与发展。

（三）区域社会文化效应

随着旅游产业的快速发展，大连城市整体环境得到极大改善。1998 年，大连成为中国优秀旅游城市。旅游的发展也促进了与旅游城市相匹配的市民精神与文化（海洋文化、历史文化、广场文化、足球文化、节庆文化等）的形成，市民的服饰、精神状态、社会秩序和修养均开始与这个美丽的旅游海滨城市相匹配。

这一时期，游客量的大量增加，对于大连市社会经济的快速发展起到了重要推动作用，居民收入水平也有了较大幅度的提高，推动了居民参与旅游服务的热情。同时，旅游者数量的快速增长，为大连这座旅游城市带来了开放的意识和进步的思想，对大连城市文化的发展和创新发挥了重要作用。

当然，旅游产业在给大连市社会文化发展带来积极影响的同时，也带来了一些不利的负面影响，如在旅游旺季时过多的旅游客流给大连市造成交通拥挤的状况、城市固体垃圾大量增加、城市用水紧张等②。此外，由于大连市旅游产业的季节性较强，淡季收入的锐减造成了部分从业人员的季节性失业。

（四）区域空间效应

这一阶段，大连市部分旅游景区景点得到了良好的开发，对大连市城市空间的发展与建设产生了重要影响（图 5-5）。

从城市内部空间来看，随着旅游景点的开发建设，中山公园、星海公园、劳动公园等城市公园在城市空间发展中承担着重要的游憩、空间、生态节点等功能。特色旅游主题公园的建设和发展对优化大连市的城市空间结构发挥了重要作用（表 5-11）。

---

① 高维全.大连旅游可持续发展的对策分析[J].黑龙江对外经贸，2008(1).

② 俞金国，李悦铮.2000 年的旅游业对大连市资源环境的负面影响及其对策[J].国土与自然资源研究，2002(4).

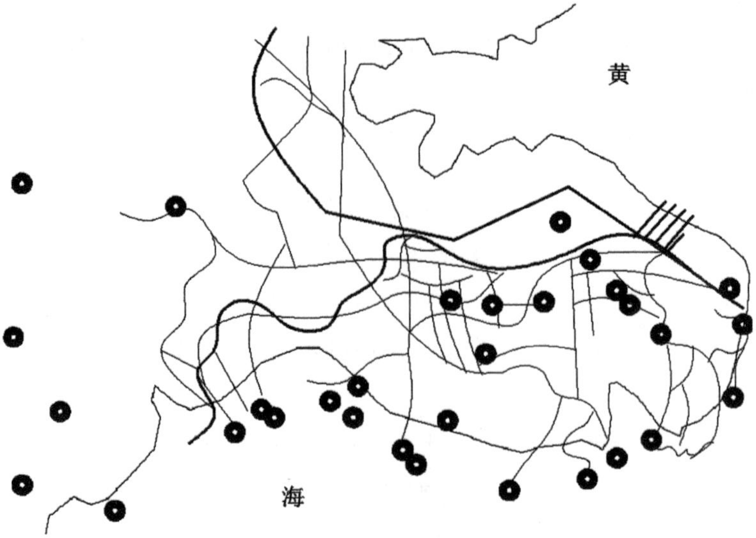

图 5-5 大连市城区主要交通线及旅游景点分布

资料来源：陈晓，李悦铮.城市交通与旅游协调发展定量评价[J].旅游学刊，2008(2)：60-64.

表 5-11 大连市主要主题公园基本特征

序号	公园名称	公园特色
1	老虎滩海洋公园	世界上第一家大空间的体验极地冰雪世界的场馆，中国最大的珊瑚礁生物群展示馆
2	中山公园	东北地区唯一一条1公里长的跑步路径
3	星海公园	“东山观海”“探海幽洞”“日月齐观”“岸崖垂钓”“涌泉溪流”等景观，我国唯一的史前展览馆——史前生命博物馆
4	儿童公园	面积6.1公顷，公园由水面和陆地两部分组成。其中水面3万余平方米，是个以开展儿童教育和活动为特色的公园
5	付家庄公园	大连市四大海水浴场之一，相距只有百米的褡裢岛
6	劳动公园	大连市中心最大的公园，红白相间的足球景观建筑
7	海之韵公园	海之韵广场是大连唯一的临山观海广场，也是国内超现实风格雕塑最多、最大的广场

资料来源：汪媛媛.大连旅游文化研究[D]：[硕士学位论文].北京：中国地质大学，2009：25.

从城市层面来看,大连市旅游资源开发、旅游企业布局绝大多数集中于大连中心城区(主要是中山区和西岗区)、旅顺口区、金州区以及开发区,形成了具有强大辐射力的旅游核心区,大连市域其他地区构成了旅游产业发展的相对边缘区域。1999 年大连市为丰富旅游产品体系,又补充开发了北三市(瓦房店、普兰店、庄河)的景区景点,旅游产业的空间布局不断优化。这一时期,大连旅游产业的"核心—边缘"结构体系初显。旅游产业布局的形成为大连市中心城区增长极的形成以及城市空间结构体系的形成演变提供了重要支撑。

总的来看,这一阶段大连旅游产业的区域效应在整体上均有所增强,在旅游产业积极效应发挥的同时,也产生了一定的消极效应和负面影响(主要是社会影响和生态环境影响)。尽管如此,这一阶段旅游产业的区域效应仍以积极效应为主导。

三、旅游产业区域效应转化阶段

从 2001 年开始,大连市旅游产业进一步走向成熟,在旅游业快速发展的同时,旅游资源开发、旅游接待能力、接待设施建设等都提升到了较高的稳定水平。这一时期旅游收入不断增长,旅游外汇收入从 2001 年的 3.04 亿美元迅速提升到 2015 年的 5.16 亿美元(图 5-6),增长迅速,表明大连旅游业仍处于进一步上升阶段。

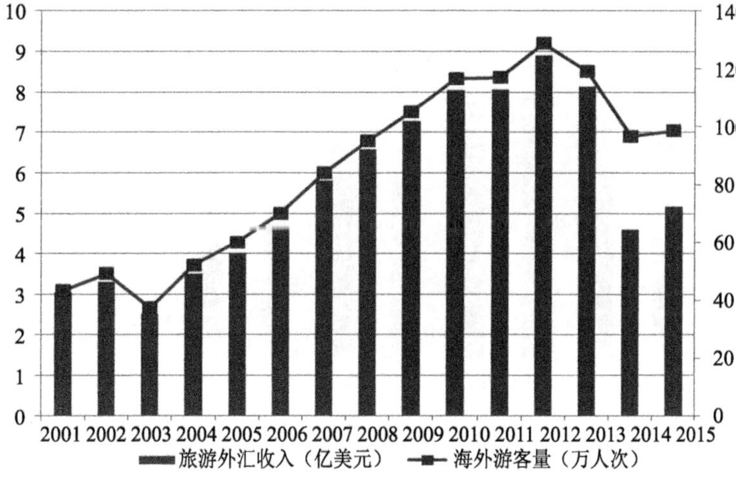

图 5-6 2001—2015 年大连市旅游外汇收入及海外游客量变化

资料来源:2001—2015 年大连市国民经济和社会发展统计公报数据

在旅游收入和游客量增长的同时，大连市主要旅游企业——旅行社数量以及宾馆饭店的数量趋于稳定（图 5-7、图 5-8）。总的来看，大连市旅游产业发展整体处于由快速发展向稳定阶段转化时期，旅游产业区域效应处于由强化时期向稳定时期的转化阶段。

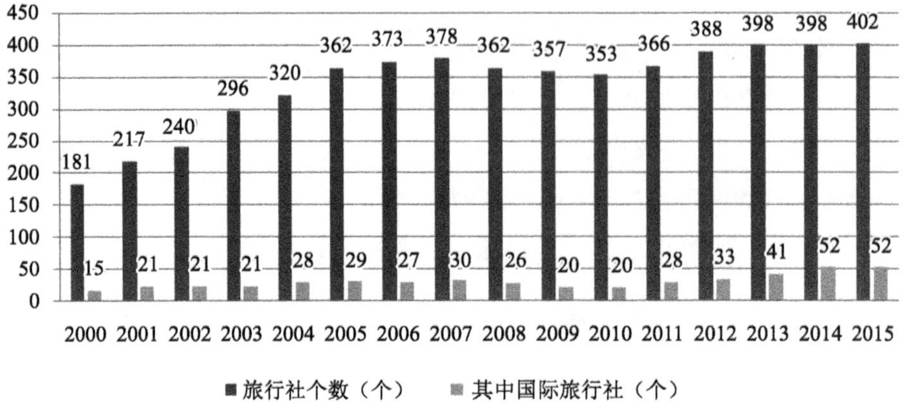

图 5-7　2000-2015 年大连市旅行社数量变化

资料来源：大连市 2001—2016 年统计年鉴及统计公报数据

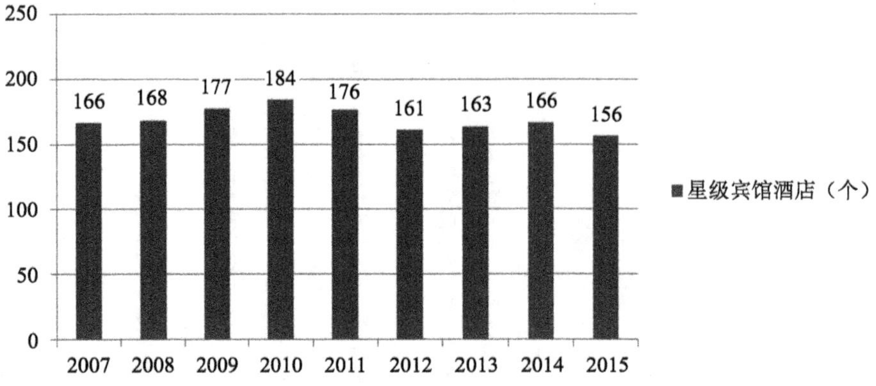

图 5-8　2007—2015 年大连市星级宾馆酒店数量变化

资料来源：大连市 2008—2016 年统计年鉴及统计公报数据

（一）区域经济效应

这一时期，大连市旅游产业收入保持了高增长，其对大连经济增长的拉动作用进一步增强。2002—2015 年，大连市旅游总收入占地区生产总值的比重由 8.9%提高到 13.1%（图 5-9），旅游产业的经济贡献进一步扩大。

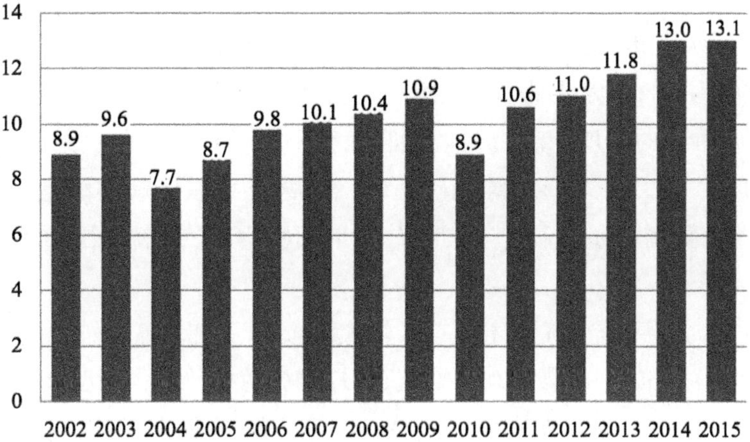

图 5-9　大连市旅游总收入占 GDP 比重变化（2001—2015）

资料来源：大连市 2003—2016 年统计年鉴及统计公报数据

从旅游产业的关联性及其经济效益来看，这一时期，旅游产业已成为大连市的支柱产业，旅游产业的发展还带动了电信、商业、金融、保险等其他第三产业部门的发展，优化了产业内部结构①。根据乘数原理，在一定的消费倾向下，新增加的收入可以导致新的投入和就业机会的多倍增加。其计算公式为：$M=1/(1-mpc)$。其中，M 为乘数，mpc 为边际消费倾向（即所增加收入中被重新花费的比例）。M 值因地点和时间不同而不同，一般在 5~7 之间，即旅游业每收入 1 元，其综合经济效益达 5~7 元②。2015 年大连市旅游总收入为 1 008.7 亿元，则其综合经济效益达到 5 043.5 亿~7 060.9 亿元。

在带动就业方面，随着旅游产业规模的壮大与发展，大连市旅游业解决社会就业的功能日益增强。仅 2005 年全市旅游业直接从业人员就达 23.3 万人，占大连市

①② 王海壮，吴卓华.大连市旅游业的经济影响分析[J].辽宁师范大学学报（自然科学版），2006（3）：363-365.

城镇就业职工的12.8%。如按照 Wharton 经济预测协会对新加坡做的就业预测(旅游收入每增加1%,就将产生2 000个额外工作)计算①,2001—2015年大连市旅游总收入年均增长54.08%。那么,15年间大连旅游产业创造的额外就业岗位年均为108 160个,由此可见旅游产业对社会就业具有巨大的拉动效应。

(二)区域生态环境效应

这一阶段大连市旅游产业的区域环境负效应得以抑制。为了强化城市环境对旅游者的吸引力,以及促进大连旅游产业的可持续发展,大连市采取了一系列的措施,使旅游地的环境承载力与环境容量得到科学控制,环境污染治理取得成效。通过实施"蓝天碧海"和"绿色门槛"工程,大连市城区新增绿地110万平方米,城市绿化覆盖率超过42%,人均公共绿地面积10平方米,在全国城市对比中名列前茅。

尽管这一时期大连市城市环境有了较大的改善,但旅游高峰期的客流量仍超越了环境承载力,如2016年"十一"期间,大连市旅游接待总人数为275.2万人次,整个黄金周期间平均日接待游客量为39.31万人次,远远大于日承载量。旅游景区严重超载不仅使游客的旅游质量下降,而且使景区的旅游资源遭到破坏,在自然资源旅游区导致局部生态环境失衡。

(三)区域社会文化效应

大连市旅游业的成功发展塑造了良好的城市形象,提高了大连在国内外的知名度与美誉度,促进了良好社会文化效应的产生和强化。主要体现在:巨额的旅游收入支持了城市建设与基础设施发展,提高了当地居民的生活环境质量与福利待遇。科教文卫事业也得到了带动,城市文化特色浓郁。旅游收入使得一些历史文化遗址得以修缮和保护,旅游景区得到科学扩建与深度开发等。

与此同时,大连市也因为良好的城市环境和旅游环境吸引了大量的外地人来连定居购房,导致大连市物价与房价涨幅很快。2016年大连房价增长率在均价万元以上城市房价涨幅榜28个城市中排名20,累计涨幅4.52%。物价与房价的骤涨使得当地居民购房压力与生活压力增大,使得大连市居民已经开始产生排斥心理,社会传言目前的大连是"外地人住大连,大连人住大大连",由此增加了社会的不安定性。同时,在春节、"十一"等旅游黄金周时期,大连市一般会出现人满为患的

---

① 王辉.沿海城市旅游环境承载力研究[D]:[博士学位论文].大连:大连海事大学,2006.

局面，造成了旅游资源的过度开发、旅游设施的过度利用，旅游产业带来的负面社会效应日益突出。旅游产业的发展还引发了一系列社会问题，如犯罪率上升、色情内容日益突出等，从而引起当地居民的不满和反感。

（四）区域空间效应

这一阶段，大连市旅游资源开发的深度进一步提高，旅游产业布局体系趋于成熟，特别是沿海旅游资源的开发取得了重要的进展（图 5-10）。目前，大连市沿海旅游产业带已经初步形成，沿海旅游资源的开发为大连市区域空间开发，特别是沿海地区的开发建设起到了重要的支撑作用。

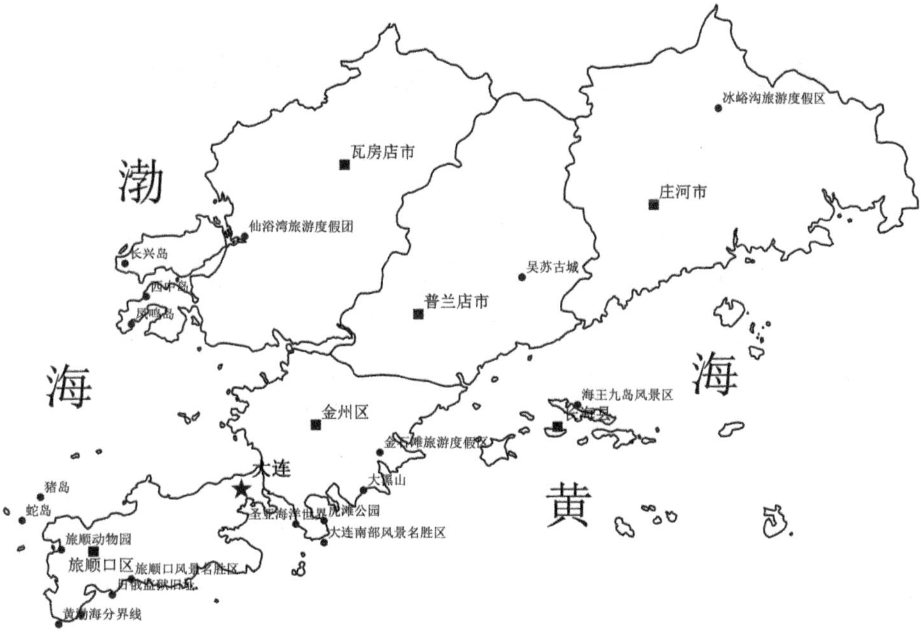

图 5-10　大连滨海旅游资源分布

从区域空间上来看，大连市目前初步形成了以海滨为核心、以中心城区为主体、以旅顺口风景区和金石滩旅游度假区为两翼、市区与郊县相联系的旅游带。而旅游产业布局体系的形成对大连市区域空间布局体系的支撑作用明显，促进了大连市“点-轴”空间开发格局的深入，以及大连市域“Y”形空间结构体系的发育。

需要指出的是，目前大连市旅游产业的区域空间效应仍未达到最大值。从资源开发强度来看,大连市旅游资源开发强度有待于进一步提高,特别是北三市的旅游资源的开发还具有很大的潜力。随着北三市旅游开发的强化,旅游产业的空间效应将不断提升,进而带动所在地区的发展。

总体来看,这一阶段大连旅游产业的区域效应已经达到了一定的高度,表现在旅游产业对区域发展的积极效应突出,但旅游产业的负面影响也进一步突显。目前,大连市旅游产业的区域总体效应强度还没有达到最大,旅游产业区域效应还没有达到稳定阶段。从旅游产业区域效应的生命周期判断,未来大连市旅游产业还具有较大的发展潜力和发展空间。

第三节 旅游产业区域效应的定量评价

在上文对大连市旅游产业区域效应演化轨迹进行分析的基础上,基于本地居住人口对大连市旅游产业的区域效应进行定量评价,有助于科学认知大连旅游产业区域效应的实际状况,进而采取相应的对策与策略促进大连旅游产业的持续发展。为此,作者依据前文第四章建立的旅游产业区域效应评价体系和评价方法的选择,按照评价因子设计调查问卷进行数据收集。为了使调查数据具有代表性与典型性,将调查对象设定为5类人,分别为高校教师、旅游企业工作人员、政府部门工作人员、高校旅游专业硕博士、大连本地普通居民。每类人员调查并获得有效问卷100份,共计获得有效问卷500份。调查方式包括实地发放、电子邮件发放、微信发放、电话调查等。在调查过程中与被调查者开展开放式的交流,以获取被调查者对大连旅游产业区域效应的其他方面评价与感知,并将调查结果与数据调查结果相结合进行后续分析。

依据李克特量表理论,将被调查者对于旅游产业区域效应的评价分为5个等级,分别为非常高、较高、一般、较低、非常低,即对每一项指标采用(非常高,较高,一般,较低,非常低=5,4,3,2,1)的方式来进行打分,根据被调查者的评估结果,进行大连旅游产业区域效应的评价研究,并对5类人员的调研数据进行整理,得到本文评价的原始数据,具体如表5-12所示。

表 5-12　大连市旅游产业区域效应评价调查数据

目标层	准则层	因子层	第一类	第二类	第三类	第四类	第五类	均值
旅游产业区域效应评价 TIRE	经济效应 $TIRE_1$	增加地区经济收入 $TIRE_{11}$	4.1487	4.1219	4.4873	4.3874	4.5681	4.3427
		促进产业结构调整 $TIRE_{12}$	4.2317	4.7937	4.3289	4.4674	4.8625	4.5368
		增加外汇收入 $TIRE_{13}$	3.3372	3.7342	3.4174	3.3314	3.5983	3.4837
		增加政府税收 $TIRE_{14}$	4.1217	4.2324	4.1146	4.4827	4.0186	4.1940
		增加居民经济收入 $TIRE_{15}$	3.6643	3.6347	3.7381	3.7872	3.9381	3.7525
		增加居民就业机会 $TIRE_{16}$	4.7284	4.6431	4.1267	4.2943	4.4751	4.4535
	生态环境效应 $TIRE_2$	控制环境承载力 $TIRE_{21}$	3.9804	3.6341	3.6984	3.8651	3.9872	3.8330
		增加环境保护资金 $TIRE_{22}$	3.7832	3.7628	3.9392	3.7361	4.3275	3.9098
		增强居民环境保护意识 $TIRE_{23}$	3.6735	3.5621	4.1924	4.1623	4.3215	3.9824
		促进生态环境修复 $TIRE_{24}$	3.7843	3.6294	4.0728	4.4214	4.1742	4.0164
		促进自然原生地区保护 $TIRE_{25}$	3.8372	4.1738	3.8492	3.9788	3.2938	3.8266
		缓解生态环境污染 $TIRE_{26}$	3.9821	3.7946	3.8641	3.9741	4.3246	3.9879
	社会文化效应 $TIRE_3$	改善社会生活环境 $TIRE_{31}$	4.5642	4.3745	4.3284	4.5762	4.2874	4.4261
		弱化旅游道德行为 $TIRE_{32}$	4.4327	4.3218	4.2194	4.3674	4.4271	4.3537
		破坏地方文化遗产 $TIRE_{33}$	4.2845	4.4652	4.3285	4.3184	4.3854	4.3564
		促进社会文化交流 $TIRE_{34}$	4.4094	4.6932	4.3285	4.4385	4.5829	4.4905
		加快社会文化变迁 $TIRE_{35}$	4.2713	4.3386	4.3784	4.2287	4.42817	4.3290
		促进社会文化传承 $TIRE_{36}$	4.3761	4.4761	4.5871	4.3817	4.5837	4.4809
	空间效应 $TIRE_4$	加快区域空间拓展 $TIRE_{41}$	4.1776	4.1671	4.1894	4.2874	4.0974	4.1838
		优化区域空间结构 $TIRE_{42}$	3.4874	3.3681	3.2983	3.3784	3.3649	3.3794
		推进空间结构演化 $TIRE_{43}$	3.5851	3.7843	3.4671	3.6851	3.4761	3.5995
		促进区域空间整合 $TIRE_{44}$	3.6748	3.8761	3.7651	4.0598	3.9412	3.8634
		推进空间功能转化 $TIRE_{45}$	3.2837	3.3751	3.0861	3.2873	3.1952	3.2455
		提升空间溢出效应 $TIRE_{46}$	3.9842	4.0652	3.8729	4.0784	4.2872	4.0576

资料来源：根据调查数据整理

一、旅游产业区域效应评价指标体系权重

运用 G1、AHP、熵值、标准离差法分别计算旅游产业区域效应各评价指标的权重，依据相对熵理论，确定各评价指标的组合权重，具体结果如表 5-13 所示。

表 5-13　大连市旅游产业区域效应评价指标体系权重

目标层 A	准则层 B	因子层 C	G1 权重	AHP 权重	熵值权重	标准离差权重	相对于 A 权重	相对于 B 权重
旅游产业区域效应评价 TIRE	经济效应 $TIRE_1$	增加地区经济收入 $TIRE_{11}$	0.0504	0.0234	0.0399	0.0488	0.0364	0.1661
		促进产业结构调整 $TIRE_{12}$	0.0458	0.0312	0.0712	0.0682	0.0500	0.2281
		增加外汇收入 $TIRE_{13}$	0.0605	0.0156	0.0479	0.0431	0.0382	0.1743
		增加政府税收 $TIRE_{14}$	0.0352	0.0468	0.0335	0.0434	0.0394	0.1797
		增加居民经济收入 $TIRE_{15}$	0.0267	0.0117	0.0190	0.0292	0.0185	0.0844
		增加居民就业机会 $TIRE_{16}$	0.0320	0.0176	0.0580	0.0602	0.0367	0.1674
	生态环境效应 $TIRE_2$	控制环境承载力 $TIRE_{21}$	0.0415	0.0339	0.0334	0.0393	0.0357	0.1056
		增加环境保护资金 $TIRE_{22}$	0.0315	0.0254	0.0731	0.0601	0.0448	0.1325
		增强居民环境保护意识 $TIRE_{23}$	0.0457	0.0235	0.1385	0.0830	0.0708	0.2095
		促进生态环境修复 $TIRE_{24}$	0.0286	0.0508	0.1152	0.0767	0.0690	0.2041
		促进自然原生地区保护 $TIRE_{25}$	0.0238	0.0407	0.1405	0.0797	0.0729	0.2157
		缓解生态环境污染 $TIRE_{26}$	0.0377	0.0452	0.0484	0.0497	0.0448	0.1325
	社会文化效应 $TIRE_3$	改善社会生活环境 $TIRE_{31}$	0.0493	0.0722	0.0174	0.0329	0.0463	0.1668
		弱化旅游道德行为 $TIRE_{32}$	0.0705	0.1083	0.0077	0.0214	0.0611	0.2201
		破坏地方文化遗产 $TIRE_{33}$	0.0342	0.0962	0.0049	0.0173	0.0471	0.1697
		促进社会文化交流 $TIRE_{34}$	0.0916	0.0601	0.0197	0.0356	0.0523	0.1884
		加快社会文化变迁 $TIRE_{35}$	0.0411	0.0541	0.0064	0.0196	0.0332	0.1196
		促进社会文化传承 $TIRE_{36}$	0.0641	0.0481	0.0100	0.0252	0.0376	0.1354

续表

目标层 A	准则层 B	因子层 C	G1 权重	AHP 权重	熵值权重	标准离差权重	相对于 A 权重	相对于 B 权重
旅游产业区域效应评价 TIRE	空间效应 $TIRE_4$	加快区域空间拓展 $TIRE_{41}$	0.0576	0.0339	0.0050	0.0166	0.0286	0.1731
		优化区域空间结构 $TIRE_{42}$	0.0294	0.0170	0.0076	0.0166	0.0166	0.1005
		推进空间结构演化 $TIRE_{43}$	0.0267	0.0226	0.0269	0.0332	0.0255	0.1544
		促进区域空间整合 $TIRE_{44}$	0.0159	0.0509	0.0283	0.0366	0.0345	0.2088
		推进空间功能转化 $TIRE_{45}$	0.0411	0.0452	0.0214	0.0267	0.0352	0.2131
		提升空间溢出效应 $TIRE_{46}$	0.0191	0.0254	0.0263	0.0371	0.0248	0.1501

资料来源：根据数据计算结果整理

二、旅游产业区域因子效应评价

运用旅游产业区域效应评价模型，分别计算大连市旅游产业的经济效应、生态环境效应、社会文化效应、空间效应。从评价结果来看，各项效应的效应水平都处于较高的状态，但效应之间依然存在差距。其中，社会文化效应评价值最高，经济效应位于第二位，生态环境效应与空间效应都低于 4 的水平。具体评价结果如表 5-13 所示。

（一）旅游产业经济效应评价

运用旅游产业区域效应评价模型，计算得到大连市旅游产业经济效应评价结果，如表 5-14 所示。

通过结果可以看出，旅游产业经济效应值为 4.1793，在四种效应中位于第二位。5 类人员对于经济效应评价的结果差异不大，基本都在 4 上下波动，表明 5 类人员的评价一致性较高。其中“促进产业结构调整”的效应值为 5.1743，处于极高的状态。“增加地区经济收入”“增加政府税收”“增加居民就业机会”3 个方面的效应都处于较高状态。表明大连旅游产业的发展较好地带动了地区经济发展，并增加了政府的税收总量。增加外汇储备是改革开放初期发展旅游业的重要目的之一，而目前大连旅游产业的经济效应中对于外汇的储备增加已经越来越弱化。大连旅游产业的发展对于增加居民经济收入的作用微乎其微，表明旅游产业的经济附加值相对较低，对于居民经济收入水平的提升作用不大。

表 5-14 大连旅游产业的经济效应

评价因子	第一类	第二类	第三类	第四类	第五类	效应值	效应水平
增加地区经济收入 $TIRE_{11}$	0.6891	0.6846	0.7453	0.7287	0.7588	3.6066	较高
促进产业结构调整 $TIRE_{12}$	0.9653	1.0934	0.9874	1.0190	1.1091	5.1743	极高
增加外汇收入 $TIRE_{13}$	0.5817	0.6509	0.5957	0.5807	0.6272	3.0360	一般
增加政府税收 $TIRE_{14}$	0.7407	0.7606	0.7394	0.8055	0.7221	3.7683	较高
增加居民经济收入 $TIRE_{15}$	0.3093	0.3068	0.3155	0.3196	0.3324	1.5835	非常低
增加居民就业机会 $TIRE_{16}$	0.7915	0.7773	0.6908	0.7189	0.7491	3.7276	较高
经济效应值	4.0775	4.2735	4.0741	4.1725	4.2987	4.1793	较高

资料来源：根据数据计算结果整理

（二）旅游产业生态环境效应评价

运用旅游产业区域效应评价模型，计算得到大连市旅游产业生态环境效应评价结果，如表 5-15 所示。

通过结果可以看出，旅游产业生态环境效应值为 3.9269，在四种效应中位于第三位。5 类人员对于生态环境效应评价的结果差异不大，基本都在 3.9 上下波动，表明 5 类人员的评价一致性较高。虽然旅游产业被称为无烟产业，但在发展中由于旅游者的行为不当、旅游地容量超载、旅游开发商忽视环境保护等问题使旅游产业产生了很多生态环境问题，不但未能有效缓解生态环境污染与控制了环境承载力，反而制约了旅游产业的发展。同时，也正是由于这些问题的存在，使本地居民产生了为保护生存空间而逐渐增强的环境保护意识，促进了生态环境的修复，尤其是公众的参与、社会对环境问题的重视，使得与旅游产业相关的保护区、风景名胜区、森林公园的开发都出台了严格的保护机制与限制措施。因此，大连旅游产业的发展增强了居民环境保护意识、促进了生态环境修复与自然原生地的保护。但目前环境保护的资金投入不足，尤其是从旅游收入中剥离资金进行环保的费用更是少之又少。

表 5-15　大连旅游产业的生态环境效应

评价因子	第一类	第二类	第三类	第四类	第五类	效应值	效应水平
控制环境承载力 $TIRE_{21}$	0.8586	0.3838	0.3906	0.4082	0.4210	2.4621	较低
增加环境保护资金 $TIRE_{22}$	0.5013	0.4986	0.5219	0.4950	0.5734	2.5902	较低
增强居民环境保护意识 $TIRE_{23}$	0.6359	0.7463	0.8783	0.8720	0.9054	4.0378	较高
促进生态环境修复 $TIRE_{24}$	0.3803	0.7408	0.8313	0.9024	0.8520	3.7067	较高
促进自然原生地区保护 $TIRE_{25}$	0.5925	0.9003	0.8303	0.8582	0.7105	3.8917	较高
缓解生态环境污染 $TIRE_{26}$	0.8315	0.5028	0.5120	0.5266	0.5730	2.9458	较低
生态环境效应值	3.8000	3.7724	3.9643	4.0624	4.0352	3.9269	较高

资料来源：根据数据计算结果整理

（三）旅游产业社会文化效应评价

运用旅游产业区域效应评价模型，计算得到大连市旅游产业社会文化效应评价结果，如表 5-16 所示。

通过结果可以看出，旅游产业社会文化效应值为 4.2767，处于非常高的水平。5 类人员对于社会文化效应的评价差异相对较大，主要表现在第一类人员效应评价值明显低于其他 4 类，表明大部分样本之间内部差异不大，被调查者对于社会文化效应的评价基本达成一致。其中“弱化旅游道德行为”的评价值最高，表明旅游业的发展在社会文化方面的突出问题是旅游者与当地居民的问题，旅游者为了追求高品质的旅游体验，其对旅游环境保护与修复在逐渐被忽视；当地居民为了旅游业的发展，在不惜破坏环境的情况下开发旅游资源，处于非常高的效应状态。“改善社会生活环境”“促进社会文化交流”在 6 个因子中处于较高的水平，表明社会生活环境随着旅游业的发展在逐渐提升与改善；旅游者到访促进了目的地与外界文化的交流与融合。

表 5-16　大连旅游产业的社会文化效应

评价因子	第一类	第二类	第三类	第四类	第五类	效应值	效应水平
改善社会生活环境 $TIRE_{31}$	0.7745	0.7297	0.7220	0.7633	0.7151	3.7046	较高
弱化旅游道德行为 $TIRE_{32}$	0.8351	0.9512	0.9287	0.9613	0.9744	4.6507	非常高
破坏地方文化遗产 $TIRE_{33}$	0.5124	0.7577	0.7345	0.7328	0.7442	3.4818	一般
促进社会文化交流 $TIRE_{34}$	0.5970	0.8842	0.8155	0.8362	0.8634	3.9964	较高
加快社会文化变迁 $TIRE_{35}$	0.4510	0.5189	0.5237	0.5058	0.5296	2.5290	较低
促进社会文化传承 $TIRE_{36}$	0.5798	0.6061	0.6211	0.5933	0.6206	3.0209	一般
社会文化效应值	3.7500	4.4478	4.3455	4.3927	4.4474	4.2767	非常高

资料来源：根据数据计算结果整理

（四）旅游产业空间效应评价

运用旅游产业区域效应评价模型，计算得到大连市旅游产业空间效应评价结果，如表 5-17 所示。

通过结果可以看出，旅游产业空间效应值为 3.7269，在四种效应中位于第四位，表明空间效应是大连旅游产业发展中表现最弱的一项。5 类人员对于空间效应评价的结果差异不大，基本都在 3.7 上下波动，表明 5 类人员的评价一致性较高。"加快区域空间拓展""促进区域空间整合"是空间效应中水平较高的，从大连旅游产业发展的实际情况来看，乡村旅游的发展推动了区域空间的拓展，大连市区与旅顺口区、瓦房店、普兰店之间旅游业的发展有效推进了两个区域之间的联系频率，促进了区域空间的整合发展。大连金石滩旅游度假区的发展使金石滩的空间功能逐渐向旅游功能发生转化，普兰店的温泉旅游、度假旅游也在使其空间功能向旅游转化，但转化不明显。而瓦房店、旅顺口等区域虽然旅游产业也在逐渐壮大，但空间功能的转化不明显。同时，大连旅游产业的发展对于关联产业的带动作用不强，空间溢出效应不明显。因此空间功能转化与空间溢出效应处于一般水平状态。由于空间功能转化与空间溢出效应不明显，导致了旅游产业推进的空间结构演化效应较弱，空间结构优化效应更弱。

表 5-17 大连旅游产业的空间效应

评价因子	第一类	第二类	第三类	第四类	第五类	效应值	效应水平
加快区域空间拓展 $TIRE_{41}$	0.7231	0.7213	0.7252	0.7421	0.7093	3.6211	较高
优化区域空间结构 $TIRE_{42}$	0.3505	0.3385	0.3315	0.3395	0.3382	1.6982	非常低
推进空间结构演化 $TIRE_{43}$	0.5535	0.5843	0.5353	0.5690	0.5367	2.7788	较低
促进区域空间整合 $TIRE_{44}$	0.7673	0.8093	0.7862	0.8477	0.8229	4.0334	较高
推进空间功能转化 $TIRE_{45}$	0.6998	0.7192	0.6576	0.7005	0.6809	3.4581	一般
提升空间溢出效应 $TIRE_{46}$	0.5980	0.6102	0.5813	0.6122	0.6435	3.0452	一般
空间效应值	3.6922	3.7829	3.6171	3.8110	3.7315	3.7269	较高

资料来源:根据数据计算结果整理

三、旅游产业区域总体效应评价

运用旅游产业区域效应评价模型,计算得到大连市旅游产业综合效应评价结果,如表 5-18 所示。

通过结果可以看出,旅游产业综合效应值为 4.0274,处于较高水平。四种效应的高低排序依次为社会文化效应、经济效应、生态环境效应、空间效应,表明目前大连旅游产业的区域效应以社会文化与经济效应较为突出。随着大连从观光旅游向休闲度假型目的地转变以及旅游者的需求的提升,文化已经成为旅游产业开发中不可或缺的项目,旅游产业的发展也使大连在不断地深入挖掘自身的文化,可以说旅游产业推动了文化的交流、传承等。同时,由于文化的重拾,使大连的社会生活环境空间质量在逐步提升。旅游产业的发展一定会推动目的地经济发展,但作用的大小与形式各异。随着大连旅游产业的深入开发,生态环境问题已经引起政府与当地居民的高度关注,但由于旅游产业发展而产生的生态环境效应还弱于社会文化与经济效应。现阶段大连旅游产业的空间效应相对于其他方面效应还是略显薄弱,这与旅游产业的空间功能弱化有一定联系,但空间拓展与整合效应已经开始显现,而由此引发的其他方面空间效应也会随之逐渐增强。

表 5-18　大连旅游产业的综合效应

评价因子	第一类	第二类	第三类	第四类	第五类	效应值	效应水平
经济效应 $TIRE_1$	4.0775	4.2735	4.0741	4.1725	4.2987	4.1793	较高
生态环境效应 $TIRE_2$	3.8000	3.7724	3.9643	4.0624	4.0352	3.9269	较高
社会文化效应 $TIRE_3$	3.7500	4.4478	4.3455	4.3927	4.4474	4.2767	非常高
空间效应 $TIRE_4$	3.6922	3.7829	3.6171	3.8110	3.7315	3.7269	较高
综合效应值	3.8299	4.0692	4.0003	4.1096	4.1282	4.0274	较高

资料来源:根据数据计算结果整理

第六章

大连市旅游产业区域效应的调控体系

第一节　旅游产业区域效应的调控背景

随着东北亚旅游产业合作的日益加强、中国旅游市场需求的持续增长和东北地区大旅游格局的逐渐形成，大连旅游产业区域效应的调控面临着难得的机会与机遇；而大连区域发展、城市功能与旅游功能的亟待进一步强化又使旅游产业区域效应的调控显得尤为必要和紧迫。这些都是大连旅游产业区域效应调控所面临的背景条件和环境氛围。

一、东北亚旅游产业合作日益加强

旅游业是当今世界经济中发展最快、创汇最多、带动面最广、开放度最高的产业之一。对于东北亚地区（包括中国的东北地区、日本、韩国、朝鲜、蒙古、俄罗斯远东地区）来说，旅游业是促进本国对外开放以及各国家和地区之间合作发展的先导产业。近 20 年是东北亚地区经济社会发展普遍加快以及结构调整的关键时期，包括中国在内的许多国家的旅游业迅速崛起，使东北亚旅游业的发展速度开始领先于世界。目前，东北亚地区不仅是全球重要的旅游目的地，同时也是全球重要的国际客源地。尽管现在东北亚地区旅游资源开发利用程度、旅游经济覆盖面和旅游业总体发展水平与欧美相比差距仍很大，但东北亚各国旅游合作发展的步伐从来没有停止过。

2002 年 11 月，“博鳌亚洲旅游论坛”在中国桂林成功举办，与会的亚洲各国旅游部部长就进一步加强亚洲区域旅游合作问题广泛深入地交换了意见，并共同发表了《桂林宣言》。这是一项推动整个亚洲旅游合作发展的举措，对于促进以中、日、韩为核心的东北亚区域旅游进一步交流合作具有积极的推动作用。此后，2003年12月，首届东亚市长论坛在中国昆明举行。35个城市的市长会后发表的《昆明宣言》成功解决了区域对话机制和沟通管道的建立问题，彰显了城市层次的国际交流与合作的可行性和实效性。这种交流既能够促进各国政府之间的旅游合作关系不断向广度和深度发展，也能够使合作双方旅游企业之间的交流与合作层次不断提高①。

大连市作为东北亚地区的重要城市、交通枢纽以及著名的旅游城市，近年来旅游业发展迅速。随着东北亚区域内的6个国家和地区之间的人员往来日益频繁，旅游合作不断加强，大连市依托优越的东北亚区位条件，入境游客大幅增加。其中，韩国、日本以及俄罗斯等国游客数量居大连入境游客的主导地位。从未来发展趋势看，目前东北亚各国鉴于对国家和地区经济发展的共同需要，已经把发展放在了协商和对话的首位。在此背景之下，东北亚区域旅游资源将得到充分的整合，从而形成一系列跨区域的黄金旅游线路，这将进一步促进各地区、各城市旅游业的交流与合作。而大连市依托良好的旅游发展基础，应在未来东北亚旅游合作中承担更多的职能，通过优化旅游产业的发展质量和结构，加快建设东北亚门户型旅游目的地，提高大连旅游的知名度和影响力。

二、我国旅游市场需求持续增长

改革开放以来，随着人们生活水平的提高、旅游意识的增强和出行能力的提升，中国的旅游市场需求呈现逐年扩张之势。从近几年接待游客数量来看，2008—2015年我国接待入境游客从1.30亿人迅速增加到1.34亿人，年均增长0.4%，而同期国内旅游人数增加更加明显，由2008年的17.10亿人次迅速提高到2015年的40亿人次，年均增长12.9%。此外，从旅游收入来看，2008—2015年我国入境旅游外汇收入和国内旅游收入年均分别增长15.7%和21.5%（表6-1），并且2015年我国的旅游市场需求依旧旺盛。2015年我国旅游业发展实现两个突破：接待国内外

---

① 郭舒，曹宁.东北亚旅游合作：机遇、挑战及建议[OL].[2009.8.28]. http://www.dss.gov.cn/Article_Print.asp? ArticleID=96523.

游客总量突破40亿人次，国内旅游收入突破3万亿元。由此可见，近年来我国旅游业发展非常迅速，并且旅游消费趋势倾向于多元化，旅游消费结构进一步优化。

国内旅游发展环境的改善以及旅游需求的快速增长，为大连旅游产业的发展、壮大提供了良好的机遇。同时，随着目前国内旅游竞争的日趋激烈，迫切要求各旅游城市、旅游景区不断优化发展结构，增强竞争能力。在此背景之下，大连市应依托自身旅游特色和发展基础，进一步提高旅游产业的发展水平，优化旅游产品结构，提升旅游产业在城市发展中的重要地位和作用。同时，还要强化城市发展对旅游业发展的支撑，形成旅游产业与城市发展的交相互动，以实现旅游产业和城市发展的“双赢”。

表6-1　中国旅游业发展情况（2000—2015）

年份	入境旅游		国内旅游	
	人数（百万人次）	旅游收入（亿美元）	人数（亿人次）	旅游收入（百亿元）
2000	83.44	162.24	7.44	31.76
2001	89.01	177.92	7.84	35.22
2002	97.91	203.85	8.78	38.78
2003	91.66	174.06	8.70	34.42
2004	109.04	257.39	11.02	47.11
2005	120.29	292.96	12.12	52.86
2006	124.94	339.49	13.94	62.30
2007	131.87	419.19	16.10	77.71
2008	130.03	408.00	17.10	87.49
2009	126.48	397.00	19.00	101.84
2010	133.76	458.14	21.03	125.80
2011	135.42	484.64	26.41	193.05
2012	132.41	500.20	29.57	227.06
2013	129.08	516.64	32.62	262.76
2014	128.50	569.13	36.11	303.12
2015	133.82	1136.50	40.00	341.95

资料来源：2001—2016年《中国统计年鉴》

三、东北地区大旅游格局逐渐形成

东北地区是我国一个相对独立的自然区、生态区、经济区与文化区。其旅游业发展也形成了具有一定特点的区域格局。在国务院批准实施的《东北地区振兴规划》中设专节强调了发展旅游业对东北地区调整产业结构、促进就业的重要作用。目前,东北地区大旅游格局正在形成,旅游空间体系正在进行新一轮的重构。

总体来看,东北地区已初步形成了由中部都市文化、历史文化和建筑景观主题旅游,西部干旱区风光主题旅游以及东部自然风光主题旅游构成的“三带”旅游发展格局①。在《全国城镇体系规划纲要(2005—2020)》确定的国家层面的空间结构中,除了东北地区的经济发展主轴——哈大发展轴外,还构建了东北地区东部边境通道,明确提出了东北东部生态环境建设与旅游业发展的思路。随着东北地区旅游合作的加强,各地区、各城市的旅游发展将进一步强化分工合作,如东北“4+3”城市旅游联合体合作机制已经建立。

从东北地区旅游空间区位上看,大连市处在中部旅游带和东部自然风光主题旅游带的“顶点”和“交点”位置。近年来,大连在接待旅游人数和旅游收入方面在东北地区均占重要地位,并且形成了一系列精品旅游产品。大连旅游已经成为东北地区大旅游格局中的核心品牌之一。作为东北对外开放的“窗口”,以及区域经济发展的“龙头”,大连是联合国世界旅游组织和国家旅游局共同授予“中国最佳旅游城市”称号的城市。依托优越的区位条件和特色旅游资源,在未来东北地区旅游发展进程中,大连无疑是区域旅游产业发展的核心和龙头。因此,大连应通过旅游产业的发展,在构建东北大旅游格局中发挥引领作用,支撑和带动整个东北地区旅游产业的发展。

四、大连区域发展与旅游功能有待强化

近年来,大连市社会经济发展非常迅速,区域空间建设水平不断提高,其中旅游产业对大连区域发展的拉动作用非常明显。作为首批中国最佳旅游城市,大连市旅游产业发展十分迅速,在区域中的地位日益突出。2015 年大连市接待海外游

---

① 吉林省城乡规划设计研究院.长白山保护与开发总体规划[R].2005.

客 98.5 万人，创汇 5.16 亿美元，两项指标分别占辽宁省的 48.4%和 31.5%，占东北三省的 21.2%和 28.3%，均列东北首位。目前旅游业总收入已相当于大连市总 GDP 的 13%左右，产业基础日益雄厚，已经成为大连市重要的主导产业之一。

目前，大连市已进入旅游产业与区域发展的互动阶段，在旅游产业对区域发展产生带动作用的同时，区域发展也对旅游产业升级和结构优化发挥了重要的支撑作用。随着旅游业发展的不断深入，由于在产业结构发展水平、旅游容量和旅游空间等诸多方面都存在着一定的不足，导致大连旅游业快速发展的步伐以及区域效应的有效发挥受到了一定程度的制约。因此，加快做大、做强、做优旅游产业，实现旅游产业转型升级、规模倍增和全面提升，增强旅游产业的整体功能是大连市旅游产业健康发展的必然选择，也是大连区域发展以及区域功能强化的根本要求。

从未来发展的趋势来看，大连市城市地位的整体提升对旅游产业升级以及结构优化提出了新的要求。为服务大连国际航运中心建设，需要进一步完善和加大大连作为东北亚门户型旅游目的地的建设力度。《大连市旅游发展总体规划（2006—2020 年）》明确提出，要把大连建成“东北亚滨海旅游中心城市、中国重要的门户型国际旅游目的地、闻名世界的东方浪漫之都”。这些都为大连市未来旅游产业的发展指明了方向，同时也为旅游业的发展提供了良好的区域环境。大连市应充分利用良好的环境和基础，加快提升旅游产业整体水平，将大连培育成为国内外游客的中转地和集散地，提升旅游产业在大连城市发展中的地位，以增强大连市的整体发展水平及其区域辐射与带动作用。

第二节　旅游产业区域效应的调控目标

综合考虑大连旅游产业发展的现状与特点、区域发展的状况和水平以及大连市旅游产业和区域之间的互动关系等因素，大连旅游产业区域效应调控的目标应主要定位于旅游产业区域贡献的高效化、旅游产业与其他产业的整合化、旅游开发与区域布局的合理化、旅游产业与区域发展的协调化 4 个不同的层次与方向。只有这样，才能实现大连旅游产业的持续、健康和快速发展。

一、旅游产业区域贡献的高效化

大连市旅游产业区域效应调控的重要目标之一是实现旅游产业的区域贡献高效化。尽管目前大连市旅游产业对于社会经济、生态建设、文化发展以及空间发展都起到了重要的支撑和拉动作用,但由于在旅游产业发展过程中存在着诸多问题,如旅游发展造成的物价上涨、游客量剧增产生的社会矛盾和社会设施供给不足、旅游开发造成的生态环境的破坏等,导致了旅游产业的发展产生了一定的负面效应,进而严重影响了大连整个城市经济和社会的可持续发展。因此,必须强化对大连市旅游产业区域效应的调控,努力将旅游产业区域整体效应的高效化作为旅游产业发展的重要目标,充分提高和发挥旅游产业的积极效应,尽量减少负面效应,进而推进大连市城市整体发展和区域功能的提升。

二、旅游产业与其他产业的整合化

旅游产业是一个横向联系广、综合性和联动性强的行业,通过旅游产业与其他相关产业的整合发展,不但能促进资源的合理布局和优化配置,进而降低产业发展的市场运作成本,提高产业经济、社会和环境效益,还能进而形成产业的发展合力和产业竞争优势,促进旅游产业的持续和快速发展。目前,大连市旅游产业已经形成了综合性的产业体系,包括旅游产业在内的综合服务业较为发达,具备了服务业整合发展的基础和条件,实现旅游产业与其他相关产业,特别是金融、物流、外贸、房地产业等服务业的整合化发展,不但是大连旅游产业结构优化和产业效应调控的重要目标,也是大连区域经济和社会全面发展的必然要求。

三、旅游开发与区域布局的合理化

大连市旅游产业区域效应的调控还要突出区域协调发展的理念,促进旅游资源开发与区域空间布局的合理化,这是解决旅游产业产品相似、布局趋同的基本途径。一方面,只有通过促进旅游产业发达地区(大连中心城区、开发区、旅顺口区等)和旅游欠发达地区(瓦房店、普兰店和庄河北三市)之间的协调互动、产业分工与合作,才能缩小大连旅游产业发展布局的“二元结构”差距,实现旅游产业与区域的互动整合和共同发展;另一方面,只有由双方共同开发旅游产品,组织具有一定特色的区域性旅游线路，才能通过发达地区旅游产业的发展，带动和促进欠发达地区旅游的特色化开发、规模化经营和社会化服务，进而实现大连市旅游资源的全面开发和旅游产业空间布局的优化。

四、旅游产业与区域发展的协调化

经过30年的发展，大连市的旅游产业已经具备了一定的积累和优势，并对大连市区域经济、生态环境、社会文化以及空间建设都起到了一定的作用和影响。然而，目前大连市旅游产业的发展与所在区域的全面发展之间还存在一定的问题，如旅游资源开发的区域不均衡、旅游产业发展与区域支撑（基础设施、社会设施等）的不协调等，从而在一定意义上严重影响和干扰了旅游产业和区域的可持续发展。因此，只有将旅游产业与区域发展的协调化作为旅游产业区域效应调控的重要目标，才能调整和确定大连市各县区、各景区的功能定位，加强旅游基础设施等支撑体系的建设，实现旅游产业与区域的协调发展。

第三节　旅游产业区域效应的调控路径

概括起来说，大连旅游产业区域效应的调控可通过整合区域内部旅游资源、调整与升级旅游产业结构、扶持与培育旅游产业集群和优化旅游产业空间布局体系4种路径进行，以最大限度地发挥旅游产业对经济、环境、社会文化和区间的积极效应，杜绝或减少负面效应，促进大连旅游产业及其整个区域经济和社会的全面进步与发展。

一、旅游资源的区域内部整合

大连市旅游资源十分丰富，在旅游市场竞争日趋激烈的形势下，必须强化资源的整合，从而形成区域旅游整体竞争力。大连旅游资源的整合要在对现有资源分析与评价的基础上，对重点旅游资源、旅游产品、城市资源和其他特色资源进行优化与重组，从而提高旅游资源的利用效率，实现旅游产品的深度开发，提升区域旅游的吸引力，强化旅游产业的功能。

(一)旅游资源的基础整合

大连丰富的旅游资源为旅游业的发展奠定了良好的基础。总体上看,大连的旅游资源集中体现在海滨风光、都市风情、战争遗迹、内陆风光、生态农业等几个方面。这些资源之间的关联度高、互补性强,为旅游资源的系统开发和资源整合提供了良好的基础条件。正是在得天独厚的旅游资源禀赋的支撑之下,经过多年的努力,大连的旅游资源开发才成功地闯出了"大连"品牌,并创造出了一大批旅游精品,在国内外产生了强烈的反响。当然,我们也必须清楚地看到,目前大连在旅游资源的整合开发与综合利用方面也存在着一些较为严重的问题,如有些旅游产品个性不鲜明、形式单一且档次较低,基础设施不完善,旅游服务滞后;无序开发、无序竞争、无序管理等现象仍然不同程度地存在等。上述问题的存在,在一定意义上严重影响和制约了大连旅游产业的健康发展。因此,要做好大连旅游资源的区域内部整合,首先必须突破区域旅游发展的瓶颈,实现旅游资源的基础整合,以为旅游产业的后续发展奠定基础。

(二)旅游产品的整合路径

旅游产品既是吸引和招徕旅游者的核心旅游吸引物,也是区域旅游产业发展质量和水平的标志,在旅游产业发展中具有重要的地位和作用。因此,大连旅游资源区域内部整合必须以市场为导向,结合大连旅游资源的特点和优势,开发吸引力大、参与性强、四季皆宜的旅游产品,以实现旅游资源的最佳配置,提高区域旅游的竞争力。具体来说,大连应重点整合开发以下旅游产品:

一是整合海洋旅游资源,开发设计以"海"为核心的产品体系。大海是大连得天独厚的旅游资源,因此,大连旅游产业的发展必须以"海洋"为中心,向海内外旅游者全面推出以大海、海滩、礁石、岛屿等海上风光为主旋律的自然景观;同时,将海景、海鲜、海洋捕捞、海洋民俗等海洋资源与观光、运动、度假、娱乐、文化等多种旅游形式融为一体,精心打造立体式、多功能、体验型的特色海洋旅游产品,如通过主题海岛开发,发展特色海岛度假旅游;挖掘地域文化和吸纳异域文化,深化海滨旅游文化内涵,发展文化体验型的特色海滨旅游;大力发展海上运动型旅游产品,强化游客的参与性,形成多样化的特色海上休闲游①。此外,为增强大连海洋旅游

---

① 贾玉云,鲍艳杰,谢春山.特色旅游发展对策研究——兼论大连特色旅游[J].广东农工商职业技术学院学报,2007(3):48-53.

产品的吸引力，也可以结合资源特色，适当发展海洋渔业旅游、海洋盐业旅游、海洋风情旅游、海洋体育竞技旅游等，以吸引和招徕更多的旅游者。

二是整合生态旅游资源，大力开发生态旅游产品。生态旅游是近年兴起的新型旅游产品。目前，大连拥有 3 处国家级风景名胜区、9 处国家级森林公园、5 处省级森林公园、4 处国家级自然保护区和 2 处国家级地质公园，这些景区、森林公园、保护区和地质公园是宝贵的生态旅游资源（表 6-2、表 6-3），使大连具备了发展生态旅游的良好条件。未来，大连市生态旅游资源应强调整体开发，依托北三市的资源特色和优势，重点开发温泉度假旅游、森林生态旅游、生物观光旅游、健身康体旅游和科考探险旅游，并合理组织旅游线路，实现生态旅游资源、生态旅游产品和生态旅游形式的有机组合，以吸引和招徕旅游者，促进大连生态旅游的快速发展。

表 6-2　大连市主要自然保护区情况

自然保护区名称	级别	保护对象	保护面积（km^2）
辽宁蛇岛-老铁山自然保护区	国家级	野生蝮蛇、候鸟	90.72
大连斑海豹自然保护区	国家级	野生斑海豹	9 090
大连仙人洞自然保护区	国家级	森林生态系统	35.75
大连城山头海滨地貌自然保护区	国家级	地质遗迹、生物化石、奇特地貌景观	13.5
大连长海海洋珍贵生物自然保护区	省级	海洋生物	2.2

资料来源：汪媛媛.大连旅游文化研究[D]：[硕士学位论文].北京：中国地质大学（北京），2009.

表 6-3　大连市主要森林公园分布

森林公园名称	地理位置	保护面积（km^2）
大赫山国家森林公园	金州区	110.9
大连银石滩国家森林公园	庄河市	0.919
大连西郊国家森林公园	大连市	59.58
旅顺口国家森林公园	旅顺口林场	27.41
仙人洞国家森林公园	庄河市仙人洞林场	35.73
长山群岛海岛国家森林公园	长海县小长山林站	4 630.7

续表

森林公园名称	地理位置	保护面积(km^2)
普兰店国家森林公园	普兰店市	110
金龙寺国家森林公园	大连甘井子区	21.38
天门山国家森林公园	庄河市	150

资料来源:百度百科. http://baike.baidu.com.

三是整合现代都市旅游资源,打造中国的“浪漫之都”。在当前“浪漫之都,时尚大连”的旅游城市形象已经渐渐深入人心的背景之下,大连旅游产业的发展应紧紧围绕“浪漫”“洋气”两个主题,加强景观建筑和旅游产品开发,弘扬特色文化,充分展示与主题相匹配的海滨、建筑、街区、广场、节庆、会展等都市风采。一方面,要保护好大连殖民时期的欧式建筑与日式建筑,特别是大连现有的欧式建筑,彰显大连浪漫的城市建筑。另一方面,要整合大连的广场、演出场所、酒吧、港湾等场所,策划具有吸引力、创新性的夜间活动,营造大连浪漫的城市生活。此外,在“时尚”与“浪漫”的主题下,还应营造浪漫的旅游吸引物,做强做大与旅游紧密相关的、以现代服务业为主的各类城市产品,壮大以服装为主题的会展旅游和商务旅游,形成以都市休闲为主导、系列个性化主题和谐并存的产品群①。

四是整合大连市其他特色旅游资源。整合历史遗迹类资源,强化旅顺东鸡冠山北堡垒、203 高地、白玉山、万忠墓、中苏友谊塔、苏军烈士纪念塔等遗址遗迹和建筑的整合开发;整合现代工业旅游资源,充分利用大连雄厚的工业实力,特别是享誉国内外的造船、机车、服装、港口等优势,打造“百年巨变”“远航国际”“装备制造”“汽车工业”“时空通途”等工业旅游产品(表 6-4),大力发展工业旅游,促进大连旅游产业的整体发展。

表 6-4 大连重点开发的工业旅游产品

工业旅游产品	主要内容
大连“百年巨变”之旅	深度挖掘大连以港立市和老工业基地的历史,开展从旅顺军港到大窑湾港、东港区及国际邮轮母港的旅游项目

① 梁俊周.试论大连市旅游市场开发与整合[J].经济研究导刊,2009(14):184-186.

续表

工业旅游产品	主要内容
大连“远航国际”之旅	围绕大连东北亚重要国际航运中心建设，结合港口和口岸基础设施及航运交易市场等建设情况，全面展示大连国际航运中心建设的成就
大连“装备制造”之旅	聚焦“两区一带”先进装备制造业聚集区，亲身体验大连工业“装备中国”的生产场景，全面展示振兴大连老工业基地生产一线的风采
大连“汽车工业”之旅	从大连国际汽车博览会汇集世界汽车名品，到依托大窑湾港口口岸和保税功能，实现由建设汽车展示基地、汽车零部件生产基地，向建设整车总装出口基地跨越，全面展示大连汽车工业发展前景
大连“时空通途”之旅	以大连国际机场、新火车站、城市地铁、城市快轨、烟大火车轮渡（旅顺港）、主城区至新市区海底隧道、高架桥为主要项目支撑，开展交通工业旅游

资料来源：大连市人民政府办公厅《加快发展工业旅游的实施意见》（2008）

二、旅游产业结构的调整与升级

大连市旅游产业经过多年的发展，已经具备了相对较大的发展规模，旅游产业结构不断优化，对区域发展的重要作用不断增强。但由于旅游产业整体处于快速发展阶段，产业发展尚不十分成熟，因此在旅游产业发展过程中还存在着一定的问题，如产业结构不合理、企业结构有待于进一步优化等，严重影响了旅游产业区域效应的发挥。为强化旅游产业与大连市区域发展的互动，必须加快旅游产业结构调整步伐，充分发挥区域旅游资源优势，提高经济效益，促进大连市旅游产业的持续、健康发展。

（一）旅游产业结构的调整

大连市旅游产业结构调整的目的在于实现旅游资源、旅游产品以及旅游服务设施的合理配置，具体而言：

从旅游景区结构的调整来看，应进一步强化重点旅游景区（老虎滩海洋公园、金石滩风景区、森林动物园等）的建设，完善基础设施和服务设施的配套布局，开发特色化的旅游产品，打造景区旅游品牌，促进大连市旅游景区整体功能的提升。

从旅行社结构的调整来看，首先要大力培育龙头旅行社，通过对旅行社星级的评定，提高其对整个旅行社业的带动作用。其次要强化旅行社的改革与引进。近年来，在国有企业股份制改造的带动下，大连先后成功引进了中妇旅集团、中旅集团、首旅集团、国旅集团。这些旅游集团的加盟不仅带来了新的经营理念，也间接地加速了大连整合资源、组建本地旅游集团的进程。今后应进一步强化旅游企业的引进与培育，不断强化其对旅游产业发展的支撑性作用①。

从旅游饭店结构的调整来看，旅游饭店的调整目标要形成既满足旅游接待的需求，又为城市商务、会展提供支持的发展格局。根据大连旅游产业发展总体规划，高、中、低档饭店的比例为 2 : 4 : 4。到 2016 年底，大连已拥有五星级酒店 10 家、四星级酒店 25 家，一些非星级酒店的旅游住宿设施被改建成经济型酒店、家庭旅馆等新的饭店业态。此外，大连正着力引进国内外知名品牌酒店，并加快培育本地经济型饭店的步伐。通过上述旅游宾馆饭店业结构的优化，未来大连市的旅游接待能力将能较好地满足旅游者的需要。

从其他旅游企业的结构调整来看，旅游商店、旅游餐饮、交通公司、休闲娱乐公司等应不断提高自身的发展水平，强化与旅游景区建设、旅行社发展以及旅游宾馆饭店业的协调，充分发挥其配套和服务功能，支撑大连旅游产业结构的调整与优化。

（二）旅游产业结构的优化升级

大连市旅游产业结构的优化应重点强调旅游产品的组合优化，进而引导旅游产业结构的有序演化。节庆旅游产品优化升级方面，大连在原有的国际服装节、烟花爆竹节、国际赏槐节的基础上又增加了四大节庆活动——国际啤酒节、国际沙滩节、国际冬泳节和国际滑雪节，成为大连旅游产业发展的新的增长点。未来，应进一步寻找新的突破点，通过节庆旅游活动推动大连旅游产业区域效应的发挥。商务会展旅游优化升级方面，大连应进一步推进特色旅游产品的开发，要充分利用大连外向型经济活跃、商务会展设施完备、大型国际国内会议展览较多的优势，尤其要抓住举办“达沃斯论坛”等大型国际会议的契机，积极发展商务会展旅游，尽快形成一条龙服务的产业链条。旅游项目建设优化升级方面，大连应积极鼓励大规模、高水平的精品景区开发，加快邮轮、游艇、高尔夫、马术、温泉、滑雪等高端旅游产品的开发和推广。统筹城乡旅游发展，建立特色旅游乡镇村、农（渔）家乐示范

---

① 罗光华.大连旅游产业和谐发展战略[J].大连民族学院学报，2008(2)：174-177.

项目，大力发展乡村旅游，使其成长为旅游经济新的增长点①。

特别需要强调的是，要实现大连旅游产业结构的优化升级，还必须对单体旅游产品和项目进行要素重组，将单个要素的增长扩张为整体产业链的发展②，促进旅游相关产业协调发展。总体看来，目前大连的住宿、餐饮、交通、商业等旅游相关产业发展较快，要进一步提升水平，完善服务功能；而休闲娱乐业、特色旅游商品开发相对滞后，应整合现有旅游要素，将观光、游乐、娱乐以及其他休闲活动等多种活动进行融合，通过产业链条的加长与延伸，打造一个多要素的区域休闲旅游和特色旅游产业链，促进旅游产业结构的优化及其产业效应的发挥。

与此同时，大连旅游产业结构的优化升级还应将实现产业结构从部门经济向产业联动方向的转变作为重点。目前，作为大连现代服务业的重要组成部分，虽然旅游业已经成为大连的支柱产业之一，但与已经形成规模的工业支柱产业（装备制造、石油化工和电子信息）相比，旅游产业对大连经济总量的贡献相对有限。因此，大连旅游产业应考虑与装备制造、石油化工和电子信息三大工业支柱产业的主动结合、联动，充分利用大工业所带来的人流、商流、物流、信息流、资金流等生产力要素的流动，积极开辟新市场，以实现旅游业和工业的互动发展③，推进旅游产业结构的优化升级。

三、旅游产业集群的扶持与培育

国内外的经验表明，旅游产业的集群发展能够增强区域旅游的竞争能力，加快中小企业的发展速度，有效增进旅游资源利用，促进旅游业的创新。集群战略实际上是一种旅游区域发展战略，区域内旅游企业之间相互竞争，又相互依赖，追求共同的利益，形成区域内的旅游产业共生④。随着产业发展水平的不断提高和产业结构的不断优化，大连已经具备了发展旅游产业集群的基础和条件。因此，从发展趋势上看，旅游产业集群化不仅是未来大连市提升区域旅游业竞争力的最佳模式，而且也是大连进一步增强旅游产业区域效应的必然要求。

---

① 刘晓滨.拓展思路推进大连旅游产业科学发展[N].中国旅游报，2009-01-21(10).

② 罗光华.大连旅游产业和谐发展战略[J].大连民族学院学报，2008(2)：174-177.

③ 罗光华.大连旅游产业和谐发展战略[J].大连民族学院学报，2008(2)：174-177.

④ 周丽.我国旅游产业集群发展战略研究——钟山景区实证研究[D]：[硕士学位论文].南京：南京航空航天大学，2006.

（一）构建旅游产业集群框架

大连市旅游产业集群的培育首先应打造旅游产业链。应在充分发挥自身优势的基础上，灵活运用股权参与、战略联盟契约合作等方式，通过实现前向一体化、后向一体化和国际一体化，整合上下游资源，构建出一条竞争实力强劲的旅游产业价值链。要整合食、住、行、游、购、娱旅游产业链，以餐饮、住宿、旅行社、交通、景区和零售品牌为主体，以保险、银行等配套环节为辅，一站式地满足旅游者在旅游过程中的相关需求。要通过发展旅游带来的人流和城市的品牌效应，带动信息流、资金流，进而支撑旅游产业集群的发展①。

其次，大连旅游产业集群的培育要打造核心旅游企业群。要努力培育一批具有核心竞争力的餐饮、住宿、旅行社、交通、景区和零售品牌的骨干企业，并通过联合、兼并、收购和股份制改造等方式，组建若干旅游企业集团，向市场化、规模化、品牌化和国际化方向发展，共同打造大连的旅游品牌。

再次，大连旅游产业集群的培育要打造核心旅游企业。要积极吸引国内外著名旅游企业来连投资，通过科学化管理和市场化经营，设计开发新的旅游产品和服务项目，形成具有领导力的旅游企业集团，以带动其他旅游企业和大连旅游产业的整体发展及旅游产业区域效应的增强。

（二）旅游产业集群的支撑体系建设

大连旅游产业集群支撑系统的建设包括旅游辅助产业群的培育、旅游信息化建设和旅游服务体系建设等。

要培育大连旅游辅助产业群，就必须强化与旅游产业发展密切相关的金融保险、公共服务、邮电通信、卫生体育、文化艺术、教育培训、信息咨询等行业中的相关部分，以及国家机关中与旅游相关的部门，如旅游行政管理部门、海关、边检等②之间的协调，旨在通过旅游产业协调机制的建立，促使这些行业和部门为大连市旅游产业的发展提供强力支持。

要推进大连旅游信息化建设，就必须开发具有大连市特色的旅游信息资源，完善旅游信息基础设施，全面推进电子商务、旅游网站等重点业务发展，提供全面、快

---

① 马巧慧.基于产业链的旅游产业集群培育策略研究——以辽宁省大连市为例[J].管理科学文摘，2007(10):116-117.

② 张陆.旅游产业内部的行业层次结构问题研究[J].重庆工学院学报，2001(6):21-24.

捷、准确的信息服务。要用信息技术连接旅游产业链,加强合作,实现生产管理与销售现代化,推进大连旅游产业发展①。

旅游服务体系建设方面,要积极发展旅游行业协会、旅游法律咨询等中介服务组织,为旅游者提供优质服务。旅游人才的培养,既要发挥大连旅游院校较多的优势,定向培养旅游企业所需人才,又要与劳动部门合作,强化对旅游从业人员的规范化培训,为大连旅游业的发展提供高素质的人才。此外,还要进一步完善大连的旅游咨询服务功能、旅游网站和旅游咨询热线建设,以提升大连旅游产业的服务质量。

四、旅游产业空间布局体系优化

目前,从空间格局上看,大连旅游开发布局很不平衡,"南重北轻"现象突出,造成城市旅游区超负荷运转,其他很多地区的旅游资源未得到有效利用。因此,需要重新调整旅游产业的发展布局,在优化市域南部旅游发展的同时,强化北三市旅游资源开发,改变"南重北轻"的发展格局,形成合理高效的旅游产业开发格局。

(一)旅游产业空间布局体系构建

基于大连市旅游产业布局的现状特征,充分考虑到未来大连市资源开发与空间开发的因素和需要,未来大连市旅游产业应构建"一核、双轴、六区"的空间发展格局(图 6-1)。

一核:大连都市旅游极核,主要以中心城区为核心。该极核是大连市旅游产业的核心区,旅游资源丰富,旅游产业发展基础雄厚。同时,该区也是大连市旅游产业服务、组织的中心。

双轴:沿黄海和渤海廊形成的"V"形旅游产业拓展轴线。该成长轴线体现了大连旅游产业空间发展的一种战略意向。内涵是以大连中心城市为极核辐射点,以市域北部(包括黄渤海沿海地区)为辐射区域,通过文化贯穿、节庆助力、南北双向推进,同步辐射内陆及近海,连接大连市主要旅游功能区,逐步形成旅游产业发展网络。

六区:大连市域六个重要的旅游产业功能区,即旅顺旅游产业区、新市区旅游

① 马巧慧.基于产业链的旅游产业集群培育策略研究——以辽宁省大连市为例[J].管理科学文摘,2007(10):116-117.

产业区(金州区、开发区、金石滩等)、瓦房店旅游产业区、普兰店旅游产业区、庄河旅游产业区以及长海旅游产业区。这六个旅游产业功能分区基本涵盖了大连市域所有的旅游资源区域,包括已开发资源区和潜力旅游资源开发地区。通过旅游产业极核的培育以及旅游发展轴线的拓展,形成旅游区域特色,支撑大连旅游产业的整体发展。

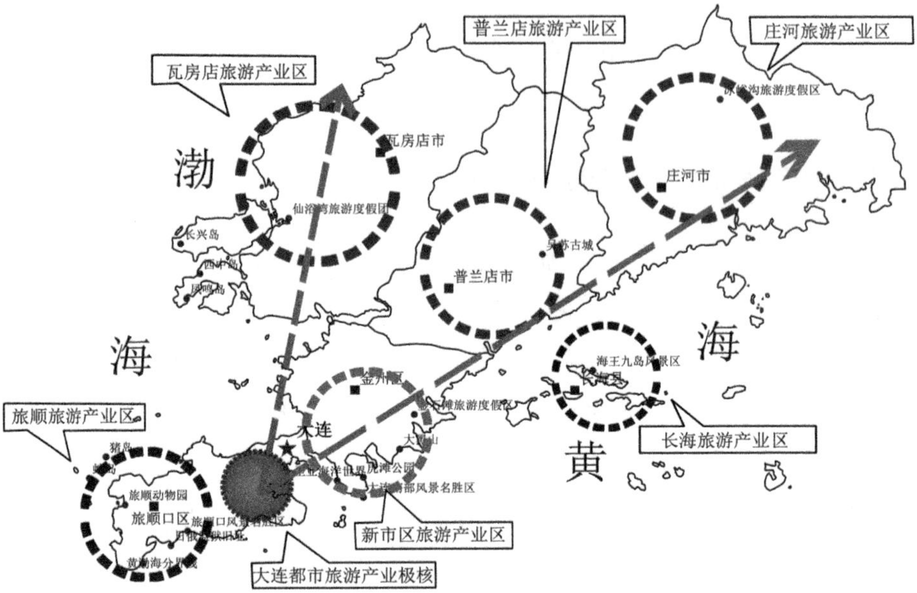

图 6-1 大连市旅游产业空间布局结构

(二)旅游产业功能空间发展指引

大连市旅游产业功能空间的发展应基于目前的发展特征与不足,强化旅游空间功能的整体提升和发展。具体来看,主要体现在以下方面:

旅游极核发展重点:完善旅游中心区功能,重点开发提升三大旅游功能区(带);扩大中央商务区的聚集和辐射效应,使之成为旅游商务、购物和接待服务的核心;精心打造东港至黑石礁公园南部海滨休闲度假观光链;完善并提升星海湾商务区功能,形成集观光、休闲、文化、会展、餐饮、娱乐等功能为一体的大型休闲广场。

旅游产业轴带发展指引:进一步促进旅游产业轴带的要素聚集与组织能力,连接中心城区与市域北部各旅游区,发挥引导、组织功能。其中沿黄海旅游产业拓展轴重点强化都市旅游极核与新市区旅游产业区、庄河旅游产业区的联系，提升大连市域东部沿黄海休闲旅游度假资源的开发。而沿渤海旅游拓展轴重点强化都市旅游区、旅顺旅游产业区、瓦房店旅游产业区的联系与组织，提升大连西部沿渤海地区的旅游资源开发。

旅游产业功能区的发展指引：大连市六个旅游产业功能区的发展方向是深度挖掘自身旅游资源，形成各具特色的旅游产业发展格局，不断提升各区的旅游服务功能。具体旅游产业功能区发展方向与重点见表6-5。

表 6-5 大连市旅游产业功能区发展方向与重点

旅游产业功能区	旅游产业发展方向与重点
旅顺旅游产业区	旅顺旅游产业区要做强人文旅游、生态旅游、军港观光游、海滨度假游，重点建设近代历史人文旅游区、军港观光旅游区、海滨度假旅游区和生态旅游区，开发近代历史人文、军港观光、海滨度假以及生态体验旅游等旅游产品，使旅顺成为国际著名的历史文化名城、风景旅游观光区和著名爱国主义教育基地
新市区旅游产业区	新市区旅游产业区发展应充分利用夏季"3S"资源优势，重点建设金石滩风景名胜区、大黑山宗教旅游区以及开发区港口旅游区。依托独特的地质景观、优良的沙滩浴场以及"发现王国"主题公园等强大优势旅游资源将金石滩建成国际著名的海滨胜地和综合性、生态型休闲度假区。同时深度开发大黑山的宗教旅游产品。此外，构建以大窑湾港、北良港、大连新港为主体的新型港口旅游，形成独具特色的新兴旅游区
瓦房店旅游产业区	瓦房店旅游产业区发展应全面开发滨海旅游资源，形成以仙浴湾国家3A级旅游度假区为主体，以长兴岛旅游度假区和龙王庙旅游度假区为两翼，以骆驼山海滨森林公园、凤鸣岛、红沿河、月牙湾等海滨旅游度假区为辅助的滨海旅游大格局；同时，加快构建连接复州古城、永丰塔、横山书院、涌泉寺、龙潭观等众多旅游资源的人文旅游风景线，形成集观光、度假、访古、娱乐等多功能为一体的综合旅游产业区
普兰店旅游产业区	普兰店旅游产业区发展的重点是整合资源，形成以安波温泉度假区为龙头的温泉旅游度假体系，逐步发展成为国际知名的温泉旅游度假区；构建连接二龙山国家级森林公园、老帽山风景区、双泉寺风景区、碧流河水库风景区等旅游资源的自然风光旅游区；突出特色游——安波滑雪，增强大连冬季旅游的吸引力，提升普兰店综合旅游职能

续表

旅游产业功能区	旅游产业发展方向与重点
庄河旅游产业区	庄河旅游产业区的北部发展应以冰峪沟旅游度假区为龙头，连接仙人洞国家森林公园、步云山温泉生态度假区、天门山国家森林公园等景区形成北线山岳型自然风景区；中部以城山古城旅游区为主体，形成中部人文景区；南部以海王九岛风景区为重点，连接蛤蜊岛旅游度假区、石城岛海上石林、215 公里海岸线打造南部海滨风景区，通过旅游区域的内部整合，促进庄河旅游产业发展
长海旅游产业区	长海旅游产业区要建成以观光和度假为主体的海岛旅游区。构建以长山列岛为主体，广鹿岛、獐子岛为两翼，集众多海岛旅游资源为一体的海岛风光旅游区，开展垂钓赶海游、渔家风情游、观赏渔业游、海洋科普游、边贸商务旅游及海洋牧场采猎游等项目，同时依托自身优势开发建设长山群岛海上旅游度假区

资料来源：王恒，李悦铮.大连市旅游系统空间结构优化初探[J].国土与自然资源研究，2007(4)：70-72.

第四节　旅游产业区域效应的调控对策

从大连市旅游产业发展的现状、特征、方向及旅游产业区域效应发挥的状况等多种因素综合考量的角度，为促进旅游产业的持续和健康发展，大连市旅游产业区域效应的调控应重点采取强化区域间旅游开发与合作、完善旅游市场体系、推进区域旅游交通建设、促进区域生态环境优化和加强旅游区域“软环境”建设等对策。

一、强化区域间旅游开发与合作

区域旅游合作是一种世界性的发展趋势。从区域发展环境来看，大连市旅游产业应进一步强化与周边区域的旅游合作开发，将资源在地区之间重新配置、组合，实现“资源共享”“市场共享”，以更好地实现旅游资源和旅游产品的互补，获取最大的经济效益、社会效益和生态效益，促进大连市旅游产业的持续发展。

（一）加强辽宁沿海城市旅游合作

结合辽宁沿海地区旅游资源的分布特点，未来各城市的旅游发展应以大连为龙头，加快旅游资源的整合开发，加强大连市的海滨旅游与丹东的边境旅游、盘锦的湿地旅游、锦州的生态旅游以及葫芦岛的兴城休闲旅游的合作开发，以形成辽宁海滨旅游带。同时，大连还要与丹东、营口、盘锦、锦州以及葫芦岛结成城市旅游联合体，促进沿海地区旅游产业的快速发展。

为支撑大连市与辽宁省其他沿海城市的旅游开发合作与协调，首先应建立政府合作机构和合作机制，促使各城市的旅游企业积极行动起来，形成行业和企业的合作；其次要加强区域对外宣传。大连应在辽宁省沿海区域旅游合作上发挥组织和倡导作用，通过加强宣传，利用大众媒体等多种方式来加强区域整体形象的提升，充分体现和展示每个城市的区域旅游特色，从而为整个沿海区域旅游产业的发展注入强大支撑力①。

（二）强化东北地区的旅游合作

从东北地区层面来看，大连市应加强与东北各旅游区的合作，从空间上对东北地区的旅游资源进行优化组合。要将大连的海滨旅游资源、城市旅游资源与沈阳的故宫、鞍山的千山、本溪的水洞、吉林的长白山、长春的汽车和电影、哈尔滨的冰雪、伊春的森林、内蒙古的大草原等旅游资源进行融合，实现强强联合、优势互补。要发挥资源整合优势，打东北牌、打联合牌，构筑“东北旅游板块”，进而在国内外形成强大的东北旅游资源优势和产品优势，带动东北地区的旅游产业的全面发展②。同时，应设计整合跨整个东北地区的旅游精品线路，如“大连—沈阳—长春—哈尔滨—齐齐哈尔—大庆—北安—黑河”，以及“大连—丹东—宽甸—桓仁—长白山—镜泊湖—牡丹江”等，突出和彰显线路的海洋、湿地、湖泊、森林、边贸、工业和民俗旅游特色，以促进区域旅游合作，实现区域旅游的共同发展。

为支撑东北地区的旅游共同开发，大连应充分发挥“东北 4+3 城市（哈尔滨、沈阳、大连、长春+鞍山、吉林、齐齐哈尔）旅游联合体”的作用，共同构建跨省、市际无障碍旅游区，重点在准许旅行社异地开设分社；取消地陪制；取消外地车限制；建立四城市（哈尔滨、沈阳、大连、长春）旅游投诉处理协调工作机制；四城市在各自的机场、车站、星级酒店等专门场所，在为其他城市免费提供旅游宣传服务③等方面采取切实可行的措施，以实现城市间互为旅游客源、互为旅游目的地。

---

① 高维全.大连旅游可持续发展的对策分析[J].黑龙江对外经贸，2008（6）：110-112.

② 王佳.大连市旅游资源整合营销策略研究[D]：[硕士学位论文].大连：大连海事大学，2007：47-48.

③ 夏德仁.发展大旅游 促进大振兴[OL].（2007.8.11）[2009.9.20].http://www.harbin.gov.cn/hrbzfw/hrb_szfh2007.

（三）加强环渤海区域旅游合作

从环渤海旅游区域来看，大连旅游产业的发展应强化与环渤海地区其他主要旅游城市的合作开发，推出旅游联合品牌。联合区域重点旅游城市秦皇岛、天津、青岛、烟台、威海等，充分挖掘各城市丰富的资源，加强区际的交通联系，共同打造海洋旅游品牌，形成地区间的整合营销体系、海洋旅游链和“渤海旅游圈”，通过规模经济效益繁荣整个环渤海地区的旅游产业。

制度保障方面，大连应积极与环渤海地区其他城市商讨区域旅游的合作机制、合作机构等的建立问题，提出区域旅游合作方案，争取政策支持，从而在区域旅游合作发展中取得主动权和先导权①。大连应积极倡导在环渤海地区旅游开发过程中走整体包装、联合促销、建立大联合体、优势互补的道路，促进大连市以及环渤海地区旅游产业的整体发展。

二、完善旅游市场体系

大连市旅游产业的健康发展需要健康的旅游市场支撑。构建健康、优化的旅游市场体系，不但有利于大连市旅游产业在激烈的旅游市场竞争中占有一定规模的市场份额，还有助于提高区域旅游业的竞争力和经济效益。从旅游产业的发展需求以及旅游市场体系的发展趋势上看，大连市应进一步强化旅游市场营销体系、旅游客源市场体系以及旅游商品体系的培育和建设。

（一）旅游市场营销体系建设

大连旅游市场营销体系建设的重点应在深度开发旅游特色产品的基础上采取多样化的营销方式，推介大连市的旅游产品资源，促进城市旅游产业的发展。大连旅游产业的新发展应该围绕“浪漫之都”城市旅游品牌，充分挖掘城市文化的“浪漫”内涵，应在现有“日本风情一条街”“俄罗斯风情一条街”和中山广场异域风情建筑群等的基础上挖掘新的“浪漫”旅游资源，如大力开发婚庆主题游、国际啤酒节、国际徒步大会等概念性旅游产品；基于已有基础，大连应大力开发游客参与性强、体现时代特色的主题公园旅游（如金石滩“发现王国”、老虎滩海洋公园等）；利用大连体育和环境优势，营造“动感之都”形象，开发系列特色产品；结合世界旅游

① 高维全.大连旅游可持续发展的对策分析[J].黑龙江对外经贸，2008（6）：110-112.

发展的趋势和旅游市场的进一步细分,大连还应大力发展邮轮旅游、低空旅游等高端旅游等。上述特色产品的开发,将为大连城市旅游营销体系的完善奠定坚实的基础。

在开发旅游新产品的同时,大连应着力促进旅游营销方式的优化。在过去的一段时期内,大连的一些旅游营销手段和方式,如"旅游大篷车""比赛在北京,观光在大连"和在中央电视台、北京火车站以及国外的相关媒体中播放"浪漫之都,时尚大连"的宣传广告等,不但有力地宣传了大连的旅游产品和旅游品牌,更大大提高了整个城市的知名度和美誉度。然而,随着旅游业的迅速发展和旅游营销手段更新的加快,大连旅游的市场营销必须尽快考虑其他的宣传促销方式,不断推陈出新,将市场营销做强做细①。具体说来,大连市旅游市场营销应以塑造品牌为主,宣传产品为辅,重点突出大连城市旅游形象;应以广告和事件促销为主,借助旅游中间商、媒体的"熟悉之旅"报道,进一步提高大连城市旅游的美誉度。此外还应注重网络营销,从而满足不同目标市场的需求②。

(二)旅游客源市场体系优化

多年来的客源市场分析与研究表明,大连市的旅游客源市场目标层大体分为三级,即一级市场为以日、韩为主的东亚地区;二级市场为俄及港、澳、台;三级市场为东南亚、欧美、澳洲等地区。从近期旅游市场的拓展方面看,大连应抓住东北亚国际航运中心建设、产业高速发展的机遇,发挥地缘优势和历史渊源优势,深入发展并巩固以日、韩、俄为依托的东北亚市场。今后要加强一、二级市场的投入,重点巩固日、韩、俄、港、澳市场,积极开展面对公众的促销活动,刺激市场需求,拓宽客源层。同时对三级市场进行适当开发,以吸引更多的游客,增大三级市场对旅游收入的贡献份额,以此支撑大连旅游产业的持续发展。

从未来国内旅游客源市场格局判断,大连国内旅游的一级市场将是东北市场和以京津冀、山东为主的华北市场,二级市场将是"长三角"和"珠三角"市场,三级市场将是中部地区、关中地区以及西南地区。从市场拓展方向来看,大连应深度开拓辽宁省、东北及环渤海地区的近中程客源,继续巩固其主力市场地位;同时,加大北京、天津、上海、广东、山东、内蒙古市场的开拓力度,使之成为未来大连市旅游产

---

① 傅吉新,谢春山.比较优势分析:大连旅游业发展的新思路[J].辽宁税务高等专科学校学报,2006(4):30-33.

② 马林,李雪丽,祁洪玲.大连市旅游营销策略探讨[J].商业研究,2008(8):134-137.

业的重要支撑市场;积极开拓江浙地区、河北、关中地区、中部地区以及西南地区市场,使之成为未来大连市重要的旅游客源市场①。

(三)旅游商品市场体系培育

大连市旅游商品市场体系建立的重点应是大力开发特色旅游商品,进一步规范旅游商品市场,促进旅游商品体系建设对大连市旅游产业发展的支撑作用。大连旅游商品原料丰富,有海产品资源、农产品资源、矿产资源等等,可是旅游产品却不能很好地体现大连的旅游文化特色。北京烤鸭、长城模型是北京旅游商品设计成功的典范,大连也需要设计类似的旅游商品,以标志大连旅游商品文化②。大连市旅游商品的开发应把握突出特色、重在创新、开创品牌和提高品位的原则,开发具有大连特色的旅游商品,如便携式的大连海鲜产品、核心景观模型等旅游商品。同时,在旅游商品开发时还要不断创新,增强旅游商品的生命力。

为支撑旅游商品的开发,大连应建立和规范旅游商品市场,顺畅旅游商品销售渠道,优化旅游购物环境。可在市区中心,如青泥洼桥、人民路、西安路,以及各县级市的市区中心等地区的综合性商场内设立销售和宣传大连旅游商品的专柜。还可以考虑在核心景区选择适宜的区域开辟旅游商品市场、旅游购物街,以支撑大连旅游商品的健康发展。

三、推进区域旅游交通建设

旅游交通在旅游业的发展中起着非常重要的作用。旅游交通的完善程度和建设水平直接影响着区域内的旅游客流量。大连交通发达,铁路、公路、民航、水运等运输方式一应俱全,可进入性较强,但为更好地发挥交通对旅游的贡献,大连还应进一步强化旅游交通建设,以全面支撑旅游产业的发展。

(一)旅游交通网络的建设内容

大连市旅游交通发展的基本思路应是围绕旅游景区、景点建设旅游交通网络,主要包括两个层次:一个是区域旅游交通建设;二是旅游景区内部的交通线路建设。

从区域旅游发展来看,应根据大连旅游产业的空间布局结构进行交通建设,以

---

① 梁俊周.试论大连市旅游市场开发与整合[J].经济研究导刊,2009(14):184-186.

② 汪媛媛.大连旅游文化研究[D]:[硕士学位论文].北京:中国地质大学,2009:42.

中心城区为交通组织中心，辐射其他旅游产业功能区，形成旅游交通网络。随着大连市新旅游景区和景点的开发，特别是大连市区—金州及大连市区—普兰店、瓦房店和庄河北三市旅游沿线上的新景区、新景点的建设，大连旅游交通网络应在提高现有交通线路利用率的基础上，强化综合交通联系通道建设；进一步完善大连市域滨海交通通道建设，促进大连市域与海滨的联系，从而形成功能完备的综合旅游度假区。同时，大连应大力发展海上旅游交通，将沿海各港口与海域各岛屿进行有机组合开发，发展游船和游艇旅游，构建以长山列岛为中心，广鹿岛、獐子岛为辅，连接大连市周边各岛屿，通达、便利的水上旅游交通系统①，以通过区域交通网络的建设支撑大连市旅游产业和区域经济的发展。

从景区内部来看，要通过兴建旅游地风景区道路和完善旅游交通网络的连接程度，形成便捷、畅通的旅游交通网络；要合理设计旅游交通线路，改善旅游交通工具；对一般交通与旅游交通进行分流，同时引导外地旅游车辆和小汽车的游客换乘公共汽车，减轻风景区主要道路上的交通压力②。这样，通过交通组织的优化，将进一步增强大连市旅游景区的可进入性。

（二）构建旅游交通建设的协调机制

完善大连市的旅游交通设施，需要加强各交通部门间的协作，改变公交、航空、水运、铁路等各部门条块分割的现状，组建协调机制体系。该协调机制的主要功能，一方面要进一步优化、美化交通基础建设，如在路面两侧进行景观设计，既为吸引和愉悦游客，也为推动和强化旅游企业和旅游城市的形象传播。另一方面要着力提升旅游交通安全质量和服务质量，尽快引入旅游交通自动化、信息化的管理方法，提高效率，降低成本，实现城市交通与城市旅游系统共同协调发展③。

四、促进区域生态环境的优化

良好的生态环境系统是旅游产业发展的重要依托，也是区域旅游发展的重要基础。大连市近年来依托良好的城市生态环境，吸引了大量的游客，城市旅游业发展迅速。随着旅游产业的发展，其与生态环境保护的矛盾日益突出，基于大连市旅

① 王恒.大连市旅游系统空间结构优化研究[D]:[硕士学位论文].大连:辽宁师范大学,2008:35-36.

② 王恒,李悦铮.大连市旅游系统空间结构优化初探[J].国土与自然资源研究,2007(4):70-72.

③ 陈晓,李悦铮.城市交通与旅游协调发展定量评价——以大连市为例[J].旅游学刊,2008(2):60-64.

游产业发展的趋势和要求,必须加强区域生态环境体系建设,加强对区域环境的保护,从而为大连旅游业的发展提供优化的环境支撑。

(一)区域生态环境的建设内容

大连生态环境包括区域生态环境和旅游景区生态环境两个层次,其建设应与旅游产业空间布局相协调。从区域生态环境层次来看,基于旅游产业的空间布局结构,大连市域应构建由滨海生态区、城镇组团生态隔离区以及山体生态基底区构成的区域生态环境体系,旨在促使大连市自然生态高度优化和人居环境在自然生态基底中的有机生长。要努力使大连市的区域生态平衡水平不断提高,本土物种繁荣且生物多样性持续提高,污染得到控制且生态危害性行为持续减少;要使市域生态基底,包括地形、植被、海域和生态系统结构得到保护,生态保护区面积进一步扩大;并使农业发展有机化①,以支撑大连市旅游产业的发展。

从旅游景区生态环境层次来看,其生态环境建设的重点是努力使旅游产业的发展符合自然生态规律,避免孤岛式开发。要在旅游景区之间开辟生态走廊,充分保证生物的迁徙和活动空间;要保护生物物种的原生态性,避免引进新的不良物种而造成生物侵害;避免旅游景区过度的城市化开发,尽量少上或不上建设项目,保持旅游区的完整性,规范旅游产业的发展②。

(二)区域生态环境的优化对策

大连的旅游开发应遵循旅游产业、生态环境保护与经济发展相互作用的规律性,运用各种财政、金融、税收和价格政策等手段调节旅游经济活动,促进旅游资源开发和环境保护之间的协调。

一方面,在旅游资源开发中,要合理选择旅游地、安排旅游线路、强化旅游环保设施,以避免生态环境受到不应有的破坏;要科学计算好生态旅游风景区的容量,严格控制游人的数量,减少游客对自然生态的破坏。同时,还可以通过使用景区电瓶车、星级厕所等措施保护好旅游区的生态环境,实现大连旅游产业的可持续发展③。

另一方面,作为沿海城市,大连在城市生态环境建设以及海滨(海洋)旅游资

---

① 南京大学城市规划设计研究院.大连市城镇体系规划[R].2005.

② 崔广彬,郑岩,魏震铭.生态文明与大连旅游和谐发展研究[J].大连大学学报,2009(2):116-119.

③ 高维全.大连旅游可持续发展的对策分析[J].黑龙江对外经贸,2008 (6):110-112.

源开发过程中应把海洋环境保护放在重要位置①，避免向海洋投入垃圾及其他有害物体。因为，沿海城市生态环境一旦遭到破坏，不但影响旅游者旅游体验的质量和旅游产业效应的发挥，还会直接威胁到海洋环境及海洋经济的可持续发展。

此外，为促进旅游产业发展过程中生态环境的保护，大连市要着力培养及提高旅游者、旅游管理人员、政府官员和当地居民的旅游资源环境保护意识，加强对环境保护的教育和宣传力度，严格规范和约束旅游者的行为，以促进对旅游景区生态环境的保护。

五、加强旅游区域软环境建设

旅游软环境是旅游产业发展的重要支撑。虽然从根本上说，软环境建设是一种潜在的生产力，但它对旅游区以及旅游产业发展却具有重要意义。同旅游硬环境相比，大连市旅游产业发展过程中迫切需要加强软环境建设。区域旅游软环境的建设，既需要强化政府的旅游服务职能，健全旅游发展的法制体系，也需要规范旅游市场管理体制和强化旅游人才的培养。

（一）强化政府的旅游服务职能

转变政府的旅游管理和服务职能是创造良好的旅游产业发展软环境的关键。基于旅游产业的高度关联性、强大带动性、半公共品属性以及激烈的外部竞争，实施政府主导战略仍应是当前大连市旅游发展政策的基本取向。政府主导战略的主体是政府，基础是市场，要在以市场为主配置资源的基础上，充分发挥政府的主导作用，形成政府主导、市场运作、企业经营、社会参与的旅游发展新模式。要将旅游业的发展放在社会经济发展的大背景下加以统筹运作，从而促进区域旅游业和谐发展。

大连在开发旅游资源、发展旅游产业过程中，政府应强化以下职能：尽快出台和完善有利于旅游业健康发展的法规、政策；积极引导确立大旅游产业观念和特色旅游经营理念；加快旅游基础设施建设、生态环境保护设施建设；加大对旅游资源开发的引导和管理；加强对大连旅游发展战略思路和实施策略的研究。同时，在整个旅游产业发展过程中，要贯彻品牌理念，实施名牌战略，在海内外进一步强化“浪漫之都，时尚大连”的城市旅游品牌形象，并着力开发出一批支撑和彰显城市品牌

① 王辉，林建国，姜斌.大连市旅游与环境协调发展度分析[J].海洋环境科学，2006(1)：84-87.

形象的旅游产品和旅游精品，以促进大连旅游产业的优化和升级。

（二）健全旅游发展的法制体系

为促进大连市旅游产业的健康发展，应加强旅游法制建设，创造良好的旅游市场营销环境。一方面要以完善地方旅游法治环境为目标，制定和完善大连地方性旅游法规、政府规章和规范性文件，健全旅游法制体系，对旅游规划、资源保护、旅游宣传、旅游市场、旅游安全、旅游保障、旅游合同等实施有效规范①；另一方面要积极研究制定相关政府规章，尤其是旅游景区、旅游饭店、旅游购物、旅游餐饮等管理服务的法规，实现旅游领域法治的进一步完善。

同时，要建立政府主导、部门联动的旅游市场监管体系，强化对旅行社、导游员的监督管理。要组建专业旅游执法队伍，确保“依法治旅”落到实处；搞好旅游市场专项执法，优化旅游市场环境；加强旅游法律法规宣传，增强旅游者、旅游经营者及其他从业人员的法治观念②，以从根本上杜绝违法开发与经营旅游资源和欺诈旅游消费者的现象，为游客提供一个安全、放心的旅游环境。

（三）规范旅游市场管理体制

从旅游市场存在的问题来看，目前大连市旅游市场管理中最重要的是要规范市场秩序，具体途径和方法，一方面要发挥旅游行业协会的市场管理职能，使其对企业市场行为进行规范，使竞争有序化，保护合法经营人的利益，进而提高企业管理和经营水平及整个行业的竞争力。另一方面要充分发挥政府在旅游市场管理方面的职能，要通过政府促进公平、增加就业、改善当地居民生活、保护旅游资源和区域生态环境等；制定宏观政策和市场规范、法规确保市场稳定；开展总体布局和长远规划，确保旅游市场发展具有战略性③。

此外，要强化旅游市场管理的制度化，制定导游接待制度、游客投诉（反馈）制度、保险制度、岗位责任制、卫生环保制度、营销制度、安全预防制度、产品保护制度等，以保障旅游产业各项业务在各种规章制度下健康、有序地开展④，从而促进旅游市场秩序的稳定和有序。

---

① 高维全.大连旅游可持续发展的对策分析[J].黑龙江对外经贸，2008（6）：110-112.

② 汪媛媛.大连旅游文化研究[D]：[硕士学位论文].北京：中国地质大学，2009：41-42.

③ 梁俊周.试论大连市旅游市场开发与整合[J].经济研究导刊，2009(14)：184-186.

④ 刘筱筱.大连市工业遗产旅游开发条件与对策探究[J].国土与自然资源研究，2007(3)：71-72.

（四）强化旅游人才的培养

当前，人力资源匮乏，特别是高素质人才短缺已成为制约大连旅游产业发展水平提升的重要因素。因此，大连市应充分发挥大连旅游院校较多的优势，扩大大连理工大学、大连海事大学、东北财经大学、辽宁师范大学、大连大学、大连外国语学院、辽宁对外经贸学院等高校的招生规模，加强旅游专业人才的培养。加强旅游高职等职业技术教育，培养更多应用操作型旅游人才，为大连旅游品质化发展提供基础人力资源支撑①。

针对当前旅游业紧缺的高素质人才，大连应该制定相关政策，积极推进旅游人才市场建设，发挥市场在旅游人才配置中的基础性作用。要通过建立旅游人才交流中心、导游服务中心，培育专门的旅游企业职业经理人市场、导游人才市场和培训师资市场，促进旅游人才的合理流动。此外，还应拓展旅游人才开发的国际合作渠道，培养国际旅游企业管理、旅游市场研究、旅游资源开发等方面德才兼备的高级人才，积极开展境外培训，形成旅游教育的新格局②，进而为大连旅游产业的发展提供支撑。

第五节　研究结论与展望

一、主要研究结论

旅游产业的区域效应是一个复杂的研究命题。本文重点从旅游产业与区域发展互动角度研究揭示了旅游产业区域效应的变化规律，并建立了旅游产业区域效应的评价机理，在此基础上综合构建了我国旅游产业区域效应的理论研究框架与实践调控体系。通过本文研究主要得出以下结论：

（一）旅游产业区域效应的内容逻辑框架

旅游产业的区域效应是旅游产业发展过程中的必然产物和客观规律。从内涵

---

① 高维全.大连旅游可持续发展的对策分析[J].黑龙江对外经贸，2008（6）：110-112.

② 贾玉云，鲍艳杰，谢春山.特色旅游发展对策研究——兼论大连特色旅游[J].广东农工商职业技术学院学报，2007（3）：48-53.

上看,旅游产业区域效应主要从动态内涵理解,不仅包括旅游产业作用于区域综合发展这样一个单向的过程,而且还包括区域发展对旅游产业的支撑作用。从旅游产业与区域整体的互动关系来看,旅游产业发展的区域效应具有整体性、稳定性、有序性、时滞性以及开放性等特征。

旅游产业区域效应具有复杂的内容结构。总体来看,旅游产业区域效应主要包括经济效应、生态环境效应、社会文化效应和空间效应,且各内容呈现一定的逻辑层次关系,即旅游产业区域效应的逻辑结构分为四个层次:社会文化效应是内在本质,资源环境效应是根本保障,经济效应是外部表现,空间效应是最终落脚点。各内容组合构成了旅游产业区域效应的理论框架体系。

(二)旅游产业区域效应的影响机制与表现

旅游产业经济效应的产生条件主要受到旅游消费量、区域经济规模与水平、旅游产业与区域经济关联程度等的制约,主要包括旅游产业的区域乘数效应、旅游产业的区域波及效应以及旅游产业的就业拉动效应。

旅游产业对生态环境的影响机制可以从两个方面阐释:一是分析旅游产业对生态环境影响机制模式;另一个是对旅游生态环境问题进行经济学解释。旅游产业的区域生态环境效应主要由旅游开发对生态环境的联动效应、旅游产业对生态环境的支撑效应、旅游建设对生态环境的干扰效应以及旅游活动对生态环境的胁迫效应构成。

旅游产业社会文化效应的影响因素主要包括进入旅游地的游客量、旅游者的逗留时间、旅游地居民参与程度以及旅游从业者来源。在各因素的综合影响下,旅游产业的区域社会文化效应主要包括社会发展引导效应、区域文化重构效应、旅游地居民示范效应以及社会文化阻滞效应等。

旅游产业空间效应的影响机制主要包括旅游资源分布、旅游客源市场区位、聚集与扩散机制以及旅游交通通达性。旅游产业发展的空间效应主要体现在三个方面:城市空间结构调整效应、城市空间拓展效应和区域空间结构演化效应。

(三)旅游产业区域效应的时空演化规律

由于旅游产业以及旅游地的发展具有生命周期演化规律,进而导致旅游产业的区域效应也呈现出阶段演化的特征,但因不同旅游目的地旅游产业发展状况不同,旅游产业的区域效应也随之有所差异。总体来看,旅游产业的区域效应在不同旅游地均呈现出一个基本的演化规律，即旅游产业区域效应一般经历四个演化阶段：形成阶段、强化阶段、稳定阶段以及衰退（复苏）阶段。

在旅游产业区域效应形成阶段，旅游产业效应主要体现在以经济效应为主，其他效应强度较小；在强化阶段，旅游产业的各方面效应均不断增大，且以正向影响为主；在稳定阶段，旅游产业的区域效应达到最大，但旅游社会、生态环境负效应也十分突出；在衰退（复苏）阶段，当旅游产业衰退时，区域效应也逐渐趋近于零，而当旅游产业复苏时，其区域效应也将从衰落中复苏，并将进入一个新的发展周期。

（四）旅游产业区域效应的调控机理

旅游产业区域效应的调控目标主要是实现旅游地域的可持续发展、促进旅游产业区域效应最大化以及强化旅游产业与区域发展的协调。旅游产业区域效应的调控机制包括市场调控和政府调控两种机制，其中市场调节机制是影响旅游产业区域效应的基础性机制，而政府调控机制是引导性机制。

对于一般区域而言，旅游产业区域效应的调控策略应主要体现在三个方面：一是旅游产业发展调控，主要包括旅游企业的调控、旅游产业结构调整、旅游产业集群的培育；二是旅游地区域发展调控，主要包括整合旅游地旅游资源、促进旅游地整体发展、强化旅游的区域合作；三是旅游支撑系统调控，主要包括旅游市场体系的完善和旅游设施建设调控。

（五）大连旅游产业区域效应演化与评价结果

截止到目前，大连市旅游产业区域效应的演化主要经历了旅游产业区域效应形成阶段（1978—1990）、旅游产业区域效应强化阶段（1991—2000）、旅游产业区域效应转化阶段（2001 年以后）3 个阶段。在每个发展阶段旅游产业的区域经济、生态环境、社会文化以及空间效应均呈现出不同的变化特征。

应用本文所建立的评价体系对大连市旅游产业的区域效应进行评价的结果显示，旅游产业综合效应值为 4.0274，处于较高水平。四种效应的高低排序依次为社会文化效应（4.2767）、经济效应（4.1793）、生态环境效应（3.9269）、空间效应（3.7269），表明目前大连旅游产业的区域效应以社会文化与经济效应较为突出。随着大连从观光旅游向休闲度假型目的地转变以及旅游者需求的提升，文化已经成为旅游产业开发中不可或缺的项目。旅游产业的发展一定会推动目的地经济发展,但作用的大小与形式各异。同时,随着旅游产业的发展,生态环境问题已经引起政府与当地居民的高度关注,大连的社会生活环境空间质量也在逐步提升。现阶段大连旅游产业的空间效应相对于其他方面效应还是略显薄弱,这与旅游产业的空间功能弱化有一定联系,但空间拓展与整合效应已经开始显现,而由此引发的其他方面空间效应也会随之逐渐增强。

(六)大连市旅游产业区域效应的调控体系

基于大连市旅游产业区域效应的评价结果,确定大连市旅游产业区域效应调控的目标是:旅游产业区域贡献的高效化、旅游产业与其他产业的整合化、旅游开发与区域布局的合理化以及旅游产业与区域发展的协调化。

基于目标实现,大连市旅游产业区域效应的调控路径主要包括旅游资源的区域内部整合、旅游产业结构的调整与升级、旅游产业集群的扶持与培育以及旅游产业空间布局体系优化 4 方面。

大连市旅游产业区域效应调控对策主要包括强化区域间旅游开发与合作、完善旅游市场体系、推进区域旅游交通建设、促进区域生态环境优化以及加强旅游区域软环境建设等方面。上述对策的实施,将实现大连市旅游产业结构的优化及其区域效应的不断增强。

二、研究特色与创新之处

(一)构建旅游产业区域效应研究的理论体系

从已有研究来看,学术界对旅游产业发展的区域效应尚未进行系统全面的理论研究与规律总结。本文提出并界定了旅游产业区域效应的概念,建立了旅游产业区域效应的内容逻辑框架,通过分析旅游产业区域经济效应、生态环境效应、社会文化效应以及空间效应的影响机制,进而研究了旅游产业对区域经济发展、生态环境保护、社会文化进步以及空间建设的影响,综合构建了旅游产业区域效应研究的理论框架,补充了区域经济学、旅游学以及其他相关学科的研究理论。

(二)建立旅游产业区域效应的综合评价方法

目前,因学术界关于旅游产业区域效应综合评价的技术方法体系尚未建立,使得人们难以从实践的角度认识和评价旅游产业区域效应的真实与客观状况,自然也就无法通过科学合理的对策调整和优化旅游产业效应来促进旅游产业和区域经济的健康发展。为此,本文综合运用理论建模技术、问卷调查分析方法、数理统计分析方法以及区域效应综合测度模型等技术方法,构建了旅游产业区域效应的评价方法体系,并以大连市为例进行实证分析,强化了该方法体系的应用性和可操作性。

(三)提出大连旅游产业区域效应的调控路径

当前,学术界关于大连市旅游发展的研究领域集中在大连旅游资源开发、旅游定位、旅游产品开发以及旅游发展策略等方面,对大连旅游产业发展的区域效应、区域效应评价与调控等问题尚未进行系统的分析。为此本文在深入分析和探讨大连市旅游产业区域效应调控背景的基础上,重点研究探讨了大连市旅游产业区域效应调控的目标、调控路径以及调控对策,从而为大连旅游产业发展以及旅游产业与区域的互动提供理论支持与实践指导。

三、研究不足与未来展望

(一)继续深化、完善理论与方法体系

本文系统构建了旅游产业区域效应的理论研究框架与实践调控体系,但在理论分析和技术方法应用方面仍需要进行进一步的补充和完善,如对旅游产业区域效应的理论分析部分未对旅游产业的区域经济效应、生态环境效应、社会文化效应及空间效应之间的内在关系进行深入的分析探讨,对于旅游产业区域效应的评价指标体系的建立以及评价模型的应用仍有待完善。此外,还应进行旅游产业区域空间效应的定量化研究等。这些都需要作者在以后的研究中不断地进行完善和深化。

(二)进一步拓展理论研究内容

本文从旅游产业与区域互动的视角重点分析了旅游产业对区域发展的作用效应。由于旅游产业区域效应内涵具有动态性特征,因此在对旅游产业发展的区域作用效应研究的同时,还应进行区域发展对旅游产业影响的研究。而本文基于研究侧重点以及主线连贯性的考虑,关于区域发展对旅游产业的影响没有进行更深入的探讨,需要作者在今后进一步的研究过程中进行补充。

（三）进一步开展不同类型区域研究

本文以大连市为例系统研究了旅游产业的区域效应及其调控机理。从区域类型来看，大连市属于典型的沿海开放性旅游城市。由于区域空间尺度以及旅游区域类型的多元化，本文的研究具有一定的局限性，今后还应进一步开展其他典型旅游城市、更大的旅游区域（省级或城市群）以及典型旅游景区（微观视角）旅游产业发展的区域效应研究，以逐渐完善我国旅游产业区域效应研究的理论与实践体系，促进旅游产业和区域经济的持续、健康发展。

参考文献

[1] Mathieson A., Wall G. Tourism: Economic, Physical and Social Impacts[M]. London and NewYork: Longman, 1982.

[2] Archer. Tourism Multipliers: the state of the Bangor[A]. Occasional Papersin Economics(No.11)[C]. Bangor: University of WalesPress, 1980.

[3] Keogh B. Social Impacts of Outdoor Recreation in Canada[M]. Toronto: John Wiley Press, 1985.

[4] Archer B., Fletcher J. The Economic Impact of Tourism in The Seychelles[J]. Annals of Tourism Research, 1996, 23(1).

[5] Smith S.L.J. Tourism as an industry: debates and concepts [A].In: Ioannides, D. and K.G. Debbage.(eds.) The Economic Geography of the Tourism Industry [C]. London & New York: Routledge,1998.

[6] Catherine Marina Pickering, Wendy Hill. Impacts of recreation and tourism on plant biodiversity and vegetation in protected areas in Australia [J]. Journal of Environmental Management,2007(85).

[7] Silsbee D. G., Larson G. L. Water Quality of Streams in the Great Smoky Mountains National Park[J]. Hydrobiologia,1982, 89(2).

[8] Tzatzanis M., Wrbka T., Sauberer N. Landscape and vegetation responses to human impact in sandy coasts of Western Crete, Greece [J]. Journal for Nature Conservation, 2003, 11 (3).

[9] Cole D. N, Knight R. L. Impacts of recreation on biodiversity in wilderness[A].In: Proceedings of a Symposium on Wilderness Areas and Their Impacts[C].Logan: Uath State University, 1990.

[10] David N.,Cole1 Terry C. Daniel the science of visitor manage-ment in parks and

protected areas: from verbal reports to simulation models [J]. Journal for Nature Conservation, 2003(11).

[11] Raoul Beunen, Hielke D. Regnerus, Catharinus F. Jaarsma. Gateways as a means of visitor management in national parks and protected areas [J]. Tourism Management, 2008 (1).

[12] Page S. J.Urban Tourism[M].London: Routledge, 1995.

[13] Howard Green, Colin Hunter, Bruno Moore. Applications of the Delphi Technique in Tourism[J]. Annals of Tourism Research, 1990, 17(2).

[14] Ryan. Recreational tourism: a social science perspective [M]. London: Routledge, 1991.

[15] Paul Brunt, Paul Courtney. Host perceptions of sociocul-tural impact[J].Annals of Tourism Research, 1999, 26(3).

[16] Sharpley. Tourism, tourists and society[M].Hunting-don: ELM, 1994.

[17] Pizam, Reichel and Stein. Tourism and crime: is there a relationship? [J].Journal of Travel Research, 1982, 20(3).

[18] Butler R. W., Pearce D. G. Tourism Research-Critiques and Challenges[M]. London: Routledge, 1993.

[19] Llurdes J. Heritage tourism and textile model villages: The case of River Park[J]. Tourism Recreation Research, 2001.

[20] Murhpy C., Boyle E. Testing a conceptual model of cultural tourism development in the post-industrial city: A case study of Glasgow[J]. Tourism and Hospitality Research, 2006(2): 111-128.

[21] Mieczkowski Zbigniew.Environmental Issues of Tourism and Recreation[M].USA: Univ. Press of America, 1995.

[22] Prideaux B., S Kim. Bilateral tourism imbalance: is there a cause for concern: the case of Australia and Korea[J]. Tourism Management, 1999(20).

[23] Ashworth, G.J., Dietvorst, A.G.J. Tourism and spatial transformations: implications for policy and planning[M]. Netherlands: Wageningen University and Research center Publications, 1995.

[24] Douglas G. Pearce. Tourism today: a geographical analysis [J]. Longman

Scientific&Technical, 1987.

[25] Pearce D. Tourism today: a geographical analysis [M] Harlow (U. K.). Longman, 1987.

[26] Walpole M. J., Goodwin H. J. Local economic impacts of tourism in Indonesia[J]. Annals of Tourism Research, 2000, 27(3).

[27] Torres, R. M. and J. D. Momsen. Gringolandia: The Construction of a New Tourist Space in Mexico[J]. Annals of the Association of American Geographers, 2005, 95(2).

[28] Jaakson, R. Beyond the Tourist Bubble: Cruiseship Passengers in Port[J]. Annals of Tourism Research, 2004, 31.

[29] Green, H. Planning for sustainable tourism development, In C. Hunter and H., Green (eds) Tourism and the Environment: A Sustainable Relationship? London: Rout ledge, 1995.

[30] Crompton J. L., Mckay S. L. Measuring the Economic Impact of Festivals and Events: Some Myths, Misapplications [J]. Festival Management & Event Tourism, 1994, 2(1).

[31] Friedmann J. Regional development policy: a case study of Venezuela [M]. Cambridge, Mass. And London: MIT Press, 1966.

[32] AP. John. Residents' Perceptions on Tourism Impacts [J]. Annals of Tourism Research, 1992(19).

[33] Weaver D B. Peripheries of the periphery: Tourism in Tobago and Barbuda[J]. Annals of Tourism Research, 1998, 25(2).

[34] Papetheodorou A. Exploring the Evolution of Pourismresorts [J]. Annals of Tourism Research, 2004, 31(1): 219-237.

[35] Nunez T. Tourist Studies in Anthropological Perspective [M]. 1977.

[36] Inskeep, E. Tourism Planning: An Integrated and Sustainable Development[M]. Van Nostrand, New York, 1991.

[37] Craik K. H., Zube E. H. Perceiving Environmental Quality [M]. New York Plenum Press, 1976.

[38] O'Reilly A. M. Tourism Carrying Capacity-concepts and Issues [J]. Tourism

Management, 1986, 7(3).

[39] Alexis Saveriades. Establishing the Social Tourism Carrying Capacity for the Tourist Resorts of the East Coast of the Republic of Cyprus [J]. Tourism management, 2000, 21 (2).

[40] Mcgahan, Anita M.. The Performance of Us Corporations: 1981-1994 [J]. The Journal of Industrial Economics, December, 1999(4).

[41] Telfer D. J. and G. Wall. Strengthening backward economic linkages: local food purchasing by three Indonesian hotels [J]. Tourism Geographies, 2000, 2 (4).

[42] Murphy. Tourism: a community approach [M]. London: Routledge, 1985.

[43] Edward Inskeep. Tourism Planning [M]. New York: Public by Van Nostr and Reinhold, 1995.

[44] Johnap, Johnl. Developing and Testing a Tourism Impact Scale [J]. J. Travel Res, 1998 (37).

[45] 刘迎华,朱竑.二十世纪八十年代以来国内旅游影响研究进展及述评[J].中山大学研究生学刊(自然科学、医学版),2004(3).

[46] 魏小安.关于旅游业成为经济增长点的若干问题[J].旅游调研,1999(3):22-26.

[47] 钟勉,刘家强.旅游产业与区域经济发展研究[J].西南民族学院学报(哲学社会科学版),2002(10).

[48] 张帆,王雷震,李春光,等.旅游业对秦皇岛市社会经济的贡献度研究[A].2002—2004 年中国旅游发展:分析与预测[C].北京:社会科学文献出版社,2003.

[49] 陈友龙,刘沛林,许抄军.我国旅游业发展与经济增长的因果关系研究[J].衡阳师范学院学报,2006(2).

[50] 周四军,张默格.中国旅游业发展与经济增长的统计分析[J].统计与信息论坛,2006(7).

[51] 王晶.福建省旅游业发展与区域经济增长的实证分析[J].经济与社会发展,2007(4).

[52] 依绍华.旅游业的负面经济效应分析[J].桂林旅游高等专科学校学报,2004(10).

[53]陈东田,吴人韦.旅游度假地开发影响评价研究[J].中国园林,2002(6).
[54]杨勇.旅游业与我国经济增长关系的实证分析[J].旅游科学,2006(2).
[55]张骁鸣,保继刚.旅游区域经济影响评价研究述评[J].桂林旅游高等专科学校学报,2004(2).
[56]刘益.大型风景旅游区旅游环境容量的测算方法的再探讨[J].旅游学刊,2004(6).
[57]保继刚.颐和园旅游环境容量研究[J].中国环境科学,1987(1-2).
[58]关辉.武夷山风景名胜区总体规划中环境容量估算与旅游规模预测[J].福建建筑,1999(1).
[59]杨锐.LAC 理论:解决风景区资源保护与旅游利用矛盾的新思路[J].中国园林,2003(3).
[60]周延亭.略论我国的旅游环境保护[J].旅游论坛,1986(3).
[61]刘汉洪,彭旺元.衡山"旅游公害"及其防治对策[J].旅游学刊,1991(1).
[62]王文华,王淑琴,徐维并.北京昆明湖底泥中有机物的表征[J].环境科学学报,1995(4).
[63]高彻,孙伟华.旅游对避暑山庄土壤和植被的影响[J].植物杂志,2000(2).
[64]李贞,保继刚.旅游开发对丹霞山植被的影响研究[J].地理学报,1998(6).
[65]王子新,王玉成,邢慧斌.旅游影响研究进展[J].旅游学刊,2005(2).
[66]刘振礼.旅游对接待地的社会影响及对策[J].旅游学刊,1992(3).
[67]刘赵平.再论旅游对接待地的社会文化影响[J].旅游学刊,1998(1).
[68]李蕾蕾.跨文化传播及其对旅游目的地地方文化认同的影响[J].深圳大学学报(人文社会科学版),2000(2).
[69]刘丹青.论旅游地居民文化心理的生成和培育[J].湘潭大学社会科学学报,2000(6).
[70]崔凤军.风景旅游区的保护与管理[M].北京:中国旅游出版社,2001.
[71]保继刚,楚义芳.旅游地理学[M].北京:高等教育出版社,1999.
[72]李经龙,郑淑婧,周秉根.旅游对旅游目的地社会文化影响研究[J].地域研究与开发,2003(6).
[73]朱竑,陈晓亮.中国 A 级旅游景区空间分布结构研究[J].地理科学,2008,28(5).

[74] 陈岗,黄震方.基于交通集成度分析的城市饭店空间布局研究——以风景旅游城市桂林主城区为例[J].旅游学刊,2009(4).

[75] 宣国富,陆林,汪德根,章锦河,杨效忠.三亚市旅游客流空间特性研究[J].地理研究,2004(1).

[76] 李创新,马耀峰,陈素景.遗产类城市都市旅游开发模式研究——以西安市为例[J].河北师范大学学报:自然科学版,2007,31(6).

[77] 曹丹,李小波.旅游空间模式理论在四川历史文化城镇旅游开发中的运用与提升[J].四川师范大学学报:社会科学版,2006,33(4).

[78] 刘少和,李秀斌,张伟强.广东休闲度假旅游发展模式探讨——以滨海珠海市与粤北清新县为例[J].热带地理,2008,28(4).

[79] 吴国清.大型节事对城市旅游空间发展的影响机理[J]. 人文地理,2010,(5).

[80] 汪德根.武广高速铁路对湖北省区域旅游空间格局的影响[J].地理研究,2013(8).

[81] 丰志培,刘志迎.产业关联理论的历史演变及评述[J].温州大学学报,2005(1).

[82] 田里.旅游经济学[M].北京:高等教育出版社,2002.

[83] 唐明贵.产业关联及其区域整合研究[D]:[硕士学位论文].贵阳:贵州师范大学,2006.

[84] 郭峦.旅游产业整合相关理论探析[J].商业时代,2009(18).

[85] 王科.基于产业整合理论的区域旅游产业竞争力提升研究[D]:[硕士学位论文].武汉:华中师范大学,2008.

[86] 郑胜华.旅游产业整合的概念、原理和方法[J].企业经济,2003(7).

[87] 孙雪霞.旅游产业对桂林经济发展的作用研究[D]:[硕士学位论文].南宁:广西师范大学,2008.

[88] 陆林.旅游区域经济效应——安徽黄山市案例研究[J].南京大学学报(哲学·人文·社会科学版),1997(2).

[89] WTO.关于旅游活动的社会后果和文化表现的实验性研究[M].马德里,1981.

[90] 魏小安.中国旅游业新世纪发展大趋势[M].广州:广东出版社,1999.

[91] 陈鸣.旅游业是国民经济发展新的增长点[J].广东技术师范学院学报,2004(2).

[92]陈宪.国际服务贸易——原理·政策·产业[M].上海:立信会计出版社,2003.
[93]王娟.中国省域旅游产业竞争力综合定量评价[J].人文地理,2006(3).
[94]刘晓红,李国平.旅游业对区域经济增长的溢出效应研究[J].江西财经大学学报,2005(3).
[95]唐留雄.关于旅游产业经济研究的思考[J].桂林旅游高等专科学校学报,2000(1).
[96]孔建新.对旅游产业若干理论问题的探讨[J].新疆金融,2004(2).
[97]张陆,徐刚,夏文汇.旅游产业内部的行业层次结构问题研究[J].重庆工学院学报,2001(6).
[98]高仁泽.论现代旅游产业的政府主导型战略[J].技术经济与管理研究,1999(4).
[99]张广瑞.旅游真是产业吗[J].旅游学刊,1996(1).
[100]王兴斌.旅游产业规划指南[M].北京:中国旅游出版社,2000.
[101]产业集群[OL].(2009.5.5)[2009.9.8]. http://baike.baidu.com/view/30918.htm.
[102]李凤霞.图们江增长三角旅游产业集群发展研究[D]:[硕士学位论文].长春:东北师范大学,2005.
[103]冯卫红.旅游产业集群形成与演进研究[D]:[博士学位论文].开封:河南大学,2008.
[104]什么是凯恩斯的乘数效应理论[OL].(2006.12.13)[2009.9.10]. http://zhidao.baidu.com/question/16415850.html.
[105]陶志英.广东旅游经济对经济发展的效应研究[D]:[硕士学位论文].广州:暨南大学,2007.
[106]张帆.旅游对区域经济发展贡献度研究[M].北京:经济科学出版社,2002.
[107]张滢.旅游经济效应的理论与实证研究——以乌鲁木齐市为例[D]:[博士学位论文].乌鲁木齐:新疆大学,2006.
[108]楚义芳.旅游的空间经济分析[M].西安:陕西人民出版社,1999.
[109]陈宁.辽宁省旅游经济效应分析及对策研究[D]:[硕士学位论文].大连:东北财经大学,2007.
[110]刘益.基于投入产出模型的旅游卫星账户研究[J].暨南学报(哲学社会科学

版）,2006(3).
[111]黎洁.旅游卫星账户与旅游统计制度研究[M].北京:中国旅游出版社,2007.
[112]兰岚.旅游经济影响评估体系研究[D]:[硕士学位论文].长春:吉林大学,2007.
[113]刘赵平.关于旅游卫星账户的基础研究[J].桂林旅游高等专科学校学报,2000(1).
[114]翁瑾,杨开忠.旅游空间结构的理论与应用[M].北京:新华出版社,2005.
[115]杨吾扬,梁进社.高等经济地理[M].北京:北京大学出版社,1997.
[116]柴彦威,林涛,刘志林,曹艺民.旅游中心地研究及其规划利用[J].地理科学,2003(5).
[117]楚义芳,钱小芙.关于旅游地理的几个问题[J].经济地理,1987(2).
[118]徐小波,袁蒙蒙.区域旅游空间结构演化及其组织效率的系统学审视[J].地理与地理信息科学,2008(5).
[119]李玲,李娟文.湖北省旅游中心地空间结构系统优化研究[J].经济地理,2005(5).
[120]邱竞.北京经济增长方式转变研究——基于增长约束的分析[D]:[博士学位论文].北京:中国人民大学,2008.
[121]禹登科.长株潭城市群旅游空间结构及其优化研究[D]:[硕士学位论文].湘潭:湘潭大学,2007.
[122]卞显红.城市旅游空间结构形成机制分析——以长江三角洲为例[D]:[博士学位论文].南京:南京师范大学,2007.
[123]汪宇明.核心边缘理论在区域旅游规划中的运用[J].经济地理,2002(3).
[124]约翰斯顿,R.G.地理学与地理学家[M].北京:商务印书馆,1999.
[125]吴晋峰,包浩生.旅游系统的空间结构模式研究[J].地理科学,2002(1).
[126]张华.区域旅游系统空间结构模式研究——以岳阳为例[D]:[硕士学位论文].上海:华东师范大学,2008.
[127]黄金火,吴必虎.区域旅游系统空间结构的模式与优化[J].地理科学进展,2005(1).
[128]郭影影,李永文.区域旅游系统空间结构模式与优化——以中原城市群为例[J].安阳师范学院学报,2008(5).

[129]张玲.旅游空间结构及演化模式研究[J].桂林旅游高等专科学校学报,2005(6).
[130]弗朗索瓦·佩鲁.增长极概念[J].经济学译丛,1988(9).
[131]陆大道.区域发展及其空间结构[M].北京:科学出版社,1995.
[132]谢明礼.福建沿海地区旅游空间结构分析[D]:[硕士学位论文].福州:福建师范大学,2004.
[133]刘锋.中国西部旅游发展战略研究[M].北京:中国旅游出版社,2001.
[134]齐志南,石培基.基于"点-轴系统"理论的甘肃省旅游空间结构优化研究[J].吉林师范大学学报(自然科学版),2007(4).
[135]陈萍.基于点轴理论的山东半岛区域旅游空间结构研究[D]:[硕士学位论文].重庆:西南大学,2008.
[136]圈层结构理论[OL].(2007.10.28).[2009.8.28].http://www.chinavalue.net/wiki/showcontent.aspx?titleid=185183.
[137]保继刚,古诗韵.城市 RBD 初步研究[J].规划师,1998(4).
[138]阎友兵,李辉恒.关于旅游圈的理论探讨[J].湘潭大学学报,1999(12).
[139]吴承忠,韩光辉.国外大都市郊区旅游空间模型研究[J].城市问题,2003(6).
[140]赵媛,徐玮.近 10 年来我国环城游憩带(ReBAM)研究进展[J].经济地理,2008(3).
[141]王淑华.大城市环城游憩带发展态势研究[J].城市问题,2006(1).
[142]吴必虎.区域旅游规划原理[M].北京:中国旅游出版社,2001.
[143]王伟.环城游憩带成长模式及创新系统研究——基于体验经济视角[D]:[硕士学位论文].杭州:浙江工商大学,2007.
[144]郭鲁芳,王伟.环城游憩带成长模式及培育路径研究——基于体验经济视角[J].旅游学刊,2008(2).
[145]杨俭波,乔纪刚.旅游地社会文化环境变迁的时序特征与阶段发展模式[J].广西社会科学,2005(1).
[146]刘赵平.社会交换理论在旅游社会文化影响研究中的应用[J].旅游科学,1998(4).
[147]邓敏.民族旅游目的地社会文化影响因素研究[D]:[硕士学位论文].西安:西北大学,2007.

[148]蔡文辉.社会学理论[M].台北:三民书局,1986.
[149]青井和夫.社会学原理[M].北京:华夏出版社,2002.
[150]李有根,赵西萍,邹慧萍.居民对旅游影响的知觉[J].心理学动态,1997(2).
[151]温健斌.旅游对乔家堡村的社会文化影响研究[D]:[硕士学位论文].秦皇岛:燕山大学,2008.
[152]童恩正.文化人类学[M].上海:上海人民出版社,1989.
[153]李勇.吉林省旅游产业区域影响力研究[D]:[博士学位论文].长春:东北师范大学,2008.
[154]舒晶.旅游承载力及测度[J].北京第二外国语学院学报,2001(3).
[155]卢小丽,武春友,于海峰.旅游社会承载力的量测及管理研究[J].南开管理评论,2005(1).
[156]梁智,王碧含.旅游目的地社会心理承载力的实证研究[J].北京第二外国语学院学报(旅游版),2006(9).
[157]陈岗.旅游文化:文化整合的过程与结果——文化整合的视角看旅游文化[J].桂林旅游高等专科学校学报,2004(6).
[158]王夏炎.旅游文化的整合与对接[J].经济研究导刊,2009(3).
[159]卢松,陆林,徐茗.旅游环境容量研究进展[J].地域研究与开发,2005(6).
[160]胡炳清.旅游环境容量计算方法[J].环境科学研究,1995(3).
[161]吴志才,彭华.旅游生态环境容量的经济学探讨[J].云南地理环境研究,2003(1).
[162]李俊.北京市旅游环境承载力及潜力评估[D]:[硕士学位论文].北京:首都经济贸易大学,2007.
[163]袁基瑜,于静,袁浩.城市旅游环境承载力评价初探[J].工业技术经济,2006(7).
[164]卞显红,王苏洁.城市旅游空间规划布局及其生态环境的优化与调控研究[J].人文地理,2003(5).
[165]冯之浚.循环经济导论[M].北京:人民出版社,2004.
[166]杨敏,李庆雷,张晓辉.发展旅游循环经济的制度建设研究[J].昆明大学学报,2007(2).
[167]明庆忠,吴映梅,李庆雷.论旅游循环经济生态系统[J].旅游论坛,2008(1).

[168]朱孔山.旅游循环经济体系构建[J].地域研究与开发,2008(4).
[169]胡芬.旅游生态环境成本的内生化研究[J].中国人口·资源与环境,2009(1).
[170]蒋洪强,徐玖平.旅游生态环境成本计量模型及实例分析[J].经济体制改革,2002(1).
[171]董锁成,张文中,方创琳.资源、环境与经济作用机制和规律探讨[J].资源科学,1999(4).
[172]龙晓柏.开放市场下外商直接投资与产业效应的内在机制研究[D]:[硕士学位论文].南昌:江西财经大学,2003.
[173]戴卫明,陈晓红.产业集群的起源:基于区域效应和聚集效应的博弈分析[J].财经理论与实践,2005(1).
[174]谢彦君.基础旅游学[M].北京:中国旅游出版社,2004.
[175]郑本法,郑宇新.旅游产业的十大功能[J].甘肃社会科学,1998(4).
[176]杨力平.大连旅游产业区域效应综合评价[J].大连民族学院学报,2008(2).
[177]李勇.吉林省旅游产业区域影响力研究[D]:[博士学位论文].长春:东北师范大学,2008.
[178]王丁玲.九华山风景区旅游经济影响研究[D]:[硕士学位论文].芜湖:安徽师范大学,2007.
[179]周振华.现代经济增长中的结构效应[M].上海:上海三联书店出版社,1991.
[180]黎洁,连传鹏.基于投入产出表和社会核算矩阵的 2002 年江苏旅游乘数的比较研究[J].旅游学刊,2009(3).
[181]吴伯磊.旅游经济效应的理论与实证研究[D]:[硕士学位论文].北京:中国社会科学院研究生院,2008.
[182]王桂兰.福建省旅游产业集群的聚集度和经济效应研究[D]:[硕士学位论文].厦门:厦门大学,2008.
[183]李剑.旅游对客源地、目的地经济影响探析[J].当代经理人,2005(15).
[184]唐留雄.现代旅游产业经济学[M].广州:广东旅游出版社,2001.
[185]张晨.体育旅游对地区经济的带动作用[J].经济论坛,2004(11).
[186]于丽曼,王妙,朱颖.天津旅游经济影响研究[J].河南社会科学,2008(增刊).
[187]杨国良.论旅游产业空间布局[J].四川师范大学学报(自然科学版),2002

(1).
[188]卞显红.旅游企业空间区位选择影响因素分析[J].商业时代,2008(35).
[189]樊信友.论区域旅游产业空间布局的形成机制——以九寨沟为例[J].特区经济,2008(11).
[190]卞显红.城市旅游空间规划布局的影响因素分析[J].地域研究与开发,2003(3).
[191]许春晓.旅游地屏蔽现象研究[J].北京第二外国语学院学报,2001(1).
[192]冯先宁.城市经济聚散论[D]:[博士学位论文].成都:四川大学,2004.
[193]郑嫱婷.杭州城市旅游空间结构的演变及优化分析[D]:[硕士学位论文].芜湖:安徽师范大学,2006.
[194]石龙.旅游产业聚集与城市化互动机制研究[J].桂林旅游高等专科学校学报,2007(4).
[195]刘少湃.大城市近郊风景旅游区空间优化研究[D]:[硕士学位论文].上海:上海师范大学,2005.
[196]王卫,吴鹏.大连旅游业发展战略问题研究[J].大连大学学报,1999(3).
[197]孙苗.城市型旅游目的地空间结构研究——以温州为例[D]:[硕士学位论文].杭州:浙江大学,2008.
[198]张立明,赵黎明.城郊旅游开发的影响因素与空间格局[J].商业研究,2006(6).
[199]卞显红,沙润.长江三角洲城市旅游空间结构形成的产业机理——基于旅游企业空间区位选择视角[J].人文地理,2008(6).
[200]杨俭波.旅游地社会文化环境变迁机制试研究[J].旅游学刊,2001(6).
[201]李星明.旅游者对发展中国家的旅游地社会文化影响研究[J].华中师范大学学报(自然科学版),2002(2).
[202]杨俭波,乔纪纲.动因与机制——对旅游地社会文化环境变迁理论的研究[J].热带地理,2003(1).
[203]黄芳.传统民居旅游开发中居民参与问题思考[J].旅游学刊,2002(5).
[204]邓敏.民族旅游目的地社会文化影响因素研究[D]:[硕士学位论文].西安:西北大学,2007.
[205]宗晓莲.旅游地空间商品化的形式与影响研究[J].旅游学刊,2005(4).

[206]蒋艳,李祝舜.论旅游对欠发达民族地区的影响[J].广西民族学院学报(哲学社会科学版),2003(增刊).

[207]周霄.人类学视野——论旅游的本质及其社会文化影响[J].湖北大学学报(哲学社会科学版),2003(5).

[208]周霄.民俗旅游的人类学探析[J].湖北民族学院学报(哲学社会科学版),2002(5).

[209]马文斌,史兹国.旅游对少数民族地区的社会文化影响研究[J].改革与战略,2008(S1).

[210]李维云,张跃西,魏鸿雁.旅游对接待地社会文化的影响初探[J].甘肃农业,2005(11).

[211]骆红斌,芦爱英.论现代旅游的社会文化影响[J].浙江工业大学学报(社会科学版),2009(2).

[212]叶玉洁.旅游对目的地居民社会文化的影响[J].合作经济与科技,2008(21).

[213]郭大烈,和志武.纳西族史[M].成都:四川民族出版社,1994.

[214]张波.论旅游对接待地社会文化的积极影响——以云南丽江为例[J].云南民族大学学报(哲学社会科学版),2004(4).

[215]王妙,孙亚平.旅游对接待地的社会文化影响[J].天津商学院学报,2001(4).

[216]世界旅游组织.关于旅游对精神价值交流及对各国人民之间更好地相互了解的贡献的研究[R].马德里,1979.

[217]张波.旅游对接待地社会文化的消极影响[J].云南师范大学学报,2004(2).

[218]田敏.民族社区社会文化变迁的旅游效应再认识[J].中南民族大学学报(人文社会科学版),2003(5).

[219]吕君,刘丽梅.草原旅游发展的生态环境影响研究[J].干旱区资源与环境,2005(3).

[220]孙春燕,陈耀辉.环境污染的经济学分析[J].荆州师范专科学校学报,1998(4).

[221]吴志才.旅游生态环境问题的经济学分析和对策初探[J].经济地理,2005(3).

[222]李春茂,周新年,高瑞加.生态旅游环境效应研究[J].福建林业科技,2000(4).

[223]徐期勇,葛姣菊,李后强.旅游环境问题的经济学透视[J].重庆环境科学,2000(5).

[224]韩杰.现代世界旅游地理学[M].青岛:青岛出版社,1997.

[225]王军.试论生态旅游对环境产生的效益与成本[J].企业经济,2006(6).

[226]张海鹰,高玉芝.论旅游开发对区域生态环境的影响[J].高师理科学刊,2003(1).

[227]李志飞,牛海卫.旅游开发在区域社会经济发展中的联动效应及开发模式研究[J].科技进步与对策,2001(2).

[228]李玉文,王新鹏.生态旅游对环境的影响及控制对策[J].东北林业大学学报,2007(6).

[229]桑景拴.生态旅游的负面影响及应对措施浅析[J].中南林业调查规划,2005(3).

[230]李霞,莫创荣,黄鹄.靖西县旅游开发的生态环境保护探讨[J].广西师范学院学报(自然科学版),2004(3).

[231]黄顺红,朱创业.卧龙自然保护区旅游开发对生态环境的影响及其保护[J].西南民族大学学报・人文社科版,2004(7).

[232]王金亮,王平,鲁芬.碧塔海景区旅游活动对湿地生态环境影响研究[J].地理科学进展,2004(5).

[233]张荣京.生态旅游对生态环境影响评价[J].江西林业科技,2004(6).

[234]肖佑兴.旅游目的地的旅游效应及其调适对策[D]:[硕士学位论文].昆明:云南师范大学,2002.

[235]张红珍.旅游发展与环境效应问题研究[D]:[硕士学位论文].昆明:昆明理工大学,2005.

[236]李莉.旅游目的地经济影响评价体系的构建和实证研究[D]:[硕士学位论文].杭州:浙江工商大学,2006.

[237]张瑞梅,唐善茂.广西龙胜龙脊景区旅游综合效应评价[J].桂林旅游高等专科学校学报,2008(1):60-65.

[238]肖佑兴,明庆忠.旅游综合效应评价的一种方法——以白水台为例[J].生态学杂志,2003(6).

[239]尹子民,张凤新.企业竞争力评价与可持续发展战略研究[M].沈阳:东北大

学出版社,2004.

[240]曹传新.大都市区形成演化机理与调控研究[D]:[博士学位论文].长春:东北师范大学,2004.

[241]刘艳军.我国产业结构演变的城市化响应研究——基于东北地区的实证分析[D]:[博士学位论文].长春:东北师范大学,2009.

[242]张悦.旅游产业区域效应的调控与优化[J].中国集体经济,2007(12).

[243]谢春山,李诚固.试论新时期旅游产业的特征与功能定位[J].财经问题研究,2005(8).

[244]胡宇橙,钱亚妍.天津市旅游产业结构调整研究[J].经济研究导刊,2007(11).

[245]徐红罡,相阵迎.珠海旅游产业集群的案例研究[J].人文地理,2007(6).

[246]强亦锐.我国旅游产业集群研究[J].合作经济与科技,2007(3).

[247]刘丽娟,冯麟茜.试析旅游对接待地社会文化的消极影响[J].燕山大学学报(哲学社会科学版),2007(增刊).

[248]薛莹.对区域旅游合作研究中几个基本问题的认识[J].桂林旅游高等专科学校学报,2001(2).

[249]李树民.区域旅游合作的行为模式与动力机制[J].旅游学刊,2005(3).

[250]王信章.建立科学高效的旅游目的地市场营销体系的六个环节[J].旅游学刊,2008(4).

[251]张正国,吴光伟.关于我国旅游市场价格体系的思考[J].价格理论与实践,2005(10).

[252]郭栩东,汤潇.对大连旅游发展的再思考[J].辽宁师范大学学报(社会科学版),2006(3).

[253]赵玲,佟玉权.大连城市旅游特色研究[J].大连海事大学学报(社会科学版),2007(2).

[254]李飞.大连市的文化旅游资源及其开发[J].鞍山师范学院学报,2008(1).

[255]王恒,李悦铮.大连市旅游市场空间结构分析与优化[J].海洋开发与管理,2009(5).

[256]高仁华.大连国内游客构成特点[J].辽宁经济,2005(11).

[257]王恒,李悦铮.大连市旅游系统空间结构优化初探[J].国土与自然资源研究,

2007(4).

[258]张光兴,叶庆吉.论把大连建设成为现代化的北方海滨旅游城市[J].旅游学刊,1989(3).

[259]侯永盛.大连市的待业人员就业指导[J].教育与职业,1990(8).

[260]孙燕.环境监测为环境管理服务 环境管理依靠环境监测——大连市环保局环境管理见成效[J].环境监测管理与技术,1990(3).

[261]课题组.2000 年大连旅游业现状、目标、对策(中)[J].大连大学学报,2000(5).

[262]俞金国,李悦铮.2000 年的旅游业对大连市资源环境的负面影响及其对策[J].国土与自然资源研究,2002(4).

[263]高维全.大连旅游可持续发展的对策分析[J].黑龙江对外经贸,2008(1).

[264]王海壮,吴卓华.大连市旅游业的经济影响分析[J].辽宁师范大学学报(自然科学版),2006(3).

[265]王建军,王叶峰,迟国泰.大连市旅游环境承载力实证研究[J].大连理工大学学报,2007(3).

[266]郭舒,曹宁.东北亚旅游合作:机遇、挑战及建议[OL].[2009.8.28].http://www.dss.gov.cn/Article_Print.asp? ArticleID=96523.

[267]吉林省城乡规划设计研究院.长白山保护与开发总体规划[R].2005.

[268]贾玉云,鲍艳杰,谢春山.特色旅游发展对策研究——兼论大连特色旅游[J].广东农工商职业技术学院学报,2007(3).

[269]崔广彬,郑岩,魏震铭.生态文明与大连旅游和谐发展研究[J].大连大学学报,2009(2).

[270]梁俊周.试论大连市旅游市场开发与整合[J].经济研究导刊,2009(14).

[271]罗光华.大连旅游产业和谐发展战略[J].大连民族学院学报,2008(2).

[272]刘晓滨.拓展思路推进大连旅游产业科学发展[N].中国旅游报,2009-01-21(10).

[273]周丽.我国旅游产业集群发展战略研究——暨钟山景区实证研究[D]:[硕士学位论文].南京:南京航空航天大学,2006.

[274]马巧慧.基于产业链的旅游产业集群培育策略研究——以辽宁省大连市为例[J].管理科学文摘,2007(10).

[275]王佳.大连市旅游资源整合营销策略研究[D]:[硕士学位论文].大连:大连海事大学,2007.

[276]夏德仁.发展大旅游 促进大振兴[OL].(2007.8.11)[2009.9.20].http://www.harbin.gov.cn/hrbzfw/hrb_szfh2007.

[277]马林,李雪丽,祁洪玲.大连市旅游营销策略探讨[J].商业研究,2008(8).

[278]汪媛媛.大连旅游文化研究[D]:[硕士学位论文].北京:中国地质大学,2009.

[279]彭丹.开发大连市旅游商品的策略探讨[J].黑龙江对外经贸,2005(7).

[280]王恒.大连市旅游系统空间结构优化研究[D]:[硕士学位论文].大连:辽宁师范大学,2008.

[281]陈太明.大连旅游经济发展的思考[J].内蒙古科技与经济,2005(2).

[282]陈晓,李悦铮.城市交通与旅游协调发展定量评价——以大连市为例[J].旅游学刊,2008(2).

[283]南京大学城市规划设计研究院.大连市城镇体系规划.2005.

[284]郑岩,仲桂清.开发生态旅游资源,推动“大大连”旅游发展[J].辽宁税务高等专科学校学报,2003(4).

[285]刘筱筱.大连市工业遗产旅游开发条件与对策探究[J].国土与自然资源研究,2007(3).

后　记

繁星点点，岁月悠悠。当凌晨三点的时光，毕业论文最后收笔的时刻，忽然发现睡意已荡然无存。万千思绪，浮想联翩。或许，东北师范大学在我人生的路上会画上一个较为圆满的句号，今生不会再有求学的经历，但东师的一切的一切，宛如昨日，历历在目，久久不能释怀。

我本贫苦农家子弟，天性愚钝，因想捧上“铁饭碗”，便考取了锦州第一师范学校而将自己抛在了大学校门之外。没想到，却在中师毕业之后被保送上了大学，更在万般意外的情况下，于大学毕业后留校当了辅导员。1989—1995，六年的时光，刹那间闪过。虽说读研究生后转为旅游专业专任教师，评上副教授，并被聘为硕士生导师已是人生顺利之至，但专业素养的不足和学术训练的缺陷，却始终使自己处于一种惶恐与茫然的状态之中。幸好，有缘来到东师，并投身于李诚固先生门下求学问道。徜徉于美丽的镜湖岸边，沐浴着浓厚的学术氛围，亲耳聆听先生的殷切教诲，恰如醍醐灌顶，胸襟与眼界大开，人生由此掀开了新的一页。

“学贵得师”，我的导师李诚固先生博学睿智，英风大略，思维缜密，宏达通贯。恩师以其敏锐的地理学思维，耐心为我这个学历史出身的老学生传道、授业、解惑，悉心教授我从事科学研究的意识、思维、方法、手段和规范，使我不但接受了全新的学术观念，掌握了有效的研究方法，更开拓了我从事旅游研究的视野。读博期间，我能主持完成10余项国家、省市级科研课题，撰写旅游论著30余部（篇），并能评上旅游学的教授，没有导师的言传身教和“授人以鱼不如授人以渔”的教育方法是万万不可能的。本篇博士学位论文的写作更是得到了导师的全力帮助和指导，从论文选题、资料搜集、大纲构建、开题报告撰写，到初稿的构思与写作、修改与定稿以及答辩的注意事项等都倾注了导师大量的心血。虽说大情不言谢（其实大情也难谢），但值此论文付梓之际，还是情不自禁地献上自己诚挚而永恒的祝福：桃李不言，下自成蹊。愿老师全家幸福，一生平安！

“勤奋创新，为人师表”，东北师范大学浓厚的学术氛围、诸多良师益友的帮助使我在读博期间收获颇多，感激之情油然而生。首先，要感谢给我授课和对我开题报告提出宝贵建议的各位先生。永远不会忘记陈才教授的区域经济地理学、宋玉祥教授的区域经济学、支大林教授的西方经济学、刘力臻教授的国际金融学、金兆怀教授的政治经济学、滕福星教授的科技哲学、袁树人教授的国际贸易学所展现出的大家风范及带给我的无尽教诲；感谢开题报告会上丁四宝教授对我文献综述的肯定和慧眼洞穿般的指点迷津、王荣成教授风格独具且卓有见地的点评，以及其他导师的悉心点拨和指导，这为我论文的写作奠定了坚实的基础，并将使我受益终身。其次，要感谢同师门的李培祥博士、赵景海博士、刘艳军博士以及董会和、刘文秀、王恩旭、高相铎、郑文生、黄晓军、陈晓红、高艳丽、王晓芳、王先芝、王越、季萍萍、黄馨、徐一伟、王琦、张雪娜、张婧、王颖等众多师兄、师弟、师妹在我读博期间和论文写作过程中所给予的关心与帮助。能够跻身李老师门下，成为大家中的一员，是我今生最大的幸运与幸福。既然我们前生有缘，那就愿这不尽的缘分，带给我们不尽的辉煌与成就吧。最后，还要感谢其他各位博士同学。无论是师哥弟弟、师弟哥哥，还是师姐妹妹、师妹姐姐，既然我们有缘相识，那就让我们彼此珍惜这份难得的同学情、朋友意吧。在未来的日子里，我愿意和诸君一道，相互扶持，相互帮助，共同奔向美好的明天。

感谢东北师范大学的曹书杰教授、冯昆副教授、刘玉辉老师，以及我的工作单位辽宁师范大学的韩增林副校长，历史文化旅游学院的杨英杰教授及各位老师、同事，谢谢你们在我读博期间给予的无私帮助与支持。谁言寸草心，报得三春晖。祝你们开心永远，身体健康，万事如意。

感谢我的研究生郭栩东、汤潇、傅吉新、李璐芳、夏工超、杨力平、戴晓丹、张悦、王大维、岳胜男、刘鑫、张岚、李磊、魏凤云、魏巍、包丽丽、孟文、朱晓慧、隋新华、杨森、王贺婵等同学在撰写论文期间帮我做的资料收集和文字校对等工作。

衷心感谢妻子汪滨女士对我的理解和支持。读博期间，尤其是在东师脱产学习的一年中，全部的家务都抛给了你，令爱妻受了不少的劳累和艰辛，很是过意不去，在此真诚地说一声“谢谢”！特别感谢儿子谢谦对我的理解，再次想到了爸爸从东师寄给你的明信片上的那句留言：“儿子，你是爸爸永远的骄傲！”

最后，衷心感谢评阅论文的各位专家、教授。感谢你们能在百忙中审阅我的这篇并不成熟的毕业论文。您的批评和建议将使我进一步明确未来的学术研究路径和方向,直至走向辉煌。

本论文虽经多次修改,但仍存在许多缺点和不足。敬请答辩委员会各位专家、各位学术界前辈、各位老师和各位同学批评指正。对此,我将不胜感激,衷心地说一声"谢谢"!

谢春山 2009 年 10 月 13 日凌晨四点草于大连嘉汇星海

※ 本书承蒙青岛大学旅游与地理科学学院院长、博士生导师马波教授撰写序言;国家一级美术师,著名画家、书法家,大连画院院长杨连升先生题写书名;旅游教育出版社副社长丁海秀先生、本书策划李荣强先生、责任编辑陈志先生也为本书的出版做了大量工作。在此,特向老友新朋致以诚挚的敬意和谢意。"相知无远近,万里尚为邻。"感谢所有的朋友们一直以来对我的关注、鼓励和帮助,祝愿大家在未来的日子里快乐、健康、吉祥、如意!

附　录

大连旅游产业区域效应评价调查问卷

尊敬的朋友,您好!

我是辽宁师范大学旅游管理专业教师,正在调查大连旅游产业区域效应问题,目的是完成博士论文与学术专著的写作。恳请您抽出几分钟时间帮助填写这份问卷,您的意见对我来说非常重要。此问卷纯为学术研究之用,不作其他用途。

感谢您的支持与配合!

辽宁师范大学历史文化旅游学院
谢春山

第一部分:本部分主要调查大连旅游产业的经济、生态环境、社会文化、空间效应,请根据您的实际情况和真实想法,在相应的方框"口"内打"√"。

一、大连旅游产业的经济效应

1.大连旅游产业的发展增加地区经济收入

□非常高　　口较高　　□一般　　□较低　　□非常低

2.大连旅游产业的发展促进产业结构调整

□非常高　　□较高　　□一般　　□较低　　□非常低

3.大连旅游产业的发展增加外汇收入

□非常高　　□较高　　□一般　　□较低　　□非常低

4.大连旅游产业的发展增加政府税收

□非常高　□较高　□一般　□较低　□非常低

5.大连旅游产业的发展增加居民经济收入

□非常高　□较高　□一般　□较低　□非常低

6.大连旅游产业的发展增加居民就业机会

□非常高　□较高　□一般　□较低　□非常低

二、大连旅游产业的生态环境效应

1.大连旅游产业的发展控制环境承载力

□非常高　□较高　□一般　□较低　□非常低

2.大连旅游产业的发展增加环境保护资金

□非常高　□较高　□一般　□较低　□非常低

3.大连旅游产业的发展增强居民环境保护意识

□非常高　□较高　□一般　□较低　□非常低

4.大连旅游产业的发展促进生态环境修复

□非常高　□较高　□一般　□较低　□非常低

5.大连旅游产业的发展促进自然原生地区保护

□非常高　□较高　□一般　□较低　□非常低

6.大连旅游产业的发展缓解生态环境污染

□非常高　□较高　□一般　□较低　□非常低

三、大连旅游产业的社会文化效应

1.大连旅游产业的发展改善社会生活环境

□非常高　□较高　□一般　□较低　□非常低

2.大连旅游产业的发展弱化旅游道德行为

□非常高　□较高　□一般　□较低　□非常低

3.大连旅游产业的发展破坏地方文化遗产

□非常高　□较高　□一般　□较低　□非常低

4.大连旅游产业的发展促进社会文化交流

□非常高　□较高　□一般　□较低　□非常低

5.大连旅游产业的发展加快社会文化变迁

□非常高　□较高　□一般　□较低　□非常低

6.大连旅游产业的发展促进社会文化传承

□非常高　□较高　□一般　□较低　□非常低

四、大连旅游产业的空间效应

1.大连旅游产业的发展加快区域空间拓展

□非常高　□较高　□一般　□较低　□非常低

2.大连旅游产业的发展优化区域空间结构

□非常高　□较高　□一般　□较低　□非常低

3.大连旅游产业的发展推进空间结构演化

□非常高　□较高　□一般　□较低　□非常低

4.大连旅游产业的发展促进区域空间整合

□非常高　□较高　□一般　□较低　□非常低

5.大连旅游产业的发展推进空间功能转化

□非常高　□较高　□一般　□较低　□非常低

6.大连旅游产业的发展提升空间溢出效应

□非常高　□较高　□一般　□较低　□非常低

第二部分：基本信息，请根据您的实际情况在相应的方框“□”内打“√”。

1.您的性别：　□男　□女

2.您的身份类别：

□高校教师　□旅游企业工作人员　□政府部门工作人员

□高校旅游专业硕博士　□大连本地普通居民

3.教育程度

□小学　□初中　□中专或高中　□大学　□研究生及以上

4.个人收入

□2 000 元以下　□2 001～4 000 元　□4 001～6 000 元

□6 001～8 000 元　□8 001～10 000 元　□10 000 元以上

策　　划：李荣强
责任编辑：陈　志

图书在版编目（CIP）数据

旅游产业的区域效应研究：以大连市为例 / 谢春山著. --北京 ：旅游教育出版社，2018. 1
ISBN 978-7-5637-3685-0

Ⅰ. ①旅… Ⅱ. ①谢… Ⅲ. ①旅游业发展—研究—大连 Ⅳ. ①F592. 731. 3

中国版本图书馆 CIP 数据核字（2017）第 317758 号

旅游产业的区域效应研究
——以大连市为例

谢春山　著

出版单位	旅游教育出版社
地　　址	北京市朝阳区定福庄南里 1 号
邮　　编	100024
发行电话	（010）65778403 65728372 65767462（传真）
本社网址	www.tepcb.com
E-mail	tepfx@ 163.com
排版单位	北京旅教文化传播有限公司
印刷单位	北京京华虎彩印刷有限公司
经销单位	新华书店
开　　本	710 毫米×1000 毫米　1/16
印　　张	16.25
字　　数	225 千字
版　　次	2018 年 1 月第 1 版
印　　次	2018 年 1 月第 1 次印刷
定　　价	49.00 元

（图书如有装订差错请与发行部联系）